국립국어원 민족생활어 자료 총서 1
김치 · 젓갈 · 장아찌
전북 부안군, 순창군의 민족생활어

국립국어원 민족생활어 조사

| 기　　획 : 김덕호(담당 연구원) |
| 조사위원 : 김순자(제주대)　안귀남(안동대) |
|　　　　　　김란기(홍익대)　김지숙(영남대) |
|　　　　　　홍기옥(경북대)　조숙정(서울대) |
|　　　　　　정성미(강원대)　정진영(부산대) |
|　　　　　　김민영(한남대)　위 진(전남대) |

국립국어원 민족생활어 자료 총서 1
김치·젓갈·장아찌──전북 부안군, 순창군의 민족생활어

초판 인쇄 2008년 12월 10일
초판 발행 2008년 12월 15일

지 은 이　조숙정
엮 은 이　국립국어원
펴 낸 이　최종숙
펴 낸 곳　글누림출판사 / 서울 서초구 반포4동 577-25 문창빌딩 2층
전　　화　02-3409-2055 FAX 02-3409-2059
이 메 일　nurim3888@hanmail.net
등　　록　2005년 10월 5일 제303-2005-000038호

ⓒ 국립국어원 2008

정　　가　19,500원

ISBN 978-89-6327-004-0 (세트)
ISBN 978-89-6327-005-0 04710

국립국어원 민족생활어 자료 총서 1
김치·젓갈·장아찌
전북 부안군, 순창군의 민족생활어

조숙정

책머리에

  국립국어원은 국어를 표준화하고, 국민의 풍요로운 언어생활을 돕기 위해 1991년에 설립되었다. 설립된 다음 해부터 1999년까지 8년간의 표준국어대사전 편찬 사업과 더불어 방언 조사 사업, 음성 자료 디지털화 사업, 기본 어휘 사용 실태 조사 사업 등과 같은 국가적 조사 연구 사업들을 수행해 왔다. 민족생활어 조사 사업도 이와 같은 국가적 조사 연구 사업의 일환으로 2007년에 시작되었다.

  민족생활어 조사 사업은 국어 기본법 제2조(기본 이념)와 제9조(실태조사 등)에 근거하고 있다. 또한 다양한 입장에 대해 열린 자세를 갖게 하고, 차이를 인정하는 열린 마음으로 사회 통합을 이끌어내고자 하는 사회적 분위기와 이를 통해 사회적 관용(la tolérance sociale)을 모색하고자 하는 의식을 반영한 사업이다.

  편리함과 윤택함이라는 이름 아래 진행되어 온 고속 성장의 이면에 우리의 언어와 문화, 생태계는 그 다양성이 훼손될 우려가 점차 커지고 있다. 그러므로 인류 미래의 운명이 걸린 언어, 문화, 생태계의 다양성을 존

중하고 절멸 위기에 있는 그들의 생명력을 유지하고 복원하기 위해 함께 행동해야 할 것이다.

유네스코에서는 1992년 '생물 다양성 협약'을 체결하고 2001년 세계 문화 다양성 선언을 채택하여 언어와 문화의 다양성을 지키기 위해 노력하고 있다. 왜 생태주의자들은 종의 다양성을 옹호하고 있는가? 그것은 바로 순조로운 진화의 길을 모색하고자 함에 있다. 진화라고 하는 발전과 변화가 종의 다양성을 기반으로 하여 가능하듯이 언어의 진화도 언어의 다양함을 바탕으로 이루어지는 과정이라고 할 수 있다. 언어의 대표 단수만 옹호하는 일은 언어의 다양성 자체를 무너뜨리는 일이고, 이는 곧 진화에 역행하는 일이다.

현재 삶의 편의성을 위해 모든 것을 거시적인 관점에서 표준화하려는 경향이 뚜렷해서 비표준적이고 미시적인 것들은 소멸의 위기에 처하게 되었다. 하지만 이제는 잃어버린 지난날의 다양하고 미시적인 삶의 유산을 복원하기 위한 노력이 시작되고 있다. 이러한 분위기는 중심 언어에서 멀어진 변방의 언어라고 방치했거나 정화의 대상으로까지 여겼던 비표준적인 말을 보존하려는 노력에서도 엿볼 수 있다. 영국이 낳은 뛰어난 언어학자 데이비드 크리스털(David Crystal)은 자신의 저서인 '언어의 죽음(Language Death)'에서 어떤 소수의 언어든, 언어라는 이름을 갖고 있는 존재가 힘센 언어에 의해 사라져 가는 것은 '비극'을 넘어 '재앙'으로 간주하고 있다. 인류의 삶에는 다양성이 필요하고, 다양성을 바탕으로 이루어진 언어는 나름의 정체성을 가져야 자연스럽다. 언어는 역사의 저장고일 뿐만 아니라, 인류의 지식 총량에 기여하고, 그 자체로 흥미의 대상이 되기 때문에 그의 주장은 타당하다. 어떠한 언어든 사라진다는 것은 인류에게는 돌이킬 수 없는 손실을 의미한다. 따라서 아직까지 연구되지 않았거나 충분히 기록되지 않은, 소멸 위기에 처하거나 죽어가는 언어들을 문법 사전 및 구전 자료의 기록을 포함하는 문서 형태로 기록하는 것은 아주 중요한 사명이다.

  크리스털을 비롯하여 뜻있는 언어학자들이 소멸 위기에 놓인 언어를 지켜내려고 안간힘을 쓰고 있는 것처럼, 국립국어원에서도 민족생활어 조사 사업을 통해 사라질 운명에 처해 있는 한민족의 생활어를 수집하고, 더 나아가서 그것을 지켜가는 방안을 모색하기 위해 힘을 모으고 싶다. 이를 통해서 우리 민족의 생활 언어가 한민족의 위대한 '문화유산'으로 다음 세대에게 계승하여 상속할 만한 가치를 지닌 문화적 소산임을 명심하게 하는 계기를 삼고자 한다.

  민족생활어 조사 사업은 2007년부터 시작하여 2016년까지 10년간 수행할 예정이다. 국어 기본법 제2조 기본이념에서 밝히고 있듯이 국어가 민족 제일의 문화유산이며 문화 창조의 원동력임을 깊이 인식하여 이를 조사하고 보존함으로써 민족문화의 정체성을 확립하고 나아가 후손에게 계승할 수 있도록 하여야 하겠다.

2008년 12월

국립국어원 원장   이   상   규

차례

책머리에__5

제1부 사업 개요
제1장 민족생활어란 무엇인가? • 15
제2장 한국의 음식문화와 민족생활어 • 20
1. 음식문화 속의 민족생활어 …………………………………………20
2. 음식 범주: 김치, 젓갈, 장아찌 ……………………………………22
3. 전라북도 부안군·순창군 ……………………………………………23
4. 조사 기간 및 제보자 …………………………………………………24

제2부 연구 내용
제3장 김치 관련 말 • 32
1. 생애구술 ………………………………………………………………32
   1.1. 교육 ……………………………………………………………33
      1.1.1. 지집아 갈쳐서 뭣 헐라고__33
      1.1.2. 제우 내 이름이나 써 노먼 알지__35
   1.2. 큰애기 시절 …………………………………………………36
      1.2.1. 저녁으먼 뫼아서 수놓고__36
      1.2.2. 베 짜고 미영 잣이야 허고__38
      1.2.3. 징허게 고무줄살이도 많이 허고__41
   1.3. 결혼 ……………………………………………………………43
      1.3.1. 그때는 늦은 큰애기여__43
      1.3.2. 시집간다고 헌계 시집가는가 보다 그러고…__44
      1.3.3. 암것도 동서가 헐지를 몰라__46
      1.3.4. 어찌… 와서 산게 그대로 살어야지__49
   1.4. 각시 시절 ……………………………………………………51
      1.4.1. 그전이는 손 이렇게 놓아두면 굶어 죽은게__51
      1.4.2. 바닥으로 쏙 파러 댕겨야지__52
      1.4.3. 물이 없어서 저녁 내…__52
      1.4.4. 그놈의 반지락만 죽구 살구 파서__54
      1.4.5. 젓을 많이 밀었네__58

        1.5. 자녀 ···61
            1.5.1. 육남매 났는디, 아들 하나가 바빠서 가고_61
            1.5.2. 죽은 자식도 자식이라 여와야 허는 것이라_62
            1.5.3. 멜치잽이 때 우리는 망해 버렸어_67
        1.6. 손자녀 ···69
            1.6.1. 그렇게 울고 셨으면 피가 나오지_69
            1.6.2. 저그들 좋게 맞게 크먼_71
        1.7. 바람 ···72
            1.7.1. 돈을 누가 억만금을 줘도_72
            1.7.2. 그것들 크는 것밲에 재미진 거 없어_74
        1.8. 음식 ···75
            1.8.1. 어머이가 헌게 보고 배고_75
            1.8.2. 집안일 : 아홉 살 먹어서부터 밥히 먹었네_76
            1.8.3. 김치 : 결혼허기 전부터 짐치는 내가 담았어_79
            1.8.4. 젓갈 : 여그 온게 인자 젓 담는 법을 뵀지_88
            1.8.5. 장아찌 : 다 담어 먹었는디, 인자 귀찮은게 않네_92
            1.8.6. 평상 죽는 날까지 그러다 죽는 거여_95
2. 조사된 어휘 ··97
    2.1. 음식 범주 명칭으로서 '김치' ···97
    2.2. 금치 ···99
    2.3. 김장과 김장김치 ···100
        2.3.1. 김장_101   2.3.2. 김장김치_102
        2.3.3. 추석김치_103   2.3.4. 기타 관련 표현_103
    2.4. 겉절이 ···105
    2.5. 싱건지와 물짐치 ···105
        2.5.1. 싱건지_106   2.5.2. 물짐치_107   2.5.3. 기타 관련 어휘_108
    2.6. 가닥지와 헌틀지 ···109
        2.6.1. 가닥지_109   2.6.2. 헌틀지_109
    2.7. 주재료별 김치의 종류 ··110
        2.7.1. 배추김치_111   2.7.2. 무김치_116   2.7.3. 기타 채소김치_126

2.8. 김치 관련 기타 어휘 ···136
  2.8.1. 김치 담그는 과정__136   2.8.2. 김칫거리__139
  2.8.3. 재료__139   2.8.4. 도구__147   2.8.5. 기타 관련 어휘__151
 2.9. '김치'의 다의어적 사용 ···154

제4장 젓갈 관련 말 • 157

 1. 생애구술 ···157
  1.1. 젓갈업: 국민학교 때부터 젓 담고 그랬으니까 ···158
  1.2. 젓갈 예찬론: 젓갈이 우리나라 최고의 전통식품의 하나 ·································165
 2. 조사된 어휘 ···167
  2.1. 음식 범주 명칭으로서 '젓갈' ···167
  2.2. 젓갈의 형태 ···171
   2.2.1. 일반젓갈__172   2.2.2. 무침젓갈__172   2.2.3. 새우젓__174
   2.2.4. 액젓__175   2.2.5. 게젓__177
  2.3. 젓갈 재료의 부위 ···178
   2.3.1. 몸체: 젓__179   2.3.2. 내장: 속젓__179   2.3.3. 알: 알젓__180
   2.3.4. 아가미: 아가미젓__181
  2.4. 주재료별 젓갈의 종류 ··181
   2.4.1. 어류__183   2.4.2. 조개류__195   2.4.3. 갑각류__199
   2.4.4. 연체류__206
  2.5. 젓갈 관련 기타 어휘 ··212
   2.5.1. 젓갈 담그기__212   2.5.2. 젓거리__213   2.5.3. 재료__214
   2.5.4. 행위: 젓밀다__218   2.5.5. 기타 관련 어휘__221
  2.6. '젓갈'의 다의어적 사용 ··223

제5장 장아찌 관련 말 • 225

 1. 생애구술 ···225
  1.1. 결혼 ···227
   1.1.1. 시집가먼 길쌈 잘 허고 바느질 잘 히야 얌전허고__227
   1.2.2. 가시네들 배와야 시집가먼 핀지나 헌다고__228

1.2. 자녀 ……………………………………………………………230
      1.2.1. 벌어먹고 산단다고 어찌케 키운지 어쩐지도 모르고__230
      1.2.2. 새끼들 배는 안 곯리고 키웠어__230
      1.2.3. 그때 서울로 갔으면은 자식들이라도__233
   1.3. 직업 : 벌러 대니다 본게로 인자 나이는 묵고 ……………………234
   1.4. 음식 ………………………………………………………………237
      1.4.1. 다 집이서 히 먹었제__237
      1.4.2. 술 : 밍절 돌아오먼은 집이서 다 술을 했거든__238
      1.4.3. 김치 : 시방은 짐치냉장고가 있응게 몽땅 담아갑디다__239
      1.4.4. 장아찌 : 옛날에 아들네들 다 도시락헐 때 싸줬제__243
      1.4.5. 고추장 : 옛날에는 고칫가리 얼마나 많어서 많이 담아 먹나__247
      1.4.6. 장 담그기 : 그전이는 밥을 많이 진게 메주를 많이 쑨게__251
      1.4.7. 큰애기 때부터 고런 거만 배와 갖고 시집 왔는디__257
2. 조사된 어휘 ……………………………………………………………260
   2.1. 음식 범주 명칭으로서 '장아찌' …………………………………260
   2.2. 절임원 ……………………………………………………………262
      2.2.1. 고추장장아찌__263   2.2.2. 된장장아찌__264
      2.2.3. 간장장아찌__265   2.2.4. 술지게미장아찌__266
   2.3. 주재료별 장아찌의 종류 ………………………………………268
      2.3.1. 열매채소__269   2.3.2. 뿌리채소__273   2.3.3. 잎줄기채소__277
      2.3.4. 어류__281   2.3.5. 해조류__282   2.3.6. 기타__283
   2.4. 장아찌 관련 기타 어휘 …………………………………………287
      2.4.1. 장아찌 담그기__287   2.4.2. 기타 관련 어휘__292
   2.5. 장아찌의 변화 ……………………………………………………294

제3부 연구 결과
제6장 마무리 • 299

   참고문헌__306
   찾아보기__309

제1부

사업 개요

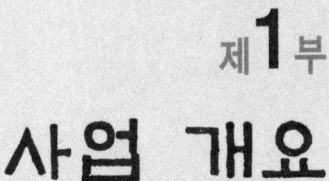

제1장 민족생활어란 무엇인가?

제2장 한국의 음식문화와 민족생활어

제1장 민족생활어란 무엇인가?

　인간은 다양하고 역동적인 생활 모형을 창조하기도 하며 다른 사람이 이미 만든 생활 모형을 따르며 살아가기도 한다. 그러한 생활 모형이 다수에 의해 집단화되거나 후손에게 영속적으로 이어지면 문화가 된다. 이러한 문화 속에서 관계를 맺고 소통하기 위해 사용하는 매개체를 가지게 되는데 그것이 바로 언어이다.
　민족생활어란 민족이라는 말에 생활과 언어가 결합되어 이루어신 말이다. 민족은 일정한 지역에서 오랜 세월 동안 공동생활을 하면서 언어와 문화상의 공통성에 기초하여 역사적으로 형성된 사회집단을 말한다. 생활은 사람들의 일상적인 정서, 인식, 행동으로 이루어지며 이것의 대부분은 언어를 매개로 구체화된다.
　일정한 지역에서 언어, 풍습, 종교, 정치, 경제 등을 공유하면서 장기적으로 집단적 생활을 지속적으로 반복하게 되면, 공속적인 사고체계와 문화체계를 형성하게 된다. 곧 이러한 사고체계와 문화체계는 그 민족의 생활 모습을 통해 알 수 있는데, 이들 생활의 대부분은 민족이 사용하는 언어를 통하여 드러나게 된다.

그러므로 한 민족이 살아 온 삶의 모습, 사고체계, 정체성 등을 파악하기 위해서는 동일 민족의 범주에 속하는 다양한 사람들의 생활어를 살펴보아야 한다. 이것은 생활 속에서 이루어지는 언어의 어휘, 형식, 의미, 용례, 담화 등의 조사와 재발견을 통해 구체화시킬 수 있다.

민족생활어를 조사하기 위해서는 우선 그 언어를 담고 있는 민족문화를 알아야 한다. 이를 위해 한국 민족문화의 개념과 범위를 살펴보면 다음과 같다(한국 민족문화대백과사전).

- 한국 민족문화에는 외국에서 우리나라로 귀화한 사람과 우리나라에서 외국으로 이주한 사람의 문화도 포함된다.
- 한민족이 아닌 다른 민족이 이룩한 문화는 한민족 구성원에 의하여 연구 변용된 구체적인 사실이 있는 경우에 한국 민족문화에 포함된다.
- 한민족이 우리 강역 안에서 이룩한 문화 외에도 외국으로 일시 진출하거나 항구적으로 이주하여 이룩한 문화도 한국 민족문화에 포함된다.
- 선사시대의 생활양상도 한국 민족문화에 포함된다.
- 자연 그 자체는 문화가 아니지만 한민족에 의하여 이용되고 의미를 부여한 자취가 있을 때는 한국 민족문화로 다룬다.
- 현대 문화의 양상은 전통 문화와의 연관이 파악되고 광범위한 영향을 끼치며, 우리나라에서의 독자성 또는 특수성이 보편성과 함께 인정되어야 한국 민족문화이다.
- 민족문화는 민족·강역·역사·자연·생활·사회·사고·언어·예술 등 아홉 가지로 크게 분류된다.

이상과 같은 한국 민족문화의 개념과 범위 규정은 앞으로 수행할 이 사업의 조사 대상과 영역을 선정하는 데 중요한 기준으로 삼을 수 있다.

사피어 워프의 가설(Sapir Whorf 가설, 언어의 상대주의 이론)에 보면 언어구조나 실제 사용하는 언어 형식이 사용자의 사고에 영향을 미치는 것으로 되어 있다. 언어 사용자는 필요에 따라 많은 언어 형식을 창조한다. 사용자가 그만큼 사고를 많이 한다는 말이다. 북극의 이누이트족은 눈, 얼음, 바람을 아주 세분된, 수십 개의 말로 표현한다. 필리핀 민도르의 하우누족은 450종 이상의 동물과 1,500종 이상의 식물을 구분한다. 실제 공인된 공식 도감의 분류보다 400여 종이 더 많다.

어떤 언어 사용자의 죽음은 그가 가진 독특한 생활어도 함께 사라짐을 의미한다. 언젠가 아프리카에서 들려오는 소식으로 다음과 같은 이야기가 있었다. "한 사람의 노인이 사망할 때마다 하나의 박물관이 사라지고, 하나의 도서관이 사라진다." 문자가 아닌 구전으로 지식과 지혜가 전수되는 아프리카의 문화 전통에서 오래도록 살아 온 한 노인은 그 사람 자체가 박물관이고 도서관이었다(강신표, 인제대).

이러한 관점은 조사 대상과 조사 영역에 대한 중요한 기준을 제시해 준다. 누구를 조사해야 하고, 무엇을 조사해야 하는지에 대한 해답을 이 관점을 토대로 찾아낼 수 있을 것이다.

민족생활어란 한국 민족이 그들의 문화 속에 담고 있는 생활 어휘, 형식, 의미, 용례, 담화 등을 모두 포함한 용어라고 정의할 수 있다. 그리고 민족생활어 조사란 바로 그러한 한국 민족문화 모형을 가진 인간을 대상으로 다양한 생활 어휘들을 조사해야 하는 것이다.

한 민족 내에서 사용한 언어는 그 민족의 사고와 행동양식과 불가분의 관계에 있으며, 이것은 사람들의 일상적 활동과 연계된 생활어에 구체적으로 나타나고 있다. 실제로 음운이나 문법과는 달리 어휘, 의미, 용례, 담화에는 그 시대의 다양한 특징적 상황이 반영된다. 사회구조가 복잡해지고 새로운 사물과 행동이 나타나면서 그에 합당한 어휘가 생겨나게 된다. 이러한 어휘 부족 현상을 충족시키기 위해서 기존 언어의 의미가 더 확대

되거나 기존 어휘가 새로운 의미로 변화하거나 새로운 어휘로 대체되는 현상이 나타날 수 있다.

　새로운 사실이나 관념의 형성, 사물에 대한 새로운 지식이 생겨날 때 나타나는 새말이나 기존 의미의 변화, 문화변동에 직접적으로 가장 민감하게 반응하는 것이 어휘이므로 어휘의 변화가 가장 심하다. 따라서 우리말의 어휘가 변화해 온 양상을 살펴보면 우리나라에서 이루어진 사회적·정치적·문화적인 변화양상까지도 읽을 수 있다. 이와 같이 다양한 계층, 성, 지역, 연령 등에서 사용하고 있는 광범위한 생활어의 음성, 어휘, 의미, 용례, 담론, 사진, 동영상 등을 종합적이고 체계적으로 수집·정리하고 활용함으로써 우리 민족의 독창적인 사고력 증진과 민족 문화를 발전시킬 수 있다.

　광범위한 민족생활어를 지속적이고 체계적으로 조사·정리하고, 이에 기초하여 민족 제일의 문화유산인 국어와 한민족의 고유한 사유체계와 행동 양식의 역동성을 연구할 필요가 있다. 사회·경제 구조와 활동이 급속히 변화함에 따라 오랜 시간에 걸쳐 형성, 유지, 발전되어 온 국어의 어휘, 의미, 용례, 소통양식 등이 사라지고 있다. 이에 대한 체계적이고 지속적인 자료 수집, 정리, 보관, 활용에 관해 연구를 한다.

　한 민족의 삶 속에 내재한 생생한 생활어를 조사함으로써 그와 연관된 생활 자료를 보존할 수 있고, 그동안 간과되어 온 민족의 역사를 복원할 수 있다. 이를 통해 당대의 올바른 시대상을 파악할 수 있고 국가발전의 가시적 성과도 제시할 수 있다.

　지난 100년 동안 한국의 사회·경제 활동이 급격하게 변화하면서 다양한 직업들이 소멸·쇠퇴하는 반면 다른 많은 직업들이 창출됨에 따라 국어의 기반을 이루고 있는 생활 양식이 바뀌고 있다. 빠르게 소멸되어 가는 전통 사회·경제·문화 활동과 연계된 민족생활어를 수집·정리하고 활용하여 민족문화의 정체성을 확립하고 국어 어휘, 의미, 용례의 다양성을 보존하여 후손에게 물려주어야 한다. 이와 동시에 탈근대 혹은 지식·정보 사회·경제·문화 활동과 연계되어 새롭게 만들어지고 있는 생활어를 지속적으로 수집·정리하고 활용하여 민족 제일의 문화유산인 국어를 변화하는 시대정신에 맞추어 창조적으로 계승·발전시킬 필요가 있다.

그런데 20세기 민족생활어의 조사 대상이 되는 민중들은 소수의 예를 제외하면 대개 고령자일 경우가 많다. 민족생활어 조사의 시급성은 바로 이러한 사실로부터 제기된다. 그러므로 지난 세기를 살면서 일상의 온갖 생활어를 생생히 사용해 왔던 고령자들로부터 하루라도 빨리 생활어를 발굴·조사하지 않으면 참으로 귀중한 지난 세기 우리 민족의 생활어가 사라져 버릴지도 모르는 위기에 처하게 될 것이다.

이처럼 지난 세기의 급격한 사회변동에 따라 곧 사라질 위기에 처해 있는 우리 민족의 생활어휘를 조사하기 위해서는 고령자들의 구술에 크게 의존할 수밖에 없는데, 이를 통해 노년세대들의 소외의식을 줄이고 그들의 자존감도 회복시킨다. 또한 소외계층의 생활어나 해외에 거주하는 한민족의 생활어도 조사하여 그들의 자존감을 회복시키고 소외감을 해소한다. 아울러 당대의 고령층과 소외계층 사람들의 의식을 파악하고, 그들이 국가발전에 기여한 생생한 증거를 확보할 수 있다. 이러한 과정을 통해 우리 민족이 이룩한 문화유산과 업적을 정리·집대성하여 새로운 한국 민족문화를 창조하는 기반을 구축할 수 있을 것이다.

김 덕 호(국립국어원)

제2장 한국의 음식문화와 민족생활어

1. 음식문화 속의 민족생활어

'음식'은 인간 생존의 가장 기본적인 전제 조건 중 하나일 것이다. 하지만 음식은 생태 및 기후 환경과 매우 밀접히 관련되기 때문에 인간의 환경에 대한 문화적 적응의 측면을 가장 잘 보여주는 영역 중 하나이기도 하다. 또한 음식은 그 종류와 질, 생산 및 소비 방식 등을 통하여 사회적 구조와 문화적 가치관을 보여주기도 한다. 따라서 '음식'은 단순히 생물학적으로 인간에 의해 소비되는 물질이나 영양학적 측면에서의 이해를 넘어서서, 그것을 생산·소비하는 인간의 사회와 문화 그리고 환경에 대한 이해를 반영해 주는 중요한 연구주제로서 접근할 필요가 있다.

그런데 그동안 한국의 음식문화를 이해하는 데 간과되어 온 한 측면은 바로 음식에 대한 언어적 접근인 것 같다. 인간 삶의 많은 부분이 '언어'라는 의사소통 수단을 통해 표현된다. 때문에 의생활, 주생활과 함께 인간 삶의 기본 조건인 식생활 또한 예외일 수는 없다. 다시 말해서, 음식과 관련된 사회문화적 측면이 음식 관련 어휘 및 사용에 반영되었을 것이다. 따라서 일상생활 속에서 사용되는 음식 관련 토착적 명칭체계(terminological system)에 대한 연구는 한국의 음식문화를 이해하는 또 하나의 유용한 접근법이 될 것으로 기대된다.

그러므로 일상생활 속에서 실제로 사용하는 생활 어휘 및 그 실제 쓰임을 조사하여 기록하고자 하는 이번 국립국어원의 '민족생활어 조사'에서 '음식' 관련 어휘는 가장 기본적이면서도 중요한 조사 항목 중 하나일 것이다.

또한 사회적으로 건강에 대한 관심 증가와 함께, 국가적 차원에서도 세계화 시대에 맞추어 '민족음식'으로서 김치를 비롯한 한국의 전통 '발효식품'에 대한 관심이 높아지고 있어, 발효식품 관련 음식문화에 대한 언어적 기초 조사가 시대적으로도 기여하는 바가 있을 것으로 기대된다.

그러므로 본 조사는 일차적으로 '식생활 속 발효음식'이라는 큰 주제 아래 김치, 젓갈, 장아찌 등 3가지 음식 범주와 관련된 어휘를 수집하여 뜻풀이와 함께 일상생활 속에서의 그 실제 쓰임을 제공하는 것을 목적으로 한다. 또한 조사 항목 음식과 관련된 제보자의 생애 이야기를 기술함으로써 간략하나마 한국의 음식문화 이야기를 제공하고자 한다. 그리고 이번 조사에서 수집된 생활 어휘가 앞으로 『표준국어대사전』을 보완하는 데 활용될 예정이므로 『표준국어대사전』에 미등재된 어휘뿐만 아니라 등재된 어휘들의 실제 쓰임을 비교·검토하여 조사된 어휘들이 사전상의 정의와 달리 일상생활 속에서 실제로 어떻게 사용되고 있는지 그 차이점을 또한 기술하고자 한다.

2. 음식 범주 : 김치, 젓갈, 장아찌

한국의 음식문화는 사실 다양한 음식 범주들을 포함하고 있는데, 그 중에서도 '발효식품'은 한국 음식문화의 한 특징(조흥윤 1998, 5)으로 언급된다. 그리고 한국의 대표적인 전통 발효식품으로는 김치, 젓갈, 장아찌, 장류 등이 있다(황혜성 외 1989; 이삼빈 외 2001; 이한창 외 2004 등).

조사자는 한국의 음식 중 매우 중요하게 인식되고 있는 발효식품 중 김치, 젓갈, 장아찌 3가지 음식 범주에 대한 조사를 수행하였다. 일차적으로는 조사 항목별 음식의 종류와 명칭을 수집하여 목록화하는 것에 초점을 맞추었다. 그리고 3가지 조사 항목 중에 특히 '김치' 관련 어휘 조사에 보다 초점을 맞추었다.

한국의 전통 발효식품을 대표하는 '김치'는 한국인의 일상적 식단에서 기본 반찬으로 중요한 먹을거리를 차지하는 채소절임 저장식품으로, 재료, 담근 방법, 지역 등에 따라 그 종류만도 200여종(윤서석 1991; 조재선 2000; 주영하 1994; 최홍식 2002; 서부승 2004 등)에 이르는 것으로 보고되고 있어, 한국사회에서 김치의 종류 및 명칭에 대한 문화적 지식체계가 발달해 있음을 시사해 준다(조숙정 2007 참조). 게다가 국가적 차원에서 추진된 김치 세계화 전략의 결과로 2001년 한국 '김치'(Kimchi)는 국제식품규격(codex)으로 공인받음으로써 한국이 '김치'의 종주국임을 인정받기도 했다. 이와 함께 오늘날 김치는 한국 문화의 상징기호로서 그 의미가 새롭게 (재)생산되는 경향을 보이며 '민족음식'을 대표하고(김광억 1994; 주영하 1994; 한경구 1994) 있어 김치에 대한 음식문화 연구는 식품학적으로 뿐만 아니라 문화적으로도 그 중요성이 매우 크다고 하겠다.

'장아찌'는 밥상차림에 대비하는 밑반찬의 하나로 계절에 따라 산출되는 여러 가지 재료를 장, 젓갈, 술지게미 속에 넣어 삭혀 만들어 비철에 대비하여 먹는 반찬으로 장아찌의 발효미는 입맛을 돋우어 주는 것으로 김치와 더불어 우리나라 전통의 발효음식으로, 100여종 이상이 보고되고 있다(임희수 2002, 46).

그리고 '젓갈'은 어패류의 염장식품으로, 숙성 중 자체 효소에 의한 소화작용과 약간의 발효작용이 있고, 한국에서는 반찬음식으로, 조미용 식품으로 쓰이고 있다. 상고시대부터 저장식품으로서, 현재 젓갈의 종류는 약 100여종에 이른다(윤서석 1991, 287).

김치, 장아찌, 젓갈은 그 주재료가 나는 생태적 특성에 따라 2가지 범주로 구분할 수 있다. 즉 김치, 장아찌는 '농산물 발효식품'에, 젓갈은 '수산물 발효식품'에 해당되는 절임·저장식품이다.

'콩 발효식품'인 장류 또한 한국의 대표적인 발효식품이기는 하지만 부식류인 김치, 장아찌, 젓갈과 달리 양념류로서의 성격이 강하기 때문에 구분하였고, 좀 더 일관된 조사를 위해서 발효식품 중에서도 음식 범주로서 상대적으로 성격이 매우 가까운 김치, 장아찌, 젓갈을 조사 대상으로 선정하였다. 콩 발효식품으로서 장류에 대한 조사는 다음을 기약하고자 한다.

3. 전라북도 부안군·순창군

조사자가 한국의 대표적인 발효식품인 김치, 젓갈, 장아찌 관련 어휘를 조사한 지역은 전라북도 부안군과 순창군이다. 전라북도는 넓고 기름진 평야와 바다에서 나는 농산물과 해산물 등 음식 재료가 풍족하게 공급되고 기후가 따뜻하여 전통적으로 음식문화가 발달한 소위 '맛의 고장'으로 인식되고 있어, 음식과 관련한 언어적 조사도 필수적으로 수행돼야 할 중요한 조사 지역일 것이다.

김치와 젓갈 관련 어휘 조사가 이루어진 곳은 부안군 진서면 내 어촌지역이다. 도시지역에서의 김치 관련 음식문화를 민속의미론적(ethnosemantic) 접근으로 연구한 경험이 있는 조사자는 한국사회의 음식문화에 대한 문화내적(intra-cultural) 변이상을 비교 연구하는 측면에서 어촌마을을 조사지로 선정하여 관련 어휘를 수집하였다.

그리고 김치와 매우 밀접한 관계에 있는 발효식품으로서 젓갈 관련 어휘 조사는 어촌지역에서의 조사가 적절할 것이다. 조사지인 부안군 곰소 지역은 충남 강경, 충남 광천, 인천 소래와 함께 우리나라 4대 젓갈시장의 하나로서 젓갈이 유명한 지역이기 때문에 조사지로 선정하였다.

장아찌 관련 어휘 조사는 순창군 순창읍 순창고추장민속마을과 순창군 금과면 내 농촌지역에서 수행되었다. 순창군은 우리나라 전통 장류산업의 중심지로서 장류와 밀접히 관련된 장아찌를 또한 집중적으로 생산·판매 하고 있어서 장아찌 관련 어휘 조사에 적합한 지역으로 판단되었다.

4. 조사 기간 및 제보자

2007년 4월 16일부터 공식적으로 시작된 이번 민족생활어 조사는 크게 문헌조사와 현장조사 두 기간으로 나누어져 진행되었다.

먼저 4월 16일부터 5월 30일까지는 참고문헌 조사 및 선행연구 검토를 하고 문헌에 보고된 조사 항목별 어휘를 수집하여 정리하였다.

본격적인 현지조사는 6월부터 11월까지 수행되었다. 어휘 수집은 주로 심층면접 방법을 통해 이루어졌다. 먼저 김치의 종류 및 그와 관련된 어휘 조사를 시작하였고, 다음은 젓갈 관련 어휘, 마지막으로 장아찌 관련 어휘 조사를 수행하였다. 조사 항목별 기본 조사 계획은 다음과 같다.

(1) 2007년 6월~7월 : 김치의 종류 및 그와 관련된 어휘, 생애사 조사
(2) 2007년 8월~9월 : 젓갈의 종류 및 그와 관련된 어휘, 생애사 조사
(3) 2007년 10월~11월 : 장아찌의 종류 및 그와 관련된 어휘, 생애사 조사

그러나 실제 현지조사는 현장의 상황에 따라 융통성 있게 진행하였다. 김치의 어휘 조사는 6~7월까지 집중적으로 수행하고 그 이후에는 보완 조사 및 관련 사진 촬영 등이 수시로 진행되었다. 젓갈의 어휘 조사는 7월부터 시작하여 8~9월에 집중적으로 수행하고 그 이후에도 보완 조사가 계속되었다. 그리고 장아찌의 어휘 조사는 6월에 예비조사를 시작하였고 10~11월 사이에 집중적으로 조사를 실시하였다.

조사자는 김치, 젓갈, 장아찌 관련 어휘를 조사하기 위해서 9명의 제보자를 심층면접 조사하였다. 구체적으로는, 김치와 젓갈의 경우 전북 부안군 진서면 내 어촌지역에 거주하는 제보자를 각각 3명씩 조사하였다. 장아찌의 경우 전북 순창군 순창읍과 금과면에 거주하는 3명의 제보자를 조사하였다. 인터뷰는 제보자의 집이나 사업장에서 이루어졌다.

제보자의 목록은 아래 <표>로 정리하였다.

〈표〉 제보자의 목록

연번	조사 대상	이름	성별	나이	거주지	기타
1	김치	박양님	여	77	전북 부안군	젓갈 조사 병행
2		박순임	여	73	전북 부안군	
3		조길순	여	52	전북 부안군	
4	젓갈	박영수	남	47	전북 부안군	
5		이병섭	남	57	전북 부안군	
6		이영구	남	46	전북 부안군	
7	장아찌	설봉례	여	73	전북 순창군	
8		변정옥	여	80	전북 순창군	
9		박준영	남	37	전북 순창군	

김치는 한국인의 일상 식단에서 기본적 부식으로 빠지지 않는 먹을거

리이기 때문에 특히 주부로서 오랜 살림 경험이 있는 여성을 주요 제보자로 선정하였다. 특히 박양님과 박순임의 경우 인근 농촌마을에서 어촌마을로 시집을 온 경우로 농촌지역과 어촌지역의 김치 관련 어휘의 차이점을 어느 정도 살펴볼 수 있어서 흥미로웠다.

젓갈 조사는 부안 곰소 지역에서 젓갈 제조 및 판매업에 종사하는 상인을 대상으로 하였다. 특히 박영수, 이영구의 경우 부모 세대가 어장을 하면서 젓갈을 담가 왔기 때문에 젊은 나이에도 불구하고 젓갈과 관련된 해박한 지식을 갖고 있었다.

위 제보자 중 부안군 어촌마을에 살고 있는 박양님은 주 조사 대상이 김치와 관련된 것이었으나, 젓갈에 대한 조사도 함께 이루어졌다. 상인들의 젓갈에 대한 지식과 일반인의 지식을 간단하게라도 비교하여 살펴보고자 하였으며, 또한 실제로 어촌지역에서 행해지는 젓갈 관련 행위 및 어휘도 수집해 보고자 하는 의도가 있었다.

순창군에서 이루어진 장아찌 조사는 순창고추장민속마을에서 장류와 장아찌를 제조 및 판매하는 상인들을 대상으로 하였고, 또한 20여년 동안 관련 일을 해온 인근 농촌마을에 살고 있는 제보자를 선정하여 조사하였다.

구술생애사 관련 자료 수집은 제보자 박양님과 설봉례 두 사람을 대상으로 이루어졌다. 본 조사가 식생활 관련 조사이기 때문에, 구술생애사 조사는 부안군 어촌마을과 순창군 농촌마을에 각각 살고 있는 두 제보자를 통해 식생활 중심의 이야기를 끌어내는 데 초점을 맞추었다.

위 9명의 제보자 외에도, 이영주(56, 남, 부안, 젓갈), 이진우(40대, 남, 부안, 젓갈), 양성춘(49, 남, 부안, 젓갈), 설동순(50대, 여, 순창, 장아찌), 김경순(77, 여, 순창, 장아찌), 장희숙(30대, 여, 순창, 장아찌), 신동길(30대, 남, 순창, 장아찌), 전금옥(65, 여, 전주, 김치) 등을 인터뷰하여 자료를 보완하였다.

이번 조사가 주로 전라북도 부안군과 순창군을 조사 지역으로 한 것이지만, 전주시에 거주하는 1명의 제보자로부터 부안군과 순창군에서 조사된 내용을 비교·검토하고 김치 담그는 과정 등을 촬영하는 데 도움을 받았다.

마지막으로, 주요 제보자로 인터뷰하지는 못했지만 이영주와 설동순에 대한 간단한 설명을 덧붙이고자 한다.

현 곰소젓갈협회장인 이영주는 1970년대 중반 형성되기 시작한 곰소 지역 젓갈산업의 역사를 잘 알고 곰소 젓갈산업의 활성화를 위해 주도적인 역할을 담당하고 있다. 그는 2007년 4월 사단법인 대한명인예술교류협회로부터 '젓갈 명인'으로 선정되어 인증서를 받기도 하였다. 그리고 조사 중에 관찰된, 그가 봄에 담근 '황석어젓'의 숙성 정도를 감별하는 모습은 매우 인상적이기까지 했다. 그래서 젓갈 조사를 위한 예비조사 후 그를 젓갈 조사의 주요 제보자로 접촉하였지만, 제보자의 바쁜 일정 때문에 몇 번의 짧은 인터뷰만으로 조사를 마무리해야 했다. 이영주를 제보자로 한 젓갈 관련 어휘 조사 및 생애사 수집을 위한 인터뷰를 하지 못한 것이 이번 조사에서 가장 아쉬움으로 남는다. 그러나 곰소에서 이영주와 함께 젓갈업에 종사하고 있는 그의 동생 이영구, 이진우를 인터뷰할 수 있었다.

그리고 순창 장아찌를 조사하고자 접촉했던 설동순은 전주국제발효식품엑스포에서 처음 만났고 제보자로서의 가능성을 탐색하고 순창고추장민속마을을 방문하여 인터뷰하기로 약속을 하였다. 그는 30여년간 고추장과 장아찌를 담가왔고 순창 고추장 제조 기능인으로서 2004년에는 『전통 고추장 아줌마 설동순의 힘 펄펄 나는 매운 밥상』이라는 책을 출판하기도 하였다. 그러나 제보자의 바쁜 일정으로 두 번의 방문이 실패하였고 결국 인터뷰를 하지 못하였다. 대신 보고서를 작성하는 데 그의 책 중 장아찌 관련 부분을 참고하였다.

제2부
연구 내용

제3장 김치 관련 말

제4장 젓갈 관련 말

제5장 장아찌 관련 말

＊＊＊

 '제2부 연구 내용'은 이 글의 핵심 부분으로 모두 3개의 장으로 구성된다. 제3장은 김치, 제4장은 젓갈, 제5장은 장아찌 관련 조사 내용을 정리하였다. 그리고 각 장은 다시 2개의 절로 구성되는데, 먼저 제보자의 '생애구술'을 기록하고, 다음 '조사된 어휘'를 뜻풀이와 함께 그 실제 쓰임을 정리하였다. 그리고 조사된 어휘들 간의 의미 관계를 함께 기술하려고 노력하였다.

 이러한 기술 방식과 관련하여 몇 가지 부연 설명을 덧붙이고자 한다.

 첫째, '해당 지역 문화와 어우러져서 일상에서 흔히 사용되는 생활 어휘를 조사하여 뜻풀이와 함께 용례를 제공한다'(국립국어원 2007)는 '민족생활어 조사'의 목적에 맞추어, 『표준국어대사전』의 미등재어휘뿐만 아니라 등재어휘의 경우에도 제보자들이 일상생활 속에서 실제로 사용하는 개념을 중시하여 뜻풀이를 하였다. 특히 등재 어휘의 경우 『표준국어대사전』의 정의 및 사용 지역이 실제 사용상과 차이가 있을 때 그 차이점에 대해서도 기술하였다.

 둘째, '해당 지역 문화와 어우러져서 일상에서 흔히 사용되는 생활 어휘'를 제공한다는 조사 목적에 충실하고자 해당 어휘와 관련된 제보자들의 음식문화와 관련된 진술을 가능한 많이 제시하고자 노력하였다.

 셋째, 생애구술의 경우 제보자들의 구술 내용을 생애 주기(life cycle)에 맞추어 재구성하였고, 독해의 난해성을 줄이기 위해 필요한 경우 ( )에 부연 설명을 첨가하였고, 방언형은 { }에 표준어형으로 풀어 썼다. 제보자가 강조 등을 위해 말을 길게 발음한 경우에는 ::으로 장음을 표기하였다. 그리고 드물게 구술자의 말 중 도저히 알아들을 수 없는 부분은 ＊＊＊로, 구술자의 말 중 휴지, 주저, 말 끝 흐림 등은 …로 표시하였음을 밝힌다.

제3장 김치 관련 말

이 장에서는 전북 부안군 어촌지역에서 조사된 '김치' 관련 어휘의 뜻풀이 및 그 실제 쓰임을 기술하고자 한다.

1. 생애구술

다음은 부안군 진서면 작은 어촌마을에 살고 있는 박양님 할머니(77)의 생애 이야기를 구성한 것이다. 일반적인 생애 주기를 바탕으로 구술자의 생애 이야기를 간략하게 인터뷰하였고, 특히 식생활 조사 주제에 맞추어 주로 음식과 관련된 이야기를 수집하였다.

부안군 변산면 농촌마을이 고향인 박양님 할머니는 이웃한 진서면 어촌마을로 열아홉 살에 시집을 와 슬하에 2남 4녀를 두었으나, 큰아들이

30대 젊은 나이로 병사하였다. 딸들은 모두 결혼하여 서울, 광주 등에 살고 있다. 할머니는 10년 전 남편과 사별한 후 현재 둘째 아들의 자녀들을 키우며 함께 살고 있다.

1.1. 교육

1.1.1. 지집아 갈쳐서 뭣 헐라고

[사진 1] 마을 모정에서 담소를 나누는 박양님

문 보통 할머니 연세쯤 되시면 할머니들이 보통 학교를 잘 안 다니셨잖아요.
답 응, 나도 안 댕겼어. 아이고, 우리 아부지가… 참:: 우리 친정이 먹을만치 살었어. 긌는디 논도 많고, 밭도 많고, 소도 몇 마리고 있는디. 우리 아버지가… 울 어메는 학교, 울 어메가 못 배왔인게, 가시내 하난게 갈치자곤게. 울 아버지가… 가서 시집가서 못 살먼 편지나 쫑쫑헌다고 못 가게 했네. 이 사람아! 내가 그래서 우리 손지딸들이고 누구고 다 국민학교라도 갈쳐라, 오직허먼 그랬네. 긌는디 사흘 갔어. 딱 사흘 가고

안 가 버렸어. 울 아버지가 못 가게 혀. 음:: 가시내 갈쳐서… 생전 이 가
시내 소리 안 ***디. 지집아 갈쳐서 뭣 헐라고 허냐고. 시집살이나 허먼
은 편지나 쫑쫑허라고 간디. 그서 안 갈쳐 부써. 안 갈쳐…
문 그러면 할머니, 그때 보니까 글씨 다 읽으시더구만.
답 그런 것만 대강 쪼까썩 알지. 인자 보고 어찌고 헌게 내 이름…
문 어디서 배우셨어요?
답 인자 그전이 야각{야학}이라고 댕기락 히서 몇 번 댕겼어. 나 큰애기 때,
쪼그만 히서 인자. 열댓 살 먹었는가 모르겄네. 야각을 댕겼어. 거그서 갈
치, 일본시대는 다 갈쳤지 않은가. 자네는 모르지. 일본시대는 ***도 갈
치고, 다 갈쳤어. 그도, 갔다가 간게. 그것도 못 가게허네. 우리 아버지가.
저녁으 나간다고 가시내가 뭐. 여자가 뭔 머시매 뻔뻔 댕긴다고, 그리서
그것도 못 갔네. 길게 댕겼으면 참 괜찮혔어. 내가 멍청허던 안 힜는가
봐. 메칠 저녁 댕겨서 그도 내 이름도 쓰고, 새끼들 이름도 쓰고 잉. 긎는
디 못 댕이게 히서, 에이 드럽고 챙피헌게 안 댕인다 안 댕여 버렸어.
문 야학 다니면서 글을 배우신 거예요?
답 응. 그래서 그렇게라도 알고, 뭣이라도 보고…
문 얼마나 다니셨어요 야학을?
답 몰라. 한 보름이나 댕겼는가. 못 가게 힜지. 아버지 몰래 조까썩 댕기다
가 나중으는 울 어메가, "대니지 마라. 너 땜에 나좋다(?), 만날 쌈허고,
저녁으 어디 나갔냐고, 지집아 열다섯 살 먹은 것이 밤", 그때는 큰:: 일
나는 줄 알았어. 지금은 발동허고 댕거도 그때는 열다섯 살이나 먹은 가
시내를 울 어메보고 내돌량했다고{내돌렸다고} 막 뭐라고 허드래. 그선
"에이, 챙피해서 안 간다"고. 울 어메가 "가지 마라. 그거 안 배서 죽는
대? 나 봉사도 산다." 우리 어머이가 못 뱄은게 봉사지. 에이, 그서 안 가
버린다고 안 가 버렸네. 그도 우리 새끼들 이름은 쓰고, 내 이름은 쓰고,
그저 대강 인자 뭔 거식헌 것만 쪼께 읽지. 못 읽어. 큰 글씨는 비고{보

이고}, 작은 글씨는 비도 안은게{보이지도 않으니까} 못 허고 그려. 영리하다고 우리 어메. 학교 일학년, 이학년만 댕겼어도 이렇게는 안 있을 것여. 하이구, 어찌께 야단 치든지 안 갔당게.

1.1.2. 제우 내 이름이나 써 노면 알지

문 그때 어른들은 왜 그랬는지 몰라요.
답 그땐 멍청헌게 그렀지. 누가 영리하면 그랬겄는가? 멍청헌게 못 가게… 부잰디. 부잰디. 가난허기나 허면 내가 가난헌게. 부자였는디. 논도 겁나고 밭도 겁나고 소가 몇 마리고 긌당게. 긌는디 아이고, 징그라… 내가 밤낮 울 아버지 보고, 시집가서 가 갖고 그날 아버지 땜에 내가 이렇게 봉사되었다고, 당갈 봉사라고 그러면, "야, 이 새끼야, 그만 허면 되지 뭔. 여자가 배서 뭣 헌대?" 그리 버러. 그서 말도 못 허고 말았지. 뜨고 못 본게 당갈 봉사 맹긴게 좋냐고 허면, 나 못 보는 당갈 봉사잖여. 팜나{밤낮} 울 아버지허고 좋고 있는디. (혀를 참) 진짜 나는 국민학교만 졸업했어도 참 거식 힜을 것여 쪼께라도 사흘 차 가고 나흘 차 갈란 날 아침에 책보 내싸 버렸어. 울 어메가 뺏어서. 막:: 울 어메 보고 욕허고 뭐라고 헌게. 저 인간이 가시내 베린다고. "에이, 엄마 나 안 갈라네"하고 내쏘고 그 질로{길로} 안 가 버린 것이 이렇게 후회되야. 그때 그래도 죽으나 사나 댕겼으면, ***로 갔으면…
우리 아부지가 시집가서 시집살이 못 허면 편지나 쫑쫑 헌다고 안 갈쳐 갖고. 나는 그것이 천천지 원이라. 천천지 원여. 진짜여. 제우{겨우} 아는 것이 내 이름이나 써 노면 알지 다른 거 암것도 몰라. 그런 게 그것이 기중 억울히 갖고 (손녀딸에게) 어찌케라도 배라. 고등학교 나와서 대학교 어찌케라도 가야 헌다. 박적{바가지} 갖고 얻어다가 먹어도 너는 대학교는 가야 헌다. 내가 오직허면 그랬을라난가? 에미 없다고 안 가면 못 씨고 가야 헌다. 긌더니 돈 백이십삼만 원 줌서 우체국다 가서 그날 늫고. 데리고 와서 늫고 인자 지가 그놈 백만 원 찾어서 (넣고). 그놈 일히 갖고 남제기{나머지} 늫는다고 (서울) 올라 갔은게. 그것이 기중 포은 {포원}이여, 나도 그것 갈쳐서 나 갈만 허면, 내가 갸{손녀딸} 대학교 졸업허더락만 더 살면, 앞으로 이 년만 더 살면… 그란혀? 나이가 칠십야닯여. 낼모레가. 아이고… (혀를 참) 어쩐 때 귀찮은 일 생각허면 어서 죽으면 쓰겄다. 시상 귀찮을 때가 한번 두번이 아녀.

1.2. 큰애기 시절

1.2.1. 저녁으면 뫼아서 수놓고

문 지난번에 잠깐 하셨던 동무들 얘기 좀 해 주세요.
답 동무는 많힜어. 열일곱인가 되았어. 근디 다 죽고 인자 둘 남었네. 남자 하나, 여자 둘허고. 나허고 히서 둘 남었네. 싹 죽었어. 저녁으면 뫼아서{모여서} 수놓고… 참실, 그전이는 참실은 부케허니 퍼지는 놈이여. 그놈 수놓지. 근게 바늘 탄 계(?)도 히고 인두판도 허고. 인두질 히서 바느질 헌게 인두판도 놓고. 비개{베개} 수도 놓고, 책상포{책상보}, 저런 핫대포{핫대보}. 다:: 놓아서 다 힜어. 뜨개질도 허고. 이케 각기바늘로 근디 잊어 버러서 인자 못 허겄어.
문 그러면 큰애기 때는 동무들하고 저녁에 모여서 주로 수놓고…
답 시안이{겨울에} 수놓고, 인자 미영{목화} 잣이야 허고 베 짜야 허고.
문 큰애기 때 동무들하고 놀고 했었던 건 해방 이후예요? 그 친구들이랑 놀고 했었던 것은?

답 응응, 그럼 해방 지내고 나서. 그때는 인자 찌깐헌게 안 놀았지. 만나먼 공기살이나 혔지. 독살이. 그거 독살이, 공기살이나 허고 팔강이나 놀다가 혔는디. 인제 해방 지내고 난게, 인자 열다섯 살, 여섯 살, 일곱 야듦 살 먹은게는 인자 날마다 인자 수질 허고 인자 악장, 그런 것 혔지. 그때만히 도… 꼬추{고추} 같은 것도 맹겨서 나오고 부전도 나오고, 다 그러데.
문 부전요?
답 응, 이렇게 바늘 같은 게 지더런히{길어} 갖고 이놈 딱 찔러서 채고{차고} 그러는 거. 한복으다도 채고 허더만 테레비서 본게. 근디 그런 것도 우리가 다 귀밥쳐서 혔어. 우리도 혔어. 부전 그런 것도 뽄{본}을 떠 가지고, 밥풀로 싹:: 볼라서 맹길아{발라서 만들어}, 지드란허니. 상지갑{상자갑}으다 잉. 헝겊때기 느서 잉. 헝겊때기로 잉. 그리 갖고는 이놈 하나 이놈 하나 허먼, 인자 두 개를 맹길아 놓고. 인자 뽄 그것이 있어. 이렇게 찔죽허니 짤쭝허니. 그러먼 그놈 대서 이렇게 딱 매 놔서 히 놓고, 귀밥을 치먼 부전이 되아 버려. 그러고 골매도{골무도} 여기다(손가락에) 찌는 골매. 그것도 몇 죽썩 맹길어 갖고 시집갔어라우, 그때는.
문 할머니도 시집오시기 전에 시집가기 위해서 필요한 거 만드시고 그러셨어요?
답 그럼.
문 뭐뭐 만드셨어요?
답 골매도 만들어서 걍. 골매를 만들먼 기양 이렇게 갖고 가는 것이 아니라, 바늘로 다 이렇게 뀌어서 열 개썩 딱딱 뀌어서 몇 줄이고 맹길아 놓고. 그전이는 인두로 대리미질험서 인두판도 있었어. 대리미판도 있고 인두판도 있고, 다 있는디. 그것도 다:: 수놔서 혔어. 찌개질(뜨개질)히 갖고 저 핫대보도 이렇게 거는 것 허고. 다:: 혔어. 지금같으먼 그런 것도 지금은 쓰도 않는디. 그러고 이렇게 책상 같은 거 이렇게 놓고 잉. 그것도 (책상보) 허고.

問 옷을 이렇게 덮는 걸 뭐라고 해요?
答 그건, 핫대보닥{햇대보라고} 혀. 그서 저그다 못 걸어 놓고, 인자 거그다 옷 걸어 놓고는 그놈으로 저그다 둘르고 여그다 느서 히 놓고는 딱 쳐 버리면 안 뵈고. 그놈 다 수놓고도, 수놔서도 히 갖고 가고, 이렇게 떤 놈도, 각기바늘로 떠서 꽃 놔서 다:: 이렇게 무늬 놔 갖고 이렇게 잉…
問 무슨 꽃을 놔요?
答 저, 무궁화꽃도 놓고. 무궁화꽃이 안 이쁘던가? 근게 그놈을 많이 허고. 그렇게 다 히서 놓고 히 갖고 가고 그랬어.

1.2.2. 베 짜고 미영 잣이야 허고

問 베도 짜고 그랬어요?
答 그러머. 그런 거 헐 때는 그런 것도 못 허고 인자 없을 때는 그런 거 혀. 베 짜고 미영 잣이야 허고. 물레에다가 미영 이렇게 잣이야 혀. 아이고… 미영도 거시기 히야 혀. 미영도 씨앗{씨아}이가 있어 그전이는. 미영 다 몬돌 빼고 씨앗이다가 그놈을 틀면, 삐국 빼국 삐국 험서 그놈을 다 틀어야 혀. 근게 미영 트는 거는 우리 아부지가 많이 틀어줬어. 논게. 그러면 우리는 인자 활로 튕겨서, 이렇게 활이 꼬부라진 거 있어. 활로. 그러면 이런 꼬부라진 것으로 탁탁 튕기면 알고 피어져서 넓어져 인자 솜이. 그놈 피어지면, 허건이 박속 같이 되면 인자 여그다 놓고 또 딴 놈 씨앗이로 틈, 몽클몽클 헌 놈을 이케 혀 갖고는 그놈을 꼬치로 몰아{말 어}. 이만헌 대나무 쑤싯대{수수깡}로 히서. 그놈으로 도매때기{도마} 같은 통으다 놓고. 딱딱 손바닥으로 문대먼 솜이 몰아져{말아져}. 몰아 지면 빼서 여그다 놓고, 또 꼬치 많이 히서 묶어 놓고 또 허고 연이어. 그리 놓고 그놈 잣어. 미영 잣어. 이렇게… 이놈 대불리고 이놈 잡어 댕

기고 히서 이렇게 히서 올리고 가락으다가. 계속 이렇게 혀. 그서 미영 잣고.

문 그렇게 해서 그걸로 뭘 해요?

답 베 짜. 그놈으로 베 짜서 옷도 해 입고, 다 그전이는 미영 옷이고 거시기 옷이지. 당목 옷이지. 지금같이 나이롱 옷이 있었는가? 근게 그놈을 빨라면 다:: 삶어야 히고. 으이그… 으이구… 지금인게 조물조물 히서 입고 그러지. 다:: 손이로 다 문대서 빨어서 방맹이로 투드려서. 그래 갖고는 때 안 지먼은 다::. *** 걷어서 한복 다 바느질 허고 두루매기 바느질 허고 핫바지 맞추고 다 그렸어. 솜 느서. 그래 갖고는 뜯어 노먼 이런 혼실때기가 때가 안 져. 오래 입은게. 암만이라도 그러먼 그 혼실때기 다 주물러 갖고, 비누나 있당가? 그때는 비누도 별시럽게 없인게. 아이고, 잿물을 살라먼 돈도 없인게 안 사고 미영 대, 그 미영 탄 대가 있어. 콩 대. 그런 놈을 때. 때 갖고는 가마니다 몇 가마니 받어 놔. 그래 갖고 실이다가{시루에다가} 솔잎가지 두북허니 깔고 뭣 쪼께 놓고 인자 거그다 잿물을 밭쳐. 거그다 재를 하::나 담어 놓고 물을 따땃헌 놈 붓어 노먼 잿물이 흘러. 빨간 물이, 꼭 이렇게 생기네. 커피 같이. 그러면 그놈으로 빨래 치대서, 따순 물 디어 갖고 치대서 가서… 수도가 어디가 있는가? 또랑으{도랑에} 가서 빨고 시암으서{샘에서} 물 퍼붓어서 그렇게 혀. 울 어메가 빨먼 내가 물 퍼붓고, 내가 빨먼 울 어메가 물 퍼붓고 히 갖고. 그리 갖고 그놈 빨어서 잿물 그놈 치고 삶어, 솥이다. 불 때서 삶어 갖고 고놈 방맹이로 탁탁 나밧나밧 뚜드러서 빨어. 빨으면 그 혼실때가 져. 그리 갖고 그놈 빨어 갖고 널었다가, 오늘 빨어서 널어 노먼 인자 저녁으 또 담그와. 큰:: 너럭지. 그때는 다라도 없었어. 저런 너럭지다가, 옹구그릇이 너럭지여. 그놈으다 히서 물 하::나 떠 붓어 갖고 빨래 담과 놔둬. 담과 놨다가 아침에 일어나서 그놈 또 방맹이질 척척 히서 빨어. 담과 논 놈 빨어 갖고 널어 왔다가 그 이튿날 풀혀. 풀히 갖고 다:: 투드리야 혀. 풀히 갖고 다듬이 두 방맹이로 걍 막 짓고 잣고 짓고 잣고 투드려서 그놈 반들반들 허니 뚜드려 갖고 미영 것도 히서 풀히서 반들반들 히 갖고 풀히서 투드려 갖고 하꺼 맞추고. 그렇게 히서 다 입, 우리 아부지, 우리 동상, 우리 오빠 다::. 그전이는 이만헌 것도 다 합바지 입었어. 가래바지 입고. 지금인게들 사 입은게 걍 암거나 입지. 그전이는 다 바느질 헌 놈 그렇게 히서 입고 살었어.

問 바느질, 빨래, 미영 잣는 거, 베 짜는 거 다 언제 배우셨어요?
答 큰애기 때 근게 우리 어메 밑에서 계속 배우지. 우리 어메가 헌 게로 그놈 보고 같이 허고 같이 배고…
問 딸이라 할머니만 배웠겠네요? 오빠나 남동생이나…
答 그런 사람들은 뭐… 우리 언니는… 집이가 없었는게. 광주 가 저그, 우리 친척이 살어서 거그가 광주 고모네가 있었어.
問 왜요?
答 언니는 고모네가 데려 갔어. 딸이 없어서. 그랬다가 나중으사 와서 시집 갔지.
問 그먼 양녀로 보낸 거예요?
答 고모가 딸이 없는게 데리고 있을란다고 도락헌게 줬어. 긌다가 시집갈 무렵으 인자 데려왔어. 우리 아부지가 데려오라고. 아무리 고모가 좋아도 내 부모 안 같은게 데려오라고 히서 걍 시집갈 무렵으는 와서 시집갔어. 나 찌::깐히서. 우리 언니 나허고는 겁나게 층나{차이 나}. 그서 시집가 버렸어. 근게 베 짜는 것은 참 재미져. 미영 잣는 것도 재미지고. 잉에월 사월만 채지먼은 걍 딱 익기도 좋고. 발 딱 이렇게 벌러 놓고 오그리고 벌려서 짬서 탁 북질, 북을 이짝으, 배북 이만헌 거 있어. 그리 갖고 거그다 느서 꾸리 감어 갖고 느 갖고 인자 그 실로 *** 꼭대기 나오는 데는 잡어 댕겨서 베를 짜.

問 요즘 세상 진짜 편해졌네요?

[탑] 참:: 편헌 것이 아니라 누워서 떡 먹기라우. 아가씨. 이렇게 앉어 있을 때가 어디가 있는가? 지금 미영 따야 혀. 가실이는{가을에는} 미영 따야 혀. 밭이가 허::건{하얀} 박속 같이 핀 미영이 있어. 그놈 따서, 날 궂일 라면 걍 그놈을 가맹이 갖고 가서 막:: 모타 따서 와, 숭어리를{송이를}. 따다 놓고 저녁내 날마닥 볼라{발라}. 티 띠어 냄서 볼라서 말려 갖고 볕에다 말려, 미영도 그리 갖고 인자 씨앗이다 틀으야 혀. 일등품, 이등품 개려{가려} 갖고. 그렇게 히서 좋은 놈은 좋은 놈대로 씨앗이다 틀고, 못한 놈은 못한 놈대로 그란허먼 물짠히서{나빠서} 아조 거시기 헌 것은 내 먹고. 그렇게 다 살었어.

1.2.3. 징허게 고무줄살이도 많이 허고

[문] 큰애기 때 동무들하고 했었던 일 중에 가장 즐거웠던 추억은 뭐예요?
[탑] 즐거웠던 추억은, 우리 닭살이헌 것이 기중 즐거웠던 일이지.
[문] 닭살이가 뭐예요?
[탑] 닭살이는 뒤에 헐건 쥐고 잡고 닭살이 혀.
[문] 어떻게? 놀이하는 거예요?
[탑] 응, 놀이.
[문] 서로 등 뒤를 잡고…
[탑] 응. 넌이{넷이} 잡고 하나는 잡어 먹는다고 이렇게 돌고. 술래 허는 놈 있고, 술래 따로 있고 닭살이 따로 있고. 그런 것이 최종 즐거웠지. 그때 쪼그만썩 헌게 재미졌지. 참:: 재미지게 놀아. 우리 큰애기 때는 징허게. 고무줄살이. 고무줄살이도 많이 허고 우리는 참. 고무줄살이도 허고 걍 벨짓을 다 허고 살었지. 오재미살이도 허고. 오재미 맹길아 갖고 저녁밥 먹고, 울 어메가 뭐라고 헌게. 곡석{곡식} 넌게 퐅{팥} 같은 거 콩 같은

거 느야 짜그락 짜그락 잘 난게. 그 오재미 맹길라먼. 쌀 같은 거 모래 같은 거 느면 소리가 안 나. 근게 콩퐅을{콩팥을} 느야 혀. 근게 그놈 느서 그놈 갖춰 놨다가. 그놈 느서 맹길면 "또 뭣 허냐? 뭐 헛짓허지?" 그먼 "아니." 그러먼 "벌써 돌아앉는 것이 헛짓허노만 뭐" 울 어메가 그려. 웃고… 그런 거 맹길아 갖고 오재미살이 허고 고무줄살이, 솔개뜨기, 강강수월래 다::. 팔강도 많이 허고.

문 큰애기 때 가장 아쉬운 것은 뭐예요?

답 아쉬운 것은 별시럽게 없었어, 나는. 딸 하나라고 엄청 거식 히서… 그도 저녁으 한번썩 울 아부지가 못 나게 한 것이 아쉤지. 다른 아뜰이{아이들이} 와서 불르먼은 울 아부지가 "저녁마다 나가냐"고 험서 야단치먼 못 가.

문 그러면 친구들끼리 밤에 모여서…

답 으흠::. 그럼. 저녁으 뫼아 갖고 강, 그렇게 많은 숫자가 강 아근아근 혀. 그리고 저녁으 여름은 나가서 노는 것이 말 짓만 허고 댕겨. 옥수시 따다, 넘으 야 다 따다 쪄 먹고. 북고구마 논 놈 캐다 쪄 먹고. 호박 따다 부치개 허고. 그거 일이여. 근게 말짓방이가 다. 근게 울 아부지가 뭔 일 있으먼, "또 너 어저녁으 뭣 힜간디 저케 난리났냐, 노인 양반들이?" 그려. "나 암것도 안 힜어" 그러먼, "너 안 든 디가 어디가 있냐? 아주 유명헌다" 그려. 그러면 "안 힜어" 그러먼, "누 야{누구 것} 히 왔냐?" "안 힜닥 히도 그러네." 그러먼은 "다 소문이 났어" 그려, 울 아부지가. 고구마 캐다 쪄 먹었다고. 넘으 군고구마 다 캐서 쪄 먹었다고 난리나고. 옥수시도 따러 가면 이렇게 따먼 소리 나. 근게 팩 비틀먼 소리가 안 나거든. 그서 아조 팔자 속으로 *** 하나 둘이야 헌디, 그렇게 몽땅 된게 한 자루썩을 먹을라도 겁나게 찌야네. 그래 갖고 넘으 옥수시 따고 고구마 캐고 히다 먹고. 단수시{단수수}, 그전이는 단수시라고 있어. 이런 쑤시{수수} 같은 것이 이렇게 몽우리가 몽땅 헌 것은 단수시거든. 그놈 심

과 노면 그놈 넘으 야 다 쳐다 벳거 먹고. 그러고 인자 호박은 저녁 때 대님서 돌아 대임서, 저녁으는 호박이 잘 안 뵈네. 근게로 잎삭을{잎사귀를} 발딱 뒤집어 노면 흐겨. 잎삭으 등얼이가. 그러면 그놈으 저녁으 따다 부치개 허고, 찬밥 갖다가 그놈으로 너물 히서 먹고. 노는 것이 맨 말짓만 헌게…

문 어떤 동무 집에 가서 그렇게 해요?

답 우리 집도 히 먹고. 울 아부지 없을 때. (동무 집) 돌아감서 히 먹어. 우리 집도 울 아부지만 어디 갔다허면 우리 집서 사고치고, 그란허면 또 그 옆으 가네 집이는 아부지가 없는게 걍 가네 집이서 많이 히 먹었어. 아부지가 없인게 허물없인게 거가 많이 놀았어.

문 그런 동무들…

답 다 죽어 버리고 인자 하나 남었당게. 우리 시누 하나 남었당게.

문 그런 동무들과 헤어지게 되는 게 시집가면서죠?

답 그렇지. 시집감서 헤어졌지. 시집가고도 가끔 만났어. 명얼{명절} 때 같은 때 (친정에) 가면. 만났는디 다 죽어 버렸어…

1.3. 결혼

1.3.1. 그때는 늙은 큰애기여

문 할머니 몇 살 때 시집오셨어요?

답 나는 열아홉에. 그때는 늙은 큰애기여.

문 왜 그렇게 늦으셨어요?

답 왜그냐먼 딸 하나고 잉 아들 둘여. 우리 오빠하고 우리 남동상하고 나하고 이렇게 삼남맨게. 그렇게 시집 후딱 안 보냈어. 다른 아뜰은{애들은}

내 동갑은 벌, 미리서 몇 년 전 시집갔어. 나는 그렇게 오래 있었어. 글고 밥이라도 먹을만 헌게 후딱 안 여웠어. 암것도 없는 사람들은 양 후딱 여웠는디. 그래도 우리는 농사도 짓고 밭도 많고 소도 있고 궀네, 친정은. 먹을 만치 살다가. 근게 양 후딱 안 여웠어. 글다가 어찌케 히 갖고 이리 시집와 갖고 이렇게 급살맞게 내 고상만 허네 참말로

🔵 결혼하셨을 때 할아버지는 몇 살 이었어요?
🔴 그때 영감이 서른… 스물 몇 살 일거여. 내가 열아홉이고 나보다 열한 살 더 먹었어.
🔵 왜 그렇게 나이 차이가 많이 나요?
🔴 그리야 좋다고 그전이는 다 그렇게 많이 여웠어. 그래서 우리 시부양반도 열시 살인가 더 시누남편이 더 먹었어. 그전이는 그렇게 다 보통여. 보통.
🔵 큰애기가 열아홉에 시집가는 것은 너무 늦었다면서요?
🔴 나는 그랬지. 근디 남애들은(남자들은) 그때는 걍 장개 후딱…
🔵 남자들은 왜 그렇게 장가를 늦게 가요?
🔴 모르지. 어찌케 그렇게 되았데.

1.3.2. 시집간다고 헌게 시집가는가 보다 그러고…

🔵 어떻게 바닷가로 시집오셨어요?
🔴 근게 말여. 어찌케 몰라 나도
🔵 연애는 아니고요?
🔴 연애는 아니지! 그때는 연애가 어디가 있는가! 거시기 우리 당숙모, 저 우리 시방 시누님 아퍼서 병원 갔다고 배씨네 집이. 근 양반네 작은 어메가 중신 혔어. 저그 조칸게. 나를 여그다. 그 집 친정인게. 저그 그 집

시집이지 말허자면. 저그 시누가 여그 살고 저그 우리 당숙몬게 이 집허
고 다 집안인게. 그렇게서 중신 히 갖고 이리 시집왔지 내가.
- 문 결혼식은 어디서 하셨어요?
- 답 그 우리 친정으서 했지. 그전이는 큰애기 신부 편에서 혀. 마당으서.
- 문 그러면 할머니, 친정집에서 결혼식 하셨어요?
- 답 응. 원삼 족두리 쓰고. 그렇게 허고 절허고, 여그다 *** 그러고 이렇게
  신랑 쳐다 봤지. 인자 그전에는 마당에, 그전이는 집이서 헌게.
- 문 신랑 얼굴 처음 결혼식장에서 보시고 어떠셨어요?
- 답 근게 눈 달리고 코 달렸도만. (웃음) 그렇게 히서 결혼했지 뭐. 지금 사람
  들 같이 만나 어디가 만나고 뭣 허는가. 그저 시집간다고 헌게 시집가
  는 가 보다 그러고…
- 문 처음에 신랑 봤을 때 어땠어요?
- 답 무섭지, 무섭지! 그럼 처음 본게.
- 문 할아버지 인상이 어땠어요?
- 답 인상은 좆 같이 생겼데. 물짜게{나쁘게} 생겼어. 인상이 진짜 물짜. 나뻐.
  인상이 안 좋아. 성질이 불 같고 아조… 그래도 몬심은 없어. 돌아서먼
  그만이지. 몬심있고 뭣 허든 안 헌디. 성질은 불보다 더 쎄.
- 문 결혼 준비하고 이런 것 좀 얘기해 주세요.
- 답 결혼 준비는 뭐. 그적으만 히도 이불허고 옷허고만 허고 갔었당게. 신랑 가
  매 타고 와 갖고, 신랑은 걸어서 가고 가매 두 개 갖고 온 집도 있고, 하나
  로 오먼 걸어서 가고 그렇게 히서 결혼식 허고 걍 가는 거여. 오는 거여.
- 문 (혼인 후 친정에서) 하룻밤 자고?
- 답 안 잤어. 바로 왔어. 가깐게로{가까우니까}.
- 문 결혼하게 됐다는 걸 처음에 누구에게 들었어요?
- 답 알았지. 왜그냐면 거시기가 온게. 사생이{사성이} 온게. 중신애비가 사성
  을 갖고 와. 옷감 뻘건 놈, 노랑 놈, 모다 그런 것을 옷감을 포재기다{보

자기에다} 싸서 갖과. 그러면 받어서, 오메가 받어 갖고 차뚝으다(뒤주
에다) 느 버려. 차뚝. 그전이는 쌀 담어 먹는 차뚝 있잖아? 그먼 거그다
딱 담어 버려. 긌다 삼일만이 내여. 그게 사성이여. 그런게 (결혼하게 된
것을) 알지.

문 어른이 말을 안 해줬어요?

답 안 히 주지. 안 힜으라도 알어. 그것만 보먼 안게. 사성 땜에.

문 시집가게 된 걸 알았을 때 어떴어요?

답 열아홉 살이나 먹었인게, 인자 시집가는 것인지 알었지. 나이가 어리야
모린게 거식헌디. 열아홉 살이나 먹었는디. 당숙모가 퐘나 대님서 얘기
허는 소리 듣고 했은게.

1.3.3. 암것도 동서가 헐지를 몰라

문 시집오셨을 때 시댁에는 누구누구 있었어요?

답 우리 동서님허고 우리 시숙허고 우리 신랑허고 나허고… 그렇게 있었어.

문 시어머니는?

답 시어머니랑은 다 돌아가시고.

문 그러면 시집오셨을 때 시부모님은 안 계셨어요?

답 안 계셨어. 우리 시아부지는 우리 집 영감님 아홉 살 때 돌아가셨대여.

문 시어머니는요?

답 시어마이는 중간에, 시어마이는 봤어. 우리 친정으로 장사댕긴게. 안뜽으
는 그런 장사가 없인게, 여기서 인자 물메기도 갖고 잉, 또 젓갈도 갖
고 잉, 괴기 장시도 허고. 근게 우리 친정서 자고도 댕기고 그맀어,
오메는.

문 그럼 결혼 전부터 알았어요?

답 응. 시어마이는 알았어. 다른 사람은 몰랐어도
문 그렇게 다니는 장사를 뭐라고 해요?
답 인꼬리 장시.
문 생선, 젓갈 등을 갖고 동네로 팔러 다니는 사람을 말하는 거예요?
답 인꼬리 장사. 고개다 이고 오먼 인꼬리 장사. 다라다 이고 온게. 그전에는 (인꼬리 장사가) 겁났어. 지금이 그런 장사 없네.
문 지금은 트럭으로 장사들 들어오잖아요. 말하자면 그런 거죠?
답 응. 그렇게 오는 거하고 똑같여.
문 옛날에는 인꼬리 장사는 여자들이 했어요?
답 그전이 맨 여자만 댕겼지. 뭔 남애들이{남자들이}. 그전이는 차가 어디가 있는가?
문 걸어서 다녔을 것 아녜요?
답 그렇지. 이고.
문 여기서 할머니 친정 동네까지 이고 걸어서?
답 응. 아이고, 징그러. 어찌케 그러고 댕겼나 몰라 잉? 이런 사람은 걸어서 오라고 히도 못 오 것는디.
문 그래서 인꼬리 장사로 온 시어머니를 봤고?
답 응. 그 양반은 많이 봤어.
문 시집오시기 전에 언제 돌아가셨어요?
답 몰라, 언제 돌아겼는가. 건성으로… 그때는 우리 친정으 대닌게 봐서 알지. 우리 집다 정해 놓고 자고 댕긴게. 자고도 댕이고 그 양반이 힜인게.
문 그러면은 시집오셨을 때, 이미 시어머니는 돌아가셔서…
답 응, 성님허고 있었어. 손욱으{손위} 동서허고.
문 손욱으 동서한테 그럼…
답 아, 내가 갈쳤지. 그 양반이 나 갈치던 안 힜어. 어찌 멍청허고 게으른지. 내가 일도 갈치고, 김치 담는 것도 내가 갈쳤지. '아이, 성님, 어찌 성님은 냄새나냐고, 허지 마라고 내가 담어 준다고. 너물 한 가지라도 지앙{제사} 모시러 오먼 내가 다 힜지. 그 양반이 나 갈치, 여그 저, 우리 질부가 다 있지만은, 오직이 헌 말이 있어. '숙모가 히야지. 큰숙모가 허먼 못 먹는다'고. 아이고, 안 맛납게 혀. 뭐들 히서 먹들 못 허게 혀. 우리 성님은. *** 게을러터져 갖고 양, 그것도 못 허고, 좆 같이 생겨 갖고, 느리기만 임::병허게 느려 갖고. 지삿날 큰집이 지앙 모실 시아버지나 시어메나 지사 지내러 온다 허먼, 딸 하나 있는 놈 뉘여 놓고 앉어서 대그빡으서 이 잡고 있어. 그때는 이 있는 시상인게. 이 잡고 있어. 탁:: 지랄 혀. '오늘사 말고 이 잡을라고 그랬냐'고, 나는 들옴서 지랄 혀. "그나저나 허는 짓도 너머나 혀요. 오늘사 말고 너물 한 가지라도 깨끗허게 히 놓지, 머리카락 빠지라고 이 잡냐"고 악 한바탕 써야 혀. 난 손욱으 어른도 필요가 없이 할 말 다 힜어. 손욱으 동서가 *** 깔미잔히서 막 악 썼어. "시상으 오늘사 말고 이가 뭣이다우." 막 뭐라고 혀. "아이, 헐 것도 암것도 없어, 이 사람아" 그려. "성님도 콩나물 다듬도 안 힜구만 뭐!" 그려. 그러면 암 말도 안 혀. 우리 성님 그렇게 깔미잔히 갖고 지사 지내는 것도 다. 내가 와서 다:: 짐장도 다 해 주고 인날아 시집{재가} 가드락.

문 형님 시집살이는 안 하셨어요?

답 성님 시집살이는… 내가 성님을 시집살이 시켰지. 암::것도 헐지 모른게. 반찬 하나도 못 맹기라 먹은게, 내가 다 히서 줌서 이런 것도 안 허고 뭣 힜냐고 대띠 뭐라 힜지. 얼매 살다가는 그랬어, 내가 "성님은 대체 뭣 뺐소? 이런 거 하나도 지대로 못 허고." 내가 시집살이 시켰어 근게. 암::것도 동서가 헐지를 몰라. 근게 폭폭허지. 제금{딴살림} 나서 살아도 짐장도 다 와서 히 주야 혀.

문 왕포에서 살아도 제금 나서 집은 따로 살았어요?

답 응. 넘으 작은방으서 나는 산게. 그 양반 짐장을 내가 담어 줘야당게. 못헌게. 헐지 모른게. 암것도 헐지를 몰라. 반찬 하나 맹길지 모르고 그저 그렇게 살아. (혀를 참) 근게 반찬도 다 히서 주고 짐치도 다 담어 주고 그랬지. 그도 어른이라 헐 수 없는 것인게.

1.3.4. 어쩌… 와서 산게 그대로 살어야지

문 친정 동네는 농사짓는 곳이잖아요.
답 응, 농촌.
문 근데 시집은 어촌으로 오신 거잖아요.
답 어촌. 농촌으서 어촌이로 왔지.
문 처음에 너무 달라서 어떠셨어요?
답 흥, 그대로 걍 살었지. 어쩌… 와서 산게 그대로 살어야지.
문 시집왔을 때 뭐가 제일 다르던가요?
답 우리는 좋게 좋은 쌀밥으다 그케 먹고 사는디, 여기 온게 수수밥나 잡곡밥나 농촌이 아닌게. 글도만 지금은 여그도 다 그렇게 안 먹고 사는가. 보리밥 그런 거를 많이 먹었지. 우리는 나는 농사짓고 산게 그런 거 없었지. 그런디 여기는 온게 그러고…
문 친정 동네보다 여기가 못 살었어요?
답 그럼! 지금인게 여기가 이랬지. 여그가 참:: 형편 없었어. 지금은 문화도시되었어.
문 지금은 많이 좋아지고?
답 그럼. 문화도시되었당게.
문 그럼 할머니 여기 오셔서 고생 좀 하셨겠네요?
답 그도 고상 안 힜어. 고상헌 일은 모르고 살어서 고상 안 힜어. 왜 고상 안 힜냐면 걍, 벌어다 주고 먹고 그러고 헌게 고상허고 뭣 허던 안 힜어.
문 할아버지는 뭐 하셨어요?

답 배 타. 배. 어장.
문 그때는 어떤 배 탔어요?
답 꽁댕이배라고 큰 것이 있어. 납배도 있고. 납배라는 것은 찌깐 택택 허는 납배가 있었어. 그런 놈도 허고. 먹고 사는 것은 괴롭지 안 혔어.
문 그때는 뭐 잡어 먹고 살았어요?
답 그때는 괴기{고기} 많::혔어. 근디 지금 이렇게 괴기가 귀허지. 그때는 고기가 많었네 잉.
문 어떤 고기를 주로 잡었어요?
답 농에, 갈치 그런 것도 많혔어. 근디 지금은 고기가 없은게 글지. 그때는 농어도 많으고 갈치도 많으고. 갈치를 잡으면 걍 손 넓이 같은 놈 걍…
문 그때는 어떻게 팔아요?
답 곰소 나가서. 곰소서 배가. 곰소로 가, 잡어 갖고. 여그 안 오고 걍 저그서 잡어 갖고 곰소 가 팔고 인자 우리 먹을 놈만 딱 갖고지. 곰소로 가. 쌀 팔 놈 쌀 팔고, 인자 돈이로 갖고고 그러지. 우리 시숙허고 둘이 어장 헌게.
문 할머니 처음 시집왔을 때 고기 같은 거 생선 많이 보지는 않았을 것 아녀요?
답 음, 그렸지.
문 처음에는 고기 종류랑 잘 몰랐어요?
답 그러지. 이것이 뭣인고 갈치, 조구 그런 것은 알었지. 그러고는 잘 몰랐지.
문 농촌과 어촌이라 달라서 처음에 힘드셨던 것 없었어요?
답 암시랑 안 혔어. 어장 히서 돈 벌어 쌀 갖다 주고 다 히다 준게. 근디 그때는 만날 밭 미야{매야} 허고. 지금 같이 이렇게 편헀는가? 밭이가 밭 미야 허고, 나무 히야 허고… 징그랴. 산 것이 그렇게, 그렇게 산 것이 징그랴. 지금 같이 이렇게 편허게 못 산 것인게 징그랴. 그전이는 손 이렇게 놓아두면 굶어 죽은게.

1.4. 각시 시절

1.4.1. 그전이는 손 이렇게 놓아두먼 굶어 죽은게

문 각시 때 일하셨던 것 좀 얘기 좀 해 주세요.
답 일은 펭::상으 지금이나 똑같은 이런 일이지, 뭐. 나무 히 땠고, 쏙 파고, 밭 미고, 그런 것이 일이여.
문 남의 일도 다니셨다고?
답 넘으 일도 댕겨야지.
문 어떤 일 다니셨어요?
답 밭 미고, 펭::상 밭 미는 거. 그리고 꼬치{고추} 같은 거 따고, 밭 미고, 고구마 캐고, 그전이는 다:: 그전이는 여그 질이{길이} 요만밲이{이만밖에} 안 힜어, 아가씨::. 왕포 질이::. 그리 갖고 여그 그 도로도 아니고, 이렇게 내라오는 디가{내려오는 데가} 있어. 깔막지게{비탈지게}. '넙딱바우'라고. 이 바우 있는디 조께 내러 오는 디가 있어. 근디 그 질이 지금 미어졌네{메워졌네}. 긌는디 고리 히서 내라오먼 고구마 다라다가 캐서 하나썩 여 날렀어. 넘으 야나 우리 야나 다. 근디 지금은 차가 주르륵 가서 실어 오고 니아카{리어카}도 타고. 왕포 참:: 지금 문화도시여. 그전이다 대먼::. 말도 못혀. 어찌게 질도 나쁜지 아조… 그런 디서 저 소운호 가서 빨래 히 오고, 빨래 삶어서 히 오고, 물도 여다 먹고 그러고 살았인게. 근게 그만허먼 못 허는 디지. 지금 사람들 같으먼 안 살어::. 이런 놈의 동네서 안 산다고 보따리 살 놈 많여. 그때는. 근디 우리 시대는 헐 수가 없어. 그렇게 너도 나도 다 같이 산게. 그전기다 대먼 뭐 사는 것이 아주 놀기여 놀기. 방애를 찧어 먹는가, 나무를 허는가, 밭이 얼매나 있어 밭을 매러 댕기는가.

1.4.2. 바닥으로 쏙 파러 댕겨야지

답 히:: 그전이… 하이고:: 밭 맬라, 나무히 땔라, 바닥으로{바다로}, 쏙도 있어. 쏙이라고 있어. 그놈 쏙 파러 댕겨야지, 저녁으. 쏙이라고 있어. 이렇게 생긴 쏙. 그놈을 파다가, 이 배들이 낚시질을 허러 배 나갈라면 그 쏙을 파와야 그놈을 낚시다 꿰어갖고 입갑을{미끼를} 혀. 그런게 노::러니 있어, 쏙이. 이런 색깔이 건지먼 됐는디. 그놈을 파오먼 요만썩 혀. 그놈을 파다 작은 놈들이 쪼만썩… 톡톡 기어 댕김서 쏘는 것. 쏙 눈이 이러고 있으면 거그 가서 속까레(?) 파면 쏙이 나와. 갯바닥으 가서 (파면). 그것이 말허자면 민물가재 같이 생겼어. 민물가재 봤지? 그 테레비서도 팜나{밤낮} 나오도만 가재. 그거 그렇게 생겼어. 그것보다는 찍어서{작아서} 그러지. 그 식히고 똑같어. 그것을 입갑으로 쓴게. 저녁으 물때 따라서 간게. 물이 저녁으 쓰면 저녁밥 먹고 놀다 가고, 아침에 새복으{새벽에} 허먼 새복으 기양 가고 그려.

그렇게 쏙도 파러 댕겼지. 나무도 징그럽게도 히다 땠지. 보리 방애는 찧어야 밥은 히 먹지. 또 밭은 미러 가야 허지. 고로각작 숭이라우. 나무 가야지. 한부모 두모지기 진단게(?). 이것 쪼께 저것 쪼께 헐란게. 그 바닥으{바다에} 가서 쏙 파 갖고 오믄, 저녁으 가서 파 갖고 와. 그러면 인자 쪼께 자. 한소금 자. 자고는 아침에 또 보리쌀 물 문혀서 밥을 히야 혀. 보리 방애 찐 놈. 방애를 절굿대로 찧어 갖고 씨쳐서 밥을 히야 혀. 이 동네는 물도 없었어. 물 없은게로, 하이구:: 물 없어 갖고…

1.4.3. 물이 없어서 저녁 내…

문 물이 없으면 그걸 어디서 갖다 먹어요?

탑 물을 떠려야 먹어, 저 새암물.
문 시암이 있었어요? 집에 수도가 없었고?
탑 응, 그지. 인자 수도 논 지… 우리 막내딸이 시방 지금 서른 몇 살, 마흔 살 다 먹었네. 우리 애기 다섯 살 먹어서사 여그 수도 놨어. 얼매 안되야. 논 지. 이삼십 년 되는가 모르겠네. 한 삼십 년. 한 사십 년에 들어 왔네. 그리 갖고 수도 놨어. 새암, 동네 새암 하나썩 있어. 저그 하나, 동쪽 끝이 가 하나, 여그 여 최분순네 아줌마네 그 집 있는 디가 하나, 저그 뒷시암, 보겡이네 집 있는 디 하나. 시암 세 개여. 근데 물이 없어 갖고. 저녁으믄 물 그놈 떠러 날러서 밥 히야 혀. 쪽쪽 두룽박{두레박} 갖고 가서 떠 부서서 갖다가, 그놈 놓아뒀다가, 그놈 갖고 보리쌀 씨쳐서 밥히 먹었어라우. 빨래도, 빨래는 여기서 빨래 못 해 입었어. 저:: 소운호 가서. 근게 삶을 빨래는 솥단지허고 나무허고 남애들이{남자들이} 져다 줘. 지고 와. 안 바쁠 때는 져다 줘. 그러면 거그서 삶아서 빨래해 갖고 아주 갖고 와. 그렇게 세상 살았어라우. 지금은 뭐, 정지가{부엌에} 수도, 방으가 수도, 뒤안이가 수도 수도, 수도꼭지가 몇 천개여 대차. 뒤안이가 두 개, 정지가 두 개, 목욕탕으가 두 개, 마당으 하나, 화장실 거 하나. 꼭지가 야닯 개네. 수도꼭지가. 아이구, 징그라. 물이 없어서 그놈 저녁 내:: 쪽쪽 떠려다가 히서 또 그놈으로 보리쌀 씻고 밥히 먹고, 그러고 또 빨래 찌껨썩 나오는 것은 물 그놈 떠린 놈으, 물 할라 여그 물은 짰네. 건건헌게 빨래 때도 잘 안 져. 근게 소운호나 여기 '먹듬벙'이라고 있어. 여그 쪼끔 가면 먹듬벙이라고 운호서 내려오는, 산 속으서 내려오는 물이 있어. 그먼 거그 가서 빨래 빨먼 깨끗혀. 근게 모아 놨다 거그 가서 빨어 오고 그려.
문 여름에는 그런다쳐도, 겨울에는 진짜 힘들겠네요.
탑 참:: 심든 것이 아니라 말도 못 혀. 히:: 저 소운호 가서 빨래 삶어서, 아침밥 먹고 빨래 한:: 보따리다 갖고 가야 혀. 다라는 너럭지는 기양 갖고 가고 잉? 빨래를 보따리다 이고서 들고 그러고 가믄. 점드락{저물도록}

거그서 삶어서, 인자 나무 안 갖다 주먼, 남애들이 안 갖다 주먼, 거그서 나무, 산 가깐게 주서다가 빨래 솥단지다 삶어서 히 갖고 오믄 집에 오믄 어두와. 식구 많은 사람은. 우리 같은 사람은 식구가 별스럽게 없은게 그도 일쯕 오는디. 그놈 빨어서 삶어서 히 갖고 오믄. 식구 많은 사람들은 하리 점드락{하루 종일} 허먼 캄캄혀. 손이 얼어 터질라고 혀. 추운 때는. 지금인게 장갑, 고무장갑. 그때는 고무장갑이 뭔가. 그런 것 읎어. 맨맛헌 맨손으로 그러고 댕김서…

問 지금은 어때요, 수도꼭지도 있고 세탁기도 있고…
答 좋지. 그럼 지금사 고급생활이지 뭐. 이거 사는 것인가 놀기지. 수돗물 따순 물 틀어 쓸라먼 쓰고, 찬물 쓸라먼 쓰고. 진짜 고급이여. 그렇게 세상을 살었어. 참 그전이는 도시사람들 아닌도막은 할 수가 없어. 우리 시대 산 사람들은 다 그렇게 살었어. 징그라. 그때 산 일은 다 징그런디. 그것이 없어져 버린게 그지. 가슴에가 안 담아져 갖고. 그런 것이 다 없어져 버린게 그지. 참 그때는 그리 안 하고 살 수가 없어. 그렇게라고 서두르야 새끼들 국민학교라도 가고, 밥이라도 보리밥이라도 먹고 살고. 다 그런게 그렇게 허는 거여 다.

1.4.4. 그놈의 반지락만 죽구 살구 파서

問 할머니는 그 바다 일은 시집오셔 갖고 얼마 만에 하셨어요?
答 바다 일은?
問 주로 여자들이 하는 바다 일은 뭐예요, 여기서?
答 여그서 여자들 허는 일은 없었어. 그 쪽 파러밲에 안 댕겼어. 그러고 여그는 인자 반지락도{바지락도} 없었고 그전이는. 근디 지금은 양식장이 생겨 갖고 반지락을 뿌린게 반지락을 파러 댕겼지.

문 그럼 시집 막 오셨을 때는 반지락 캐러 다니는 것도…

답 안 댕겼어! 그런 것도 없어.

문 그럼 남자들이 그냥 배 타고 가서 고기잡어…

답 응, 고기만 잡어. 고기만 잡어오고 인자 그러지. 여그 여자들 참:: 편혀.

문 할머니는 언제부터 반지락 캐러 다니셨어요?

답 캔 지 오래지 인자 그래도 각시 때부터. 어느 정도 됨서 댕겼은게.

문 처음에 일하러 가셨을 때 어땠어요, 할머니?

답 처음으 간게 어리둥절하데. 이것을 이렇게 캐야는가. 근디 그것을 캐기는 캤어. 우리 친정 동네서 거, 하섬이라고 있는디. 거그 가서 호맹이로{호미로} 이렇게 긁어서 반지락을 파 봐서, 파다 먹어 봐서 알어. 근게 인자 여그 와서도 인자…

문 거그서는 호맹이로 팠어요?

답 응, 거그는 호맹이로 파. 독박{돌} 떠들어감서.

문 여그는 그렝이로 파잖아요?

답 응, 근게 그러지. 그래 갖고 인자 처음으 간게는 어리둥절하더만. 그렝이 그런 것이 무신고. 저 갈쿠 갖고 뭣 허는가 했더만. 본게로 그걸로 헌게 더 낫데.

문 처음에 일하실 땐 많이 힘드셨어요?

답 힘들어. 넘 딸갈란게{따라 가려니까}. 그도 진력이 있은게 허지. 힘으로 허는 것인게. 여그 사람들은… 그런 거 아이면 인날아는 못 살었는디 지금은 하도 발전된게 이러고 좋은 시상이여 그 전질이다 대먼… 인날아는 바다 간가. 이::히 그놈의 반지락만 죽구 살구 파서… 그렇게 먹고 살었어.

문 어디서 반지락 캐셨어요?

답 저 건네 배 타고 가고. 요 건네 가면 배로 가. 배로 가서 파고 배로 실어 오고. 근게 지금도…

問 요즘도 그렇게 반지락 캐요, 할머니?

答 응. 지금도 캐제. 거시기 저번날도 거시기 간게 곰소 갔다 오다 만났는디 반지락 캐러 오라고데 나보고. 내가 "아이고, 나 이젠 못가 나는. 인자 가만히 놀다 갈챔여" 그랬도만…

問 누가 반지락 캐러 오라고 해요?

答 반지락 파는 주인이, 아자씨가. 내가 그 집이치 대님서 캐줬어. 잘 캔게… '아이고, 그 성격에 어찌게 노냐'고 는디…

問 그러니까 마을 아주머니들이 반지락 캐는 놉을 판 거예요?

答 응. 우리가 하루 일당 받고 가. 삼만 원이면 삼만 원… 그 전이는 만오천 원 강 이만 원 많이 줘야 그랬어. 그때는 키로 띠기. 일 키로에 얼매썩 주고 잉. 근는디 인자 메누리 발톱이 난게 인자 막 걍 많이썩 파고 잘 판게 걍 막 서로 대려 갈라고 했던갭여 양. 잘 파라 각시들도 반지락::! 근게 그래 갖고 힜는디 지금은 늙어서. 점날 오락 허데. 그서 "아이고, 나 안 가. 나 가만히 편히 쉬다 갈란게."

問 그럼 요즘도 마을 사람들 반지락 캐러 다녀요?

答 올해는 하::나 안 갔네. 인자 그러지 인자 뭣이라도 헌게사 먹고 살고 그러지. 지금같이, 그전이는 그런 거 안 허면 큰일 나는 줄 알았는디. 지금은 다 안 히도 다 먹고 살만허던게 밥이라도 먹을만 헌게.

問 할머니 그러면은 지난번에 캐신 거는…

答 다무락(가무락)? 난 다무락은 올히 처음 파 봤어. 반지락만 캐고. 반지락만 캐고 꿀만(굴만) 잡어 봤지. 굴만 잡다, 석화만 잡다 까서 팔기도 허고 먹기도 허고 그랬지. 반지락은 그 집 주인네 집 줘 버리고, 인자 내가 먹을라면 사 갖고 와야 헌게 그랬지. 그것은 다무락은 올히 처음으로 파 봤단게. 나이가 먹을 것도 아닌데… 다 잊어 버렸네. 나 같이 반지락 캐러 가면 아조 선상이닥(선생이라고) 힜는디… 이틀 가 본게. 암::것도 아녀. 베렸어. 나이가 먹은게… 확실히 둔허고 잊어버리고 그려. 나이가

칠십일곱인디 뭣 허겄는가. 근디 언청 저그서(마을 모정에서) 논게 심심허고, 돈도 복잡허고. 그리서 가서 이틀 헌 것이 한 팔만사천 원 벌었네만은. 넘이 욕 헌게 타관이로는 못 가고, 이 동넨게 갔지. 그란으면 안 가. 이틀 캐서, 한 칠만사천 원 벌었어. 이틀 캐서. 놀먼, 내가 솜씨는 있응게, 내가 그런 거 파는 솜씨는 있는디. 아고… 저런 타관이로 가면 배 타고 차 타고 저런 디로 데닐라먼 나이를 먹은게 늙은게 넘부끄러워. 그리서 안 댕길라고 안 갖는디. 이 동네서 여그서 배 타고 여그서 갖다 이렇게 허고 여그서 와 갖고 우리 집으로 온게. 내 동네 사람만 있은게 괜찮여.

문 할머니, 반지락도 캐러 다니셨고, 겨울이면 꿀 따러 다니시고…
답 그려, 그럼. 넘으 배 타고 가서 꿀{굴} 따다 갖다가 까서 팔기도 허고, 벨짓 다 히야 혀. 여그 살면 젊은게. 근디 인자 늙은게 못 헌게 그지. 인자는 다:: 그런 거 틀렸지만…

[사진 2]
가무락 파는 박양님(1)

[사진 3]
가무락 파는 박양님(2)

1.4.5. 젓을 많이 밀었네

📮 새우젓 담어서도 파시고, 멸치젓 담어서도 파시고 그러셨잖아요. 그거는 이리 시집오셔서 하시기 시작한 거예요?

📭 그렇지. 우리는 그때 거그는(친정은) 그런 거 없어. 사다만 먹어서. 여그 와서, 인자 그전이 우리 멸치잽이험서부텀사 젓도 담었어. 가져 와서. 그 렸지. (팔기 위해서) 젓 안 담었어. 여그 와서도

📮 그냥 먹을 것만 하셨어요? 그러면 직접 먹을 것만?

📭 응, 나 먹는 놈만 쪼깐썩 히서 먹고. 멸치잽이험서 인자… 거시기 시라시 잽이험서는 인자 괴기 새끼 가지고 그랬지, 안 힜어. 그러다 인자 그때사 뭐 가져오믄 담고. 전에젓도{전어젓도} 담고 인자. 장사헌게로, 그놈도 가져오믄 담고, 아들이. 죽은 놈을 못 판게 가져와서 담고 그랬지. 갖다 주믄… 물, 우리 용수가 수돗물 틀어주믄 난 흔들어서 씻고. 그렇게 히 갖고 갑빠 깔고 딱 갑빠 깨깟이 씨처 놨다, 그놈 딱 깔고 거그다 소금 꽝 붓고 막 저서서. 그렝이로 막 저스믄 되아. 그래 갖고는 (젓 동이에 젓을)

퍼 부스먼 되고.

문 새우젓은 담그신지 오래되셨어요, 할머니?

답 그럼! 새우젓은 나 각시 때부터, 여그 앞으 가서 다 새우 잡었지, 내가.

문 할머니도 젓미셨어요(새우를 쪽대로 밀어 잡았어요)?

답 그럼! 젓을 얼매나 많이 밀었다고. 심 신게{힘 센게} 내가 심도 좋은 사람이라. 그전이 각시 때 심이 좋아. 근게로 젓도 넘 뒤로 안 떨어지게 밀었어. 지금 늙은게 안 댕인게 그지. 젓을 많::이 밀었네.

문 밀젓 만드시고, 할머니도?

답 응. 내가 그래 갖고 담고. 넘은 곯았다 히도 나는 젓 한번을 안 곯아 봤어. 싱거믄 곯거든, 그 젓이. 잘못 섞으고 허먼? 근디 나는 안 히 봤어. 나, 우리도 젓 많이 밀었네. 우리 큰딸도 밀고. 학교 갔다 와서 물때 늦으먼 우리 광주 딸도 젓미러 가고.

문 쪽대 메고 들어가서요?

답 응. 나는 배 타고 저::리 가고. 그러고는 해 다 갈 때 인자 저그들 학교 갔다 와서 밥을, "밥이나 히라" 긌더니, "응" 허더만… 우리 광주 딸이, 우리는 배 타고 갔다 한 개도 안 잡아 갖고 온게로, 막:: 뱃소리 난게 불러. 그서 내려 온게로 '쎄게 여그 와 보라' 히서 간게. 요만::한 바께쓰로 하::나 밀어 놨데, 우리 광주 딸이. 캄캄헌디. 그서 그놈 바꾸리(바구니) 갖고 막:: 씨쳐 갖고 와서 담고. 다 여기 있는 사람 안 민 사람이 없어, 젓. 다:: 밀어. 여름으. 다 담어서 팔고 그려. 먹을 놈 먹고. 나 먹을 놈, 초사리치가 맛난게 초사리치 딱 한 방금 이런 놈이다 담어서 딱 놓아. 놓아두고는 계속 잡어서, 사러 오먼 계속 팔어 먹어. 좋아.

문 밀젓 가격은 어때요?

답 그때는 쌌지. 한 동우에, 그때는 옹구 동우 같이 고무 뿔 동우가 있었어. 그런 놈을 한 동우에 만오천 원썩 받었어. 지금은 니미… 이십만 원을 받어. 만오천 원 받던 것이. 근게 돈이 그마만큼 값어치가 없데. 그때 만오천 원 받은 놈이 돈은 모댔어. 쓸 것이 있었어. 근디 지금은 이십만 원, 이십 키로. 그때는 달도 안 했어. 기양 동우로 이렇게 하::나 수북허니 담어 줬어. 밥 담드게. 밥 먹을라면 일꾼들이 이렇게 담어. 그 식으로 담어 줬어. 그러고 돈 만오천 원썩 받었어. 긊는디 지금은 저울로 이십 키로 딱, 이십일 키로 줘. 그러면 그놈으로 딱 이십만 원 받었어. 그다 인자 중간쯤 된게 인자 십오만 원 받었어. 그더니 인자는 이십만 원이여. 그것이 그러고 착착차차 올라갔어.

📧 젓 양은 어때요? 새우 잡히는 양은 줄어들었어요?

📧 줄어들고말고! 그전이는 젓이 만(많이) 났어. 뭔 거시기 안 허고 헌게. 오염 안 되고 헌게 젓도 겁나게썩 났어. 근디 이 글년이는 젓도 벨스럽게 안 나잖아. 오염 안 된게. 우리도 그나저나 젓 많이 밀어서 팔았네. 딸들도 밀었지, 내가 밀지. 소라네 하나부지가 밀지. 팔월 보름날 아침 밥 먹고, 그때는 젊었어요. 벨스럽게 늙도 안 허고, 애기들은 솔찬히썩 다 커서 시집가게 생겼는디. 아침부터 보름날 아침밥을 먹고 어디 가고 없어. 그서는 아뜰보고{애들보고} "너그 아버지 어디 갔냐?" 근게, "몰라. 아빠 어디 갔는가." 집이가 쪽대는 없는게. 젓미는 거, 그것은 잉? 저 거시기 다 뻘바탕으다 놓고 대닌게. 물 안 들어올 디다. 긊는디 없어. 그서 이상 허다잉, 그러고 있었더이, 막:: 부르는 소리가 나. 그서 간게, 젓을 한 동우도 더 잡어 놨네. 보름날 아침밥 먹고 심심히서 나왔더니 이케 젓이 뛴다고. 그서 그날 젓 두 동우 잡었네. 참:: 그런 날도 있더란게. 나도 두어 동우 미는 때도 있고, 한 동우 미는 때도 있고, 또 없을 적으는 한 사발도 못 밀고 오는 때도 있고 그래. 한:: 사발도 못 밀고, 새비{새우} 댓 개 보고 기양 오는 때도 있어.

📧 젓밀 때는 언제부터 언제까지 젓밀어요?

📧 오월… 거시기… 음력 오월 달이부터 오월 그믐으 밀으면 유월, 칠월까지 밀어. 칠월까지. 칠월까지 밀다가. 늦게 나는 때는 팔월까지도 잡고

그는디. 젓이 올히는 충년(순전?) 안 나버리네. 안 났어. 근게 걍 젓이 없어서들 갈갈 기었어. 두 동우, 마포떡이, 그 집 손님. 저 집에는 걍 배가 밀고 마포떡이 민게 손님이 많이 오셨어. 우리 집도 겁났었네. 젓 사러 오는 손님. 긇는디 안 헌게 인자 손님이 없어졌지. 그서 마포떡이 팔았어, 두 동우. 팔어 줬어. 딱 팔어 버렸어. 그땐 참 돈할라 귀헌디 마포떡이 젓 담으락 혀. 통 사다 놨는디. 그서 담아 줬드니 가져갔어.

1.5. 자녀

1.5.1. 육남매 났는디, 아들 하나가 바뻐서 가고

문 할머니는 시집 오셔서 애를 몇 낳으셨어요?
답 나 육남매 났어. 아들 둘, 딸 넷.
문 제일 큰애가 지금?
답 죽었어, 우리 큰아들. 맥없이 그렇게 어찌기 그래 갖고 죽고… 지금 큰딸이 몇 살인가 몰라. 난 다 잊어버렸네 나이. 다 딸 나이도 잊어버려 손지들 나이도 모리고 걍 그리고 살어. 내 나이만 안 잊어버렸어.
문 첫애는 몇 살 때 나셨어요?
답 스물한 살.
문 둘째 아이는?
답 그러고 인자 그 담에… 우리 딸이 그놈(큰아들) 다섯 살 먹어서 터 팔어 갖고 낳고.
문 터를 늦게 팔았네요?
답 응, 늦게 팔었어. 늦게 났어. 애기를 다 띠게 났어. 그러고나면 그 담에 지가 또 세 살에 터 팔아서 낳고. 그리고 계속 시{세} 살 터울여. 그렇게 낳어. 그래 갖고 딸 넷, 아들 둘 육남매를 났는디, 아들 하나가 바뻐서 가고. 아들 하나 허고 딸 넷 허고.

문 할머니, 그 자녀분들 기르실 때 있었던 일 중에 기억에 남는 일은 뭐가 있어요?

답 뭐 기억 남을 것도 없어. 아::무엇도 갈치도 않고… *** 중학교밲에 안 가고. 우리 막내딸만 고등학교도 갔어. 없이 산게. 고등학교 우리 막내만 가고 저그 오빠하고만 갔지. 그러고 남제기는{나머지는} 포도시{겨우} 중학교밲에 안 갔어. 곰소 변산중학교만 다 댕겼어.

그랬어도 넘북잔허게{남부럽지 않게} 살고. 우리 막내딸은 이리고등학교서, 이리란다… 거 어디여, 부안 넘어 고창. 아니, 저:: 거시긴디. 김겐가, 거그 고등학교 갔어. 김게{김제}. 고등학교 갔어. 가는 공부도 잘::. 우리 애기들은 공부는 다 잘허데. 어찌께. 그라도 못 갈쳤어. 돈 없인게. 벌어먹고 사는 것도 바쁜디. 어이구:: 산게 걍 그럭저럭 국민학교 중학교 졸업만 허면, 다 저그들이 나가서 돈 벌고 어찌다가 보면 시집가고. 그도 연애는… 둘이 힜구나. 광주 딸허고 우리 두채{둘째}, 시채{셋째} 딸허고 연애허고는. 둘은 중매히서 가고. 우리 막내딸허고 큰딸허고는 중매히서 가고. 우리 막내딸은 중매해서 가고, 큰딸도 중매해서 가고.

1.5.2. 죽은 자식도 자식이라 여와야 허는 것이라

문 큰아들은 몇 살 때 죽었어요?

답 그놈이… 서른 몇 살 먹어서 죽었어. 술도 너마 많이 먹고. 참:: 좋았는디, 그놈의 술 땜이 죽었어. 치질이 났었어. 치질. 수술을 몇 번 힜네. 긇는디 술을 너무 많이 먹은게로 저 줄포서 ***란 그 양반이, "너는 술 먹으면 수술 올 때 며칠만이 오는디 술 먹으면 너는 안 된다. 죽는다. 죽는

다" 헌게 "예, 예" 헌 놈이 와 갖고 집이 들어도 않고 저그 가서 술을 대병 먹데. 그렇게 못 참어 술을… 속 없으면 죽어야 혀. 죽었어. 그놈 죽고 아들 하나 남었어.

(일 년에 제사 다섯 번 지내는데 한 번은) 우리 아들, 죽은 큰아들. 팔월 열사흗날 저녁 밥 한 그릇 해놓고. 장개갔인게{장가갔으니까}. 죽은 사람 장개 보냈인게. 메누리허고 아들허고 항꼬{함께} 밥 한 그릇 열사흗날 저녁 둘이 내우간이 밥 한 그릇 해놔 줘. 난 안 지낼라 혔어. 거그서 그 사람들이… 절 다 위해 버렸은게 허지 마라고 헌디. 우리 아들이 안 된다고. 절::대 안 된다고. 지내야 헌다고.

問 그게 무슨 말이에요?

答 우리 아들 죽어 갖고 장개를 보냈어. 죽은 구신을{귀신을}. 큰애기네 집허고 다 타협히 갖고 애마지(애맞이?) 혔어. 죽어서. 그 죽은 사람도 그렇게 장개 보내야 허는 것이여. 안 보내믄 말썽거리 돼서 안 뒤야. 그리 갖고 한 삼백 주고 그 정바치다{점쟁이에게} 맽기고 들어 가고 어찌고 한 사오백 들어 갔단게. 그리 갖고…

問 그걸 뭐라 그래요?

答 결혼식. 죽은 사람 결혼식. 그렇게 히서 다 혔어. 긎는디…

問 그러면 그쪽?

答 큰애기네.

問 큰애기도 죽은 큰애기하고?

答 응응. 죽은 큰애기.

問 그러니까 결혼 못하고 죽은 큰애기하고…

答 응, 나이 다 맞춰 갖고 다 그렇게 히서 허는 것이여. 승{성} 달븐{다른} 놈허고 다 히서 그거 결혼식 히서…

問 옛날에는 다 그렇게 했어요?

答 응. 지금도 히야 혀. 다:: 히야 혀. 지금도 장개 안 가고 죽으믄, 그렇게

히서 결혼식 히야 혀. 그란허먼 말꼬랭이 되고 못 씨는 것이여.

문 어떤 말썽이 있어요?

답 막 집안 잡쑨{잡스러운} 일허고 잡신 나고⋯ 막 거시기허믄 결혼식 히 도라고 허는 놈도 있고 근대요. 우리는 그때 삼백을 왼이{온전히} 주고, 쌀이 서 말인가 갖다 주고, 다:: 허고. 그 사람덜 또 거그 가서 논 돈이 돈 백 들어갔을 것이네. 식구들이 다 놓고. 거그 가서.

문 어디 아가씨하고 그렇게 하셨어요?

답 저, 부안 큰애기, 죽은. 그래 갖고 걍 다 사다 주고 결혼식 허고 채려 주고 다 뿌려 버렸어, 다 재 뿌렸어. 허수애비 맹길아 갖고, 결혼식 히 갖고, 첫날밤 밤도 챙겨 주고, 싹:: 허고 그 허새비 다 (불) 처질러서 다 처질르고. 긌는디 그 정바치가 "절대 어따 밥은 허지 마쇼, 귀찮은게" 그도만. 근디 우리 아들이 안 들어. 밥히 놔야⋯ 그서 열사흗날이면 밥 한 그릇썩 히 놔. 내우간이 며느리허고 아들허고 항꼬 한 상 히 놨다가.

문 정바치가 뭐예요, 할머니?

답 저, 굿허는 사람. 교회 믿는 사람들은 그런 거 않지만, 않는 사람은 다 혀::. 그래 갖고 힜어. 다 힜어. 그런게로 (혀를 참) 나는 인자 죽어도 그 아들까지 다 여와서 죽은 놈까지 다 결혼식 히 줘서 걱정헐 일은 없어. 사람도 결혼 안 허고 죽으면, 결혼 안 헌 큰애기 죽은 놈 있으면 결혼 히 주야 혀. 죽었다고 않는 것이 아니여. 죽어도 히 주야 혀.

문 그 결혼식을 할라면은, 그 거기도 중매하는 사람이 해요? 아니면은⋯

답 그건 인자 정바치가 굿허는 사람이 인자 알아봐 갖고, 그렇게 허는 것이여. 그 사람들이 알아봐 갖고 인자 이런 사람허고 타협{타협}, 총각네 집허고 큰애기네 집허고 타협히 갖고. 그 집 오메 아부지도 오고 다 왔도만.

문 그럼 그 결혼식은 어떻게 하는 거예요?

답 이런 산 사람 같이 물 떠놓고 그케 다 절허고 그려, 마당으서. 허새비 맨들어 갖고. 그러고 나서 인자 첫날밤 밤 챙겨 주고, 나중으, 이부자리, 옷까

지 싹:: 원삼 쪽두리까지 다 힜어::. 그래 갖고 그놈 다:: 차려 주고. 근게 돈이 많이 들어가. 원삼 쪽두리 그런 것까지 다 처질러 버린게. 다 처질러 서 다 뿌려 주고. 산이다가 다:: 뿌려 줬어. 그 옆으가 산이더만. 그서 다 뿌려줬어. 정바치가 대님서{다니면서} 다 뿌림서 일허면서 허더만.

問 결혼식은 어디서 했어요?

答 거 점쟁이네 집 가서 했어. 저:: 산중. 그리 갖고 허는디 전부 다 그렇게 해 줘 버리고. 밤으 와 갖고 저:: 곰소 가서 그 사람덜은 갈라 그런게, 우리 아들이 이렇게 가서 삼십만 원 값 사시미 떠서 다 멕여서 다 그럼 서 보냈네. 우리는 한 오백이 거근 다 들어간 편이여. 어쩌? 그렇게라 도 히 주야 혀. 그거 죽은 결혼식은 꼭 해야 혀. 그란허먼 못 써. 나중으 말 썽거리 되아서…

問 그거 할머니가 하자 그러셨어요?

答 응. 아들이 헐라 더 서둘렀어. 작은아들, 소라네 아부지가. 내가 그랬어. "성 결혼식을 히 버려야 헌다. 껄쩍찌근헌 것이 있다" 근게로, 가만있으 라고 허더니 한번은 "엄마?" "응?" "그 점쟁이헌테 가서…" 그 윤해동가 있었어, 그 사람들이. 근게 인자 물어봤어. 물어본게 좋은 큰애기 하나 있긴 있는디, 헐란가 모르겄다고. 그 집서 여울란가 모르겄다고. 돈 없 다고 안 여울라고 헌다고. 알아보라고 힜더니 알아보고는 여운다고 힜다 고. 그리 갖고 걍 우리가 서둘라서 돈 다 주고 그리 갖고 히 줬어. 그것 은 꼭 히 주야 혀. 죽은 사람은.

問 하고나니까 마음이 편해요?

答 후련허지. 편혀. 마음이 편혀. 죽은 자식도 자식이라 여와야{결혼시켜야} 허는 것이라. 히어야 혀. 안 히 주면 못 쓰는 것인게. 언지 히 줘도 히 주 야지. 그런 것은 기양 안 놔두는 것이기 땀에.

問 그거 할 때는 그냥 집 식구들만 가요?

答 응, 식구들찔. 우린 광주 딸도 오고 다 왔었어. 서울서는 못 온다고 전화

만 오고. 광주 딸이랑 사우랑 다 왔어. 죽은 사람은 히 주야 혀. 안 히 주면 못 써.

問 할머니, 그면 커피를 언제 처음으로 드셨어요?

答 오래되았어. 오래되았을 것이네. 한 육칠 년 넘었을 것이네.

問 그전에는 커피를 안 드셨어요?

答 그때는 커피나 어디가 있었는가? 비싸고 못 먹었지. 근디 우리 아들 죽고 술 먹기 배고 커피 먹기 배고. 우리 큰아들 죽고. 우리 큰아들 (죽은 지) 십년이 넘었어. 십 몇 년 되았어. 긌는디 그 아들 죽고는 막 속이 뜨거먼 인자 놈들이{남들이} 친구들이 이렇게 집에가 있으면 술 받아 갖고면 술 한 잔 먹고, 그러다 저러다 본게 커피 한 잔썩 먹고. 그렇게 된 것이 이렇게 커피를 먹어. 근 십년 되았는갭이네, 커피 먹은 지. 그러다 본게 커피가 늘어 갖고 인자, 저녁에 어쩐 때는 한잔 먹고 잠 안 온게. 그리 갖고 몇 번 못 잤어. 저녁 내 연 젓가락 시고 있었어. 근게 우리 손지들이, "할머니, 또 커피 먹지. 잠 안 잘라고" 그먼. 괴로먼 내 맘이 괴로먼 커피를 먹어. 괴론게로 그러다 보면 날 새고 아침에 인나서{일어나서} 애들 밥히서 주고… 그러다 본게 커피도 늘고 술도 늘고 다 먹어. 술도 뭐 걍 소주 그런 것은 먹도 않고 맥주나 한 잔 막걸리나 한 잔 그러지. 입도 못 댔는디. 담배도 끊어 버리고. 담배도 그전이 한 대씩 피었는디 아들 죽고 피었는디. 작은 아들이 어찌게, "어므이, 이거 좋은 거 아닌게 끊으시오. 끊으시오" 히서 담배는 끊어 버리고. 근게 술은… 눈 수술 허고는 안 먹은게 한 달이나 안 먹어도 암시랑 않데. 술 안 먹어도 (모정에) 나가면 벌써 술 한 잔. "아이구, 나 눈 이런게 안 먹는지 암선 그냐" 고 그러 버리고. (혀를 참) 어치게 산게 사느만 살기는 안 먹어도 근게 소주랑도 여그가{목에} 딱 걸려 갖고, 병 찌간 병으치 먹으면 딱 넘어가더라 여가 있어. 근게 어디 가서 넘 안 보는 디 뱉어 버려야 헌게, 아예 안 먹어 버러. 아주 일절허고. 막걸리 한 잔, 맥주 한 잔쓱 그렇게만 먹지.

1.5.3. 멜치잽이 때 우리는 망해 버렸어

조 어장을 크게 하셨어요?

답 멜치도{멸치도} 잡어 봤지 시라시도{실뱀장어도} 힜지 안 히 본 거 없이 다 힜다네. 그래 갖고 다 망히 먹었지. 그래 갖고 내가 이렇게 폭폭허지. 시라시, 멜치도 큰:: 배 어디서 새로 얻어오고 하나 사고 히 갖고 두 배가 하나는 삶고 하나는 잡고 허는 배 있었어::. 그래 갖고 다 걍 홀랑 망해 먹어 버렸지.

조 그게 언제 적 얘기에요?

답 한 사오 년 되았을 것이네. 소라네 아부지가 큰게로 걍 우리 괜찮힜어. 시라시잽이도 잘허고 뭣이라도 그러다 인자… 우리가 멸치잽이헌다고 그렇게 망해 버러서 이러지. 멸치잽이헌다고 어떤 사기꾼 놈이… 서류를 팔어 먹어서. 우리기다 두 번 팔어 먹어 갖고 우리가 망해 버렸어. 배는 우리가 사고, 배 서류가 있어야 허거든. 지름을 띠어야 일을 바닥으{바다에} 나가는디. 그놈이 두 번 팔아 먹었던갭이데, 우리 집다. 저 딴 데다 팔아 먹고. 그리 갖고 우리가, 사천만 원짜리 서류를. 배도 크::고, 배가 두 개였어. 큰 배 멸치 거그서 잡아서 삶어. 바닥으서{바다에서}. 다 그리 갖고 망혀 먹었어. 저 새만금가 울{우리} 배 하나 엎어져서. 그때 칠월 달이네. 몇 년돈가 모르겄네. 나 정신 좋은게. 그때 나는 죽을 건 봤어, 아주. 그 배 그놈 그러고. 거그서 배가 물 미어서 바삭바삭히 버써{버렸어}. 서류가 있으야 돈을 받어먹지. 배 서류 있으먼 돈 몽땅 받었지. 근데 서류를 어먼 놈이 가져가 버렸는게 어찌게 받어먹는가. 그래 갖고 우리가 망해 버렸어. 배 샀지. 서류 또 따로 샀는디, 그놈이 두 번 팔어… 그리 갖고 징역 가고 고발히 갖고 난리 나고 그랬었어. 그 통으 우리가 망해 버렸어. 내 돈 몇 푼 든 것도 싹::. 아들이 지름{기름} 조까썩 띠어 갖고 바닥으{바다에} 갈라먼, 갖다가 그리고 그러고 히 갖고 다 조자 먹었어. 우리는 그 멜치잽이 때 우리는 망해 버렸어. 집구석이.

문 그게 할아버지 돌아가시고 이후예요?

답 응. 그 양반 돌아가시고 있다가… 몇 년 안 뒤야. 멸치잽이했다가 망헌 거는… 아이구, 징그랍네, 말만 혈라도 징그라. 멸치잽이헌다고, 배 산다고 큰:: 놈. 그란힜으면 우리는 암시랑 안 헌디. 논도 저 거시기 가서 석포다 논도 사놔서, 논도 있어서. 거그서 쌀도 가맹이로{가마니로} 가져오고. 넘기다 내놔 갖고 힜는디, 그 논도 다:: 팔아서 빚 갚고 싹:: 히 버렸어. 진짜로 우리 넘북장힜는디{남부럽지 않았는데}… 진짜로 참… 그놈 조께. 어이고:: 징그라. 어이구, 내가 그놈으 멸치잽이 때 정떨어져 갖고 아주… 돈을 그렇게 몽땅 그 사람이 먹어 버린게. 사천만 원을 돈을 먹어 버리고, 배 큰 배 산 놈 있지, 두 척인디, 하나는 세로 얻어오고 우리가 한짝 사고 힜은게. 세도 몽땅 주고 얻어 왔는디. 삶는 놈 얻어오고 잡는 놈은 우리 것이 거든. 긌는디 잡는 놈이 거그서 바람통으 새만금서 먹어 버렸어. 선장 놈이 저그 집 간다고 가 갖고, 손 안 댄게 양 거그서 큰 파도에 걍 히 버렸어. 그래 갖고 우리는… 그러고 선장 놈은 맞아 죽게 생겼은게 어디로 도망가 버리고 없고. 말도 마소 나 고상힜다 소리는 누구보고 혀. 내가 그놈으 멸치잽이헌다고 어::찌게 정떨어지는가… 돈 없어서 배 못 나가믄 통장 줌서 "아나, 찌끔 이놈 빼서 쓰고 그려." "내일이라도 잡으면 주께라." 개 좆을 줘. 딱 보더만, 두꺼비 포리{파리} 처먹드끼, 딱 히 버리고 딱 히 버리고. 나도 그래 갖고 한 푼도 없이 생여 버렸어. 어이고, 말인게 그지 징그라… 머리가 다 흔들흔들 혀.

1.6. 손자녀

1.6.1. 그렇게 울고 섰으먼 피가 나오지

문 그러면 할머니가 손주들 데리고 사신 지가 지금 얼마나 됐어요?

답 우리 용진이 일곱 살 먹어서부텀인게 지금 열네 살인가, 몇 살인가 모르겄네. 열다섯 살인가갭이네. 그때부텀 인저끄{이제껏} 살었어. 그때 저그 어메 나가 갖고, 그 질로{길로} 나가고, 인저께 나허고… 내가 키웠어. 우리 소라가 삼학년 때 저그 어메 나갔다고 허디야. 저나참 말험서. (소라가) 열한 살인가 먹어서 긋는가 봐. 야닯 살에 들어가서 열한 살이나 열두 살 먹었는가 봐. 그러고 용수가 일학년 때다고 허디야, 이학년 때라고 허디야. 그랬으니… 그러고 울 애기는 학교도 안 들어가고 유치원 댕겼는디 그랬인게.

문 애들 키우실 때 어떤 게 많이 힘드셨어요?

답 힘들지 그러먼… 애기들이 울고 저그 어메 오는게미 막차까지 방 안 들어와 튀어. 둘이 가시내허고 막둥이허고. 머시매 큰놈은 들어와 버려. 근디 둘이 그렇게 울고 섰으먼 피가 나오지, 그거 눈물인가? 피를 통허고 죽어 아주. "들오니라. 안 온게 들오니라." 저그들 울고 나 울고 항꼬 서이여, 너이여, 막둥이까지. 큰놈까지. 그렇게 너이 울고 다독거려서 재와 놓고 보듬고 뉘여 놓고 나까지 너이 여 자고. 그렇게 히서 키웠지. 밤낮 우리 애기들이 허는 소리가, "우리 할머니 안 있으면 우리는 어디로 갔대여? 펭::상 우리는 고아원뱃에는 못 갔지 잉?" 저나참 테레비를 본게, 그렇게 다 허더라, 고아원을 가는 디 보고. "할머니?" 그서 "어야?" 근게. "우리들도 저렇게 갔을 턴디, 할머니가 없었으먼 잉?" 그래서 "너그는 고모라도 있은게 데려다…" "고모네 집가 어찌케 우리 서이가 다 살겄는가? 고모도… 어찌케 고모네 집으로 가겄는가. 아빠가 믿고 고아원에다 줬을 턴디." 그러고 있단게… "할머니 없었으먼 갈란가도 모르지만, 그도 큰게로 다 크먼 찾아오는 것이다" 긌더니, "그러드라도… 그러드라도…" 금서 눈물을 뚝뚝 떨어치면서 내 손을 꽉 잡고, "인자 너그들은 다 컸어." "인자는 우리 할머니 걱정허지 마. 다 컸은게!" 그러더라고 이것들이…

내가 울자면 몇 날 메칠을 울어도 못 다 울어. 참말로 내가 말 안 허고 그냥 흥, 좋아도 흥, 낮어도 흥, 넘보다{남에게} 내가 생::전 내색을 않거든. 나쁜 일도 내색 않고 좋은 일도 않는다. 그 무렵으는 미치고 나자빠지겠데. 어디 가서 울어도 몇 달을 울겄고… 우리 새끼들 저것들 쳐다보믄 잠이 안 오고, 저녁으는 저녁 내:: 뉘어놓고 누워서 오그리고 누웠다 앉았다 하다가, 혀를 짓고, 짓고… 그러고 있는디. 인자는 그런 것이 없어졌어. 인자 이만치 컸인게 되았다. 어디로 가든지 너그들 넘의 눈칫밥 안 먹고, 바르게 똑바르게 잘 컸인게 되았다 싶은게 아::무 걱정없네, 인자.

피여, 눈물이 아니라 피여, 나는. 피. 핏덩어리가 나왔지, 눈물이 아니여. 울러 가서 우리 죽은 놈 미뜽으{묘에} 가 울라니, 저그 양계장으 종수, 소라네 아빠 친구네 집이지. 저그 영감헌티 가 울라니 저 봉아리가{봉우리가} 높아서 잘 들키지. 그서 가서 울도 못 허네. 그랬는디 그전이는 우리 아들, 사 개월을 전화 한 통 없어. 나가서 잉? 그래 갖고는 팔월에 벌초를 갔어. 우리 용진이, 일곱 살 먹은 놈 데리꼬 누가 헐 사람도 없고. 깐덕깐덕 데리꼬 미뜽마다 다 댕김서 내가 인자 가 데리꼬 대님서 혀. 그러고 일요일 날은 용수허고 인자 소라 데리고 그렇게 가. 가서 허고 허고 있는디. 거그 가서는 그날 우리 영감헌티 가 허고, 술 한 병 받어 갖고 가서, 영감 먼저 따라 주고 시숙 미뜽으다 따라 놓고, 우리 영감 주고는 쪼께 남어서 갖고 와서 큰놈한티. 아들한티 가서는 한나절을 울었단게. 운게 우리 큰딸이 와서, "용진아?" "응?" "할머니 벌초하러 가서 울었지?" 근게는 "하나부지한티 가 울었단가?" "아니, 하나부지 가 안 울고, 그 종수 삼춘네 집 옆으 거 미뜽 와서 한나절을 울었다네. 나 내려가라고 허고." 그러고 헌단게, 그것이. 지금도 그 소리 혀. "뭣 허러 그때 할매는 그렇게 울었는가? 나도 울었고만" 근단게. "나도 할머니 땜에 막:: 울었어." 막:: 운단게 옆으 앉어서. 그서 울다가 '아서라, 어린 것을 이러면 안 되겠다' 허고 내가 데리고 왔단게. 막:: "할머니, 울지 마. 우지 마" 허먼서 막 우네. 그서 '아서라. 내가 너를 놓고 운게 쓰겄냐' 허고 기양 데리고 왔어. 그 질로 그 질로는 어디가 안 울었어. 진짜 그 질로 그 날 그렇게 울고, 내가 원 없이 울고 와 갖고, 우리 애기가, "할머니 우지 마, 우지 마" 허먼서 우는디. 그통으 내가 눈물 개 갖고 나옴서, 아서라, 내가 어디 가서 이거 우는게… 내가 독헌 사람이네 잉? 눈물이 그렇게 흔허들 안 혔어.

1.6.2. 저그들 좋게 맞게 크먼

문 애들한테 바라시는 게 있다면 어떤 거예요, 할머니?
답 나는 안 바래, 암::것도 저그들 좋게 맞게 크먼, 그것만 바래혀, 나. 그것 하나백에는 안 바래. 저그들 그저 맞게 넘으 손짓 안 허고, 넘한테 나쁜 짓 저 새끼 못 쓰겄다 소리 안 듣고, 그러기만 허고 크먼 나는 그것백에 안 바래. 공부 잘헌다고 뭐 별것 있는가? 넘한티 손구락질허먼(손가락질 받으먼) 그것이 못 씨는 짓인디. 그것만 바래. 그저, 어찌든지 넘 앞으가 행동만 쓰게크럼허고 넘으 거 손짓허지 말고, 그저 밝게만 커라. 그 소리백에 안 혀. 근게… 그것백에 내가 안 바란단게. 그렇게 맞게 큰 것만 바래지. 다른 것은 안 바래. 뭣을 내가 바래겄는가? 그것들 잘 크는 것이 기중 첫차{첫째}지.

문 소라 대학 안 가고 그냥 취업한다고 했을 때 어떠셨어요, 할머니?
답 그 적으는 미치겠데. 눈에서 눈물이 피나오듯 혔어. '너를 대학교도 못 갈치고 이놈을 미안히서 어찌께 헐거나.' 생각만 허먼 저녁으는 잠이 안 와. 어찌께라도 가야 허는디. 사년제 (대학에) 됐는디 저그 아버지 못 갈친다고 히 버린게, 얼매나 내 눈에서 눈물이 나는가. '돈이나 내 야 갖다 저 놈이 안 씹어 먹었으믄,' 내가 그놈보고 혼자 허는 소리가 잉. '저 놈이 안 씹어 먹었으믄 우리 (소라를) 갈치는디, 내 돈 갖고도 갈치는디… 니가 다 가져 가고 나는 십 원도 없고 어찌께 허먼 좋냐' 싶은게, 피를 통하고 울어. 그러더만… 지가 가 갖고는 인자 가끔 전화도 오고 서울로 가서. 근데 인자 와 갖고, 저그 아버지가 오라고 히 갖고는 집이가 있은게는 쪼께 괜찮허데. 근디 인자 그것이 수입(수시)을 느 갖고 된게로, (대학을) 간다고 헌게는 살겄어. 마음이 후련혀. '내가 너를 못 갈치믄 니 가슴이가 뭣이 맺혀 갖고 있을 텐디 어찌끄나' 생각헌게, 그도 대학교라도 나와야 어디가 직장생활을 히도 넘한티 무시 안 당하고 잉:: 그랬는가? 그런디 넘한티 가서 고등학교 댕겨 갖고 직장으 가믄 다 대학교 댕긴 사람들인디 니가 뭔 챙피를 보고 넘 앞으가 살꺼나. 근게 더 죽겄더만. 그 통으는 진짜 피 통허고 죽을 일이더란게. 근디 인자는 그거(대학) 되아서 거그 간다고 돈(등록금) 갖다 그놈 느 논게는, '아, 인자는 되았다. 그놈 뒷받침이나 어찌께 허먼 되았다' 그려.

1.7. 바람

1.7.1. 돈을 누가 억만금을 줘도

문 할머니, 지금까지 살아오시면서 가장 힘드셨던 일은 어떤 거였어요?

답 이것들 키울 때가 최고 힘들었네. 나는 심든지 모르고 살었어. 큰애기 때 이후로 진짜로, 친정에서는 넘은 굶고 살어도, 농사 많이 진게 밥 괴로운지 모르고 살고, 돈 괴로운지 모르고. 그때는 큰애기 때는 다 히 준게 모르고 살고. 근디 이 메누리 나가고 우리 새끼들(손자녀들) 이놈 키울 때가 피나오고 심들었어. (애들이) 울고 그것들이 안타까웁고. 해 다 가믄, 겁::나게 오래 그랬단게. 저그 나와서 보믄, 저그(마을 입구) 차가 오는지 안 오는지 다 알어. 그놈 막차 지나가드라 안 들와요. 그럴 때, 그통으 내가 아주… 말도 말으소 "소라야, 소라야, 들어와" 그러면은, "찌끔만 있다 할머니 들어가께" 허고 안 들오고. 행여나 오는갑이… 그러더만 영 안 온게로, 저그들이 인자 포기허고 인자는 거시기 허고… 그통으서 내가 최고 심들었지.
다른 데선 힘든지 몰라. 돈 땜에, 아들 배 부서질 때 욕보고 그랬어. 배 부서져질 적으는 나 죽는 줄 알었어. 뒤로 나자빠져 버렸어. 배 부서졌다고 헌게… 파살되아 버렸어, 배가.

문 할머니 그러면, 살아오시면서 가장 좋았던 거는 어떤 거예요?

답 좋았던 것은, 뭔… (혀를 참) 펭상 몰라. 우리 손지들 잘 큰 것뺑이 좋은 것 없어 나. 진짜로 좋고 나진지를 모르고 흥 허고 살어서. 긌는디 우리 손지들 잘 크는 것뺑이 최고 지금 보면 좋은 것 없네. 저것들이 저렇게 맞게 잘 컸구나. 그런 일만 생각허먼 참:: 기뻐. 기뻐 내가 기뻐. 왜그냐먼 에미 없어서 삐틀어지게 잉? 가시내도 삐틀어지게 못 쓸 짓을 허고 댕기고. 그러면 핼미가 키워 갖고 어찌끄, 생각허먼 참 가심이 두근두근 힜어! 근디 맞게 잘 컸어. 그것이 지중 재미지지. 나 돈 이만치 누가 갖다 줘서 좋은 것이 아니여. 우리 새끼들 잘 큰거뺑에 좋은 거 없어. 내가 지금 밤낮 그려. 나는 돈을 누가 억만금을 줘도, 우리 새끼들 못 씨게 생기면 못 씨는디, 우리 애기들 반듯이 커 가지고 저렇게 헌게 저것뺑에 좋은 거 없어. 그러니 이 동네 하나부지들이, 다:: 동네사람들 다 그려.

새끼들 잘 키었다고 나보고. 향숙이네 하나부지. 이렇게 구십 살인가 잡순 양반도 그려. "소라네 할매는 손지들 하나 잘 키워서 재미지겄다"고. 그 소리는 밤낮 혀, 지금도 그것밲에는 재미진 거 없어. 그것이 그러게 옹골지고 재미져. 너그들이 만이(만일?) 못 씨게나 커서 다 이렇게 저렇게 되믄 내가 너그들 킨 보람이 어디가 있냐. 근디 이렇게 잘 커서 좋단 것이 그것은 재미져. 펭상 허니 그저 이렇게 살도 흥, 저렇게 살도 암시랑 안 힜는디, 가들 잘 키운 것만 재미져.

1.7.2. 그것들 크는 것밲에 재미진 거 없어

📋 인제 앞으로 가장 바라시는 거, 앞으로 어떻게 남은 여생 살았으면 좋겠다…

📋 아이구, 인자 남은 여생은, 내 인생은, 우리 손지들 잘 커서 저그들 잘허고 사는 것이나 좀, 고등학교 나오고 대학교 나와서 잘허는 것이나 내가 쪼끔 보덜란가, 못 볼란가. 그것밲엔 안 바래. 진짜 나는 그것밲에 안 바래. 저그들 잘 커서 어메 없이 컸는디, 저그 할매가 키웠는디, 자들이 저렇게 못 씨게 컸다고 넘이 안 허고, 저것들이 깨깟하게 잘 컸다고, 그 소리만 바라내, 그것만 바래지. 우리 용수가 밤낮 하는 소리여. "할머니, 돈 걱정허지 마. 내가 돈 벌어다 할머니 다:: 모시고 주께." "야 이놈아, 그런 소리 하지 마라. 나는 아프믄 누가 나 물 하나 떠줄 놈도 없어." "우리 고모들도 있고, 우리, 나 직장 아니라 벨것이라도, 나는 우리 할머니 아파서 못 거시기허먼 내가 집에 와서 있는다"고 그려. 머시매가, 큰놈이. 그서 내가 "야, 이 넋 빠진 놈아" 그럼서 "나 만약 뭔 거시기허믄 효도병원으다 갖다 눟고 그래라" 힜디만은. 암말도 안 혀. 얼척 없는가. "효도병원으다 나 갖다 눟고 그리야 혀." 갰더이 웃더랑게. 나 그것들 크

는 것밲에 재미진 거 없어. 이렇게 들오면 옹골져 죽겄고. 저녁으 자도 옹골지고. 진짜 그려. 그러지 뭐. 이것도 안 바래고, 저것도 안 바래고. 내 인생은 인자 다 된 놈 인생인디. 인자 나는 가는 날이나 바래는디. 그것밲에는 난 안 바래. 진짜로 우리 새끼들 그저 잘 똑바로 커갖고 잘 허는 것뺶에는 안 바래.

1.8. 음식

1.8.1. 어머이가 헌게 보고 배고

문 음식 얘기 좀 해 주세요. 음식 만드는 건 어때요?
답 음석 만드는 것은 인자 어머이가 헌게 보고. 짐치 같은 것도 담기 배고 {배우고}, 베 같은 것도 어메가 짠게 보고 짜고.

[사진 4]
김장용 마늘을 손질하는 박양님

문 장 담그는 거나 이런 것도 다요?
답 다 엄마 허는 디 보고 배운 거지 그것이. 우리 어머니가 험서, "너는 장

[사진 5]
김장용 배추밭을 둘러보는 박양님

래 우리 집가 생전 안 살 턴게 너도 배야 헌다. 배야 헌다" 그려. 그면 "어찌케 헌단가?" 또 그러지. "나 보고 배라. 나 허는 것 보면 이렇게 허면 장도 담는 것이고 이렇게 허면 된장도 맹길고." 다:: 갈쳐 줘, 인자 보라고. 그런 거 헐라면 역불러{일부러} 갖다 데려다 놓고 혀. 고추장 담는 것이고 짐치 담는 것이고 당신이 험서도 다 옆으다 놓고. 내가 소라(손녀)보고, "너도 와서 짐치를 배야 할 턴디 큰일났다. 나 죽기 전이 내가 짐치나 담는 것 갈쳐 놓고 죽어야 할 턴디" 그랬단게. 그리 갖고 다 히 먹고 살었어.

1.8.2. 집안일 : 아홉 살 먹어서부터 밥히 먹었네

문 옛날에 시집오시기 전에 큰애기 때 친정 동네에서 이렇게 밭일하고 하시면 혼자 하셨어요?

답 나? 나는 밭에가 일 안 힜어. 집에서 밥만 히 줬제. 밥히 주기도 징::허게 바뻐. 사람 많은게. 전답이 많은게. 다:: 넘 데려 온게. 사방에서 데려 온게. 그 사람들 다 타관에서 오면 다 밥히 멕여야 한게. 나 밥히 주는 것도 혼나. 징허게 욕봤어. 근게 우리 아버지가 진::짜 딸 하나고 아들 둘인디. 우리 언니 하나 있다가 시집가 버리고. 오직히먼 우리 아버지가, "너 땜에 살림헌다 너 땜에." 밥히 준게로 "그란허면 너그 어메가 히야는디, 일은 누가 허겄냐."

問 어머니도 같이 나가서 밭에서 일하신게?

答 밭 매고, 응, 밭 맨게. 어메도 밭 매지, 다 밭 매고. 나 혼자 아침에 어머이가 사람이 많으면 보리쌀 한:: 두 통 물 묻혀 주네. 물 묻혀서 주네. 그러면 인자 그놈을 인자 내가 다:: 씨쳐서 밥혀서 노먼 일꾼들 한 여남명씩 어서 들오네. 떼지어 서서. 죽을 일만 혀. 그 사람들 밥 챙겨 주고. 그면 양 그 사람들이 밥히 놓고 내가 상 노먼 걍 밥 푸는 사람, 상 놓는 사람 히 갖고 막 퍼서 먹고. 그러고는 가. 한소곰{한숨} 자고는 가.

가고 나면 또 땟거리 해야지라우. 그때는, 지금은 땟거리 사다가 먹는디. 그때는 매{맷돌} 갈아서 개떡 찌고. 이렇게 두부 매 가는 것 같은 매로 막 갈어. 그래 갖고 땟거리 개떡 쩌. 밀 갈어 갖고. 얼맹이{어레미}로 쳐 버리고 밑이치 쩌. 좋은 놈으로만. 그란허면 보리 볶으고. 아이고, 징그라. 찌긋찌긋혀. 지금은 일히도 고급으로 살어요. 참:: 말도 허지 마시오. 근게 울 아버지가 헌 소리여. 히:: 그러면은 그놈 개떡 찔라. 그란허면 밀*** 밀을 도구통에다 찧어서 콩 넣고 조개 히서 밀북심이 삶아서 줄라. 아이구:: 찌긋. 내 고상을 누가 다했다 혀.

전답 없는 집, 그 동네도 노는 아뜰도{아이들도} 겁났어. 근게 가들이 와서 막 항꼬{함께} 히 주고 먹고 막 그려. 가네 집은 전답이 없어 갖고 찌::께 정도 어메 혼자 헌게. 나는 밭도 염::병허게도 많고 논도 많허고. 아이그:: 내가 오직히면 논 조께 팔어 먹자 했지라우. 울 아버지 보고. "아버지?" "응?" "논 조께 팔세" 그러면, "누가 산다고 허디야?" 나 건들라고 그러면. "아이고, 나 징해서 밥 못 히 주겠네." "너도 그러기도 허졌다만은, 그리도 내 농사지야 한다이." 울 아버지가. 그래도 넘한티 얻는 것보다는…

問 몇 살 때부터 그렇게 살림을…

答 나는 아홉 살 먹어서부터 집안, 방애 쩌서{방아 찧어서} 밥히 먹었네. 학교도 못 대니게 해 갖고 울 아버지가. 가시내 시집가서 시집살이 못 허먼 편지 쫑쫑 헌다고 학교도 못 가게 힜어. 책가방 뺏어 버러서 못 가고. 참::. 울 아버지가 좋은디 그것을 못 허게 힜어, 학교를. 그런게 밤낮 울 어메는 가라고. 갈쳐야 한다고. 딸도 갈쳐야 한다고 하는디, 울 아버지가 절대 못 가게 혀 학교를. 그서 학교를 안 대이고, 아홉 살 먹어서부터, 키가 찌::깐헌게 말 인날이{옛날에} 말 되는 말이 있었네. 곡석 되는 말이 있어. 한 말, 두 말 이렇게 되야. 근디 그 말을 엎어 놓고 보리쌀 물 묻혀서 밥히 먹었어. 방애 쩧어서. 도굿대에다가 도구통으다가 도굿대 놓고 쿵당::쿵당::. 웃통 할::딱 벗고, 반바지만 이렇게 하나 입고. 찌깐헌게. 아홉 살 먹은 것이. 웃통 할딱 벗고. 그나마 또 거그다 애기 까정 갖다 놓고 가네, 우리 언니가. 그럼 그놈의 애기 데리고 참:: 지긋지긋혀. 아구, 징그라. 아구, 징그러! 지금도 가가 같이 늙어. "이모가 나 방애 찔 때, 나 마루 있는 데다 놓아두고 방애 쪘다"고 그려. 우리 이질이. "히:: 이모가 욕봤다고. 나 찌깐히서부터 이모는 꼭 밥히 먹었다"고 혀. 몬자도 그리 갖고 "너는 그런 것도 생각헌다이." 내가 뭐라고 헌가 볼라고 허먼, "이모, 내가 그것 쪼께 모르겄는가. 이모가 나 데리고 밥히 먹은 거 내가 다 알어. 하나부지가 욕봤다고 허는 소리까지 다 힜는디. 하나부지가 우리 딸 우리 애기 욕본다 그랬는디."

問 그러면 할머니는 아홉 살 때부터 집안 살림을 그렇게 다 배워서…

答 응, 나 혼자 맡아 갖고 힜어. 아이그:: 징그라 근게. 나 근게 우리 소라랑 애란이랑 딸들 키움서 안 시킬라 했었어. 하도 징그라서, 내가 징히서. 그리 갖고는 가들이 밥헌다 허머, "놔둬. 내가 히 먹을란다. 너그들이 뭔

죄다고… 내가 히 먹은 것도 나도 징헌디, 너그들조차 내가 시키겄냐" 한 때가 많이 있었단게. 어뜨께 일이 쩔었는가.{어떻게 일에 절었는가.} 나는 일에 쩔어서 안 큰다고 동네 사람들이 힜는디. 클 때 된게 크데.

1.8.3. 김치 : 결혼허기 전부터 짐치는 내가 담았어

問 그러면 할머니 지금 그 김치를 실제로 담그시기 시작한 게 언제…
答 그때부터 큰 애기때부텀 했어. 열아홉 살 먹어서, 먹기 전부터 짐치를 담었어. 집에서 왜그냐면 논이 많고 밭이 많은게. 아부지 어머니는 다 들밭에 일하러 간게. 놉이 있어. 밭 매고 논 매고 헐라면 이? 그때는 논도 다 미었어. 지금은 기계로 허지잉. 모도 다 놉 얻어서 심구고 긇는디. 밥을 허라고 어메가 쌀 내주고 보리쌀 내주고 가면. 그놈 밥히 갖고, 짐치, 생지 밭이가. 그전이는 이렇게 사서 담도 안 혀. 콩밭티 그런 데다 김치씨를 뿌려. 콩씨허고 막 뿌러 노면, 거그서 나 갖고 무시 밑도 들고, 배추도 그케 커서 이쁘고. 그러면 그놈 뜯어서 싱건, 동치, 싱건지도 담고, 생채도 담고, 배추짐치도 버무리고, 그런 거 히서 밥히서 주고. 그때 지깐썩, 열대여섯 살부터 밥은 나는 히서 반찬을 맹그라 먹었어.
問 결혼하기 전에 열대여섯 먹어부터?
答 그럼. 그때부텀 밥히서 밥히서 다:: 줘야. 일꾼들이 많은디 어쩌. 어메가 그, 일꾼들 있다고 밭에 안 가면, 일꾼만 붙혀 노면 일허간?
問 김치 담는 것은 어떻게, 어머니한테 배웠어요?
答 응, 그렇지. 어메가 갈챘지 인자. 이렇게, 이렇게 해서 양념 넣으라고 갈쳐 주고 고칫가리 넣고 마늘 넣고 생강 넣고 파 썰어 넣고 인자 그렇게 해서 짐치, 그전이는 이렇게 큰파도 없어. 이렇게 쪽파있은게 또 이만썩 끊어서 넣으라고, 담으라고 싹 갈쳐 주데… 근디 어머이가 담는 디 몇

번 보고 헌게 담겄데? 그케 히서 담아서 먹고 주고 그맀어.
- 🔲 어머니가 실제로 담그시는 걸 옆에서 보고?
- 🔲 응, 보고… 심바람험선 인자, 미원 넣는 디 보고, 설탕 넣는 디도 보고, 깨소금, 다:: 그런 거 넣는 거, 양념하는 것 봐 인자. 유별나게. 지집아는 배야 허기 땀에. 인자 보아. 어머이가 짐치 버물릴라고 싹 씨쳐다 건져서 놓고, 뭐 챙기먼 심바람허라먼 다른 데는 정신 안 쓰고 그 담는 디가 정신이 더 있어. '뭣을 어찌게 하는가 봐야 허는디' 허고. 나도 여잔게 배야 밥도 히 주고 헌게. 밤낮 보면, (어머니가) "아, 얼른 갖과::" 그래. 그먼 "아, 가만있어. 나 이것 쪼께 보고" 그려. 글먼 "저놈으 새끼가 어찌 저런데." 나 '저 가시내' 소리 안 듣고 시집왔네. 딸 둘이고 아들 둘인디, 사남맨디. 우리 언니는 최고 큰딸로 나서 시집가 버리고, 저 광주로 가 버리고. 우리 언니는. 그러고 우리 오빠하고 나하고 삼남매였는디 그리 갖고 커서…
- 🔲 그럼 할머니는 시집오시기 전부터 김치를 담그신거네?
- 🔲 그럼::. 열여섯 살인가부터 힜어. 밥도 히 먹고.
- 🔲 그럼 친정에 있을 때는 혼자 담그시는 건 아니고, 이제 김치 담글 때…
- 🔲 응, 어머이한테 어메한티 배지. 어머이가 히서 인자 밭에 갈라먼 아침에 다 히 놓지. 히 놓고 양념히서 다 버물른디. 근게 심바람을 안 혀. 그놈 우선 치다 볼라고. 봐야 헌게 잉. 그러고 뺐지. 그래 갖고 나중으는… 인자 결혼허기 전부터 짐치는 내가 담았어. 집이서. 짐장할 때도 많이 담었어. 다 배운게.
- 🔲 친정어머니도 음식 잘 하셨어요? 할머니 음식 잘하시는 거 보면, 친정어머니도 잘 하셨을 것 같아요.
- 🔲 뭔 내가 음석 잘 한당가. 나 음식 잘 못혀엉. 근데 어메가 허는 디 본게, 그대로 헌게 히지데. 노인네가 허는디, 우리 어메가 그때는 각시 때지. 근게 우리 어메가 허는 거 보고 배 갖고 서로 허는 것이지.

문 김치 담그실 때 이런 건 조심해야 된다 말씀하신 거 있었어요?
답 응, 그러지. 그럼. 짐치를 담을 때 설탕도 많이 느면 물러지고. 미원도 많이 느면 비린내나고 안 맛납고. 근게 쩟국도{젓국도} 많이 치면 쩟국내가 많이 나고. 그러기 땀에 그런 것을 다 갈쳐 주지. 에려서는{어려서는} 인자. 이렇게, 이렇게 히라 잉 함서 당신이 담음서도 이거 미원도 찌끔만 너라. 마늘, 생강은 많이 너도 괜찮으지만은. 이런 거는 미원 같은 거는 많이 느면 짐치가 비리고 안 맛납다. 설탕도 많이 느면 짐치가 물러진다. 그런 것은 다 갈쳐 주지.
문 고추는 어떻게 넣었어요?
답 갈고. 고추 갈어 갖고.
문 고추를 간다는 게 어떤 걸 말하는 거예요?
답 고치를 인자 통놈 이렇게 두었다가 짤러{잘라}. 짤러서 종자를 빼. 빼고 양파하고 마늘하고 느서 생강은 집이서 잘 안 갈아저. 근게 갖고 가서 방앳간에 가서 갈어 도라먼 갈어 줘. 질커덕허지. 그러면 인자 그놈을 거 그다 느 그놈을 붓고. 그놈허고 거그다 부서 먹어. 죽도 쑤고.
문 죽은 뭘로 쒀요?
답 찹쌀가리 있으면 좋고, 그란으면 밀가리 쪼꼼 끼려서도 허고 그려. 그란으면 저나참에 이놈 담음서는 찹쌀을, 저나참에 무시지도 담음서, 찹쌀을 한 숟가락 고와 갖고 걍, 도채비방맹이로 막 내두른게 싹 갈아지네. 그서 그놈 붓고. 그렇게 히서 허는 것이여.
문 그러면 김치 담글 때 젓갈은 주로 뭐 쓰세요?
답 새우젓 넣고, 젓국치고.
문 젓국은 어떤 젓국?
답 우리는 우리가 인날아{지금까지} 담어서만 먹었네, 젓국을. 전에{전어} 장시를 우리 아들이 힜어. 그러고 그러기 전에는 인자 멸치 같은 거 사다가 담어서 먹었지. 한 삼 년만에 빼먼 진짜 맛납잖아, 젓국이. 곰삭어서.

문 아, 그러니까 할머니가 젓국이라고 하시는 게 멸치젓국 말씀하시는 거예요?

답 응, 액젓, 그것보고 액젓이라고 허거든. 그놈 우리가 담어 갖고 인날아 먹었는디, 작년부터 내가 아픈게 저그서 가져올 수가 없어. 심없은게 못 가져온게 안 담아 버러.

문 멸치를 어디서 갖고 와요?

답 격포 가 사와야 혀. 차 갖고 사오먼 가져오는디, 거그다 누가 오면 딱 퍼만 주지, 집이다 여그다 갖다 주는가? 그런게 사람이 없웅게. 그전이 일꾼들 있웅게, 싹 가서 남자들이 갖다 주고 그랬는디, 지금은 없웅게. 근게 안 담어. 작년부터… 내년까지는 짐장히 먹을 것 있어, 젓국. 한 말짜리 한 통 있웅게. 그놈 가지면 내년까지…

문 언제 담그신 건데요?

답 한 사 년 되았어. 담어 갖고 싹:: 작년에 빼서 간게 우리 딸이 사십 통 가져가서 팔어 주고.

문 할머니도 그렇게 많이 담으셨어요?

답 그럼. 해마다 한 삼십 통, 사십 통 빼서 광주로 가져가, 실어다 줘. 우리 딸이 발이 넓은게. 거그서 싹 팔어서 통장에다 돈만 느서 가져와. 한 통에 이만 원썩 받고 딱딱 팔어서. 사십 통이면 얼만가 돈이? 팔십만 원. 삼십 통이면 육십만 원. 그렇게 딱딱 가져가서 팔어서 가져와. 그럼 통장에 돈. "엄마, 돈 넜네." 그러면 "응, 알았어." 그러고 며칠 만에 가서 빼다 쓰고.

문 김치 담그실 때는 새우젓하고 멸치젓국하고 이렇게 같이 쓰는 거예요?

답 응, 새우젓 많이 넣고, 멸치젓국도 많이 치먼 냄새난게 조그마치 알만있게. 그렇게 히서 좀 치고 죽 쪼께 치고 고추 갈아다 넣고. 생강, 마늘, 파, 양파 그런 거 썰어 넣고. 고무장갑 찌고{끼고}. 나는 인날아 짐장을, 이 나이 먹도록 고무장갑 찌고 짐장은 안 힜어. 둔혀. 안 써 버릇헌게. 근게 기양 고칫가리 넣고 양념도 자네들은 안 찌고는 못 혀, 손이 애려서{아려서}. 근게 그놈 헐 적은 지름을 참지름을 손에다 식용유든 참지름이든 한 방울 싹 볼라{발라}. 그럼 안 난다고, 안 한다고대. 근데 나는 그래도 저도 안 혀. 기양 막 그래도 안 애리고. 애리도 안 혀.
작년에도 한 오백 포기 힜을 것이여, 짐장. 겁나게 힜어. 그래 갖고 우리 나 우리 짐치 담아 내쏘느라고 혼::났어. 아들이 장사헐란닥 히서. 뭔 장사를 허먼 김치를 많이 먹게 생겼데. 그래서 많이 힜도만. 안 가져 가버려. 다 씨쳐 갖고 씨레기봉투에 다 넣어서 다 내다놨어. 이참에도 어그저게도 한 통 내쐈어. 어쩌. 놔두먼 냉장고만 차고. 맥없이. 넘 부끄럽데 그것도 헐란게. 그리서 가만가만 씨쳐다가 하루에 한 개썩 꼭 히서 (묶는 동작을 함) 씨레기 가져가는 놈 하나 그놈 하나 히서 딱 갖다 내노먼 가지가. 근게 기양 노먼 강 쩟국나온게 저 물에다 목욕탕서 흔들흔들 히서 몽::땅 짜 갖고 느서 검은 봉다리다 느 갖고 그 쓰레기봉투다 느서 그렇게 히서 다 버렸어.
내가 올해는 짐치 안 허기로 했어. 찌끔 히서. 우리 그 딸(셋째 딸)은 내가 히 주야 혀. 우리 손지딸이 거그가 있는디. 가가 와서 일을 다 히 갖고 지가 다 담어서 갖고 가. 우리 딸이. 시채{셋째} 딸이. 근게 가가, 가네 집허고 우리 집허고 치먼 냉장고로 딱 하나만 되게 헐침여. 올해는. 안 혀. 아이고:: 지금도 몇 통 있네. 얼인{얼은} 놈이 두 통 있고, 이쪽에가 니 통 있고. 근디 먹다먹다 못 먹으면 시안 내 먹어야지 인자 그놈. 작년 오백 폭도 저그서 육십 폭. 진서리 가서 육십 폭 사왔어. 한 폭으 오백 원썩 주고, 삼만 원 값이던가? 응, 육십 폭이지 삼만원씩이먼 이? 그놈 이만썩 혀 한 폭에. 그서 네 조각 내서 담었어. 냉장고다 늘라먼 그런 놈으로 히야 아삭아삭 허거든.
아이고, 나 올히는 좋::은 놈으로 몇 폭 사다가 두 집이치 짐치냉장고 하나썩만 담자. 저번날 전화와서 "엄마" "응" 근게, "무시지 맛나" 그래서

"잘 혔다. 올히는 짐장 찌끔만 하자 앙" 그런게 "응, 엄마 찌끔만 혀. 엄마 귀찮어." 다 간히다 노먼은, 보겡이 할매허고 충렬이 할매허고 나 간허먼 와서 다 도와줘. 근게 우리가 대님서 뭉쳐서 또 짐장혀. 보겡이네 집 가 허지, 충렬이네 가 허지. 마포떡네 집 가 허지, 우리 야 허지. 저 혜진 어메가 아파서 그래서 그 집이 치 히 줬지. 다 돌아대님서 히 줘 서로.

問 할머니, 근데 짐장짐치 담을 때, 배추김치만 해요?

答 무시지, 무시빠감지, 나박지. 적을라먼 적어봐. 무시나박지, 무시빠금, 무시빠금지, 갓지, 또 파지, 깍두기, 동치미, 배추짐치. 그렇게 다:: 담어. 그런게 걍 수십 가지 거 담어야 혀어::. 근디 올해는, 작년부터 동치미는 안 담었어. 먹도 안 하고. 식구가 없은게, 일꾼들 많을 적으는 한 단지 히서 담어 노먼은 금방 먹도만. 헐어놔야 식구 없은게 먹는가. 엇이나고. 동치미는 엇이나먼 안 맛납거든. 근게, 올핸 암::것도 않고, 그저 이만 배추, 저 짐치냉장고통 야닯 개만 딱 담는닥 혔어. 근게 짐치도 여::러 가지 것여. 담자먼 수도 없이 담네. 짐치도 열두 가지 것여 대처. 여러 가지 것이다고. 이것저것 여러 가지 것이다고. 짐치가 열두 가지여 참말로 이것저것. 갓지 있지, 파지 있지, 뭐, 양파지 담지. 뭣 담지. 깻잎 담지, 고춧잎 담지, 다 담으먼 열두 가지 안 되겄는가?

問 그러면 친정에서 옛날 친정어머니가 김치 담그셨을 때, 짐장할 때, 그때는 짐장을 얼마나 하셨어요?

答 그쩍에는 조금썩 해먹었지. 많이 담으면 댓 동우썩. 긌는디 그 무시지로만, 싱건지만 양, 건틈지, 잎삭 차 잉? 큰:: 항으로 한 서너 동, 너덧 동 되는 하나썩 담어, 건틈지를.

問 건틈지가 뭐예요?

答 검틈지라고 잎삭차 담는 걸틈지. 지금은 동치미로 배추허고 무허고 느서 다마내기 같고 양파, 파 다 갈어 갖고 동치미 안 담는가? 근디 그전이는

검틀지락 혀. 양 건틀건틀 막 잎삭 차 막 담어서 먹은게. 그건 건틀지여. 그리 갖고 한 몇 동썩 된 놈을 하::나썩 담고. 그러면 시안이{겨울에} 미영 잣다가 저녁으. 미영 잣다가도 그냥, 지금은 양판{양푼}이지만은 그전이는 숭능 뚝배기라고 이만헌 놈 있어. 그놈 하나썩 퍼다가 먹고. 고구마 찌고 놔뒀다가 먹고. 가일(가위를?) 갖고 걍 쭉 쓸어서 양 놓고는 그놈 걸쳐서 먹으면 그렇게 맛났어.

문 건틀지도 동치미예요?

답 응, 동치미허고 같이 먹는 것여, 그것도 검틀지도 근게 이렇게 동치미는 잎삭허고 배추허고 요렇게 배추 묶으고 다 뽀개서 늫거든. 사과 같은 거 배 같은 거 우러나라고. 근디 양 그때는 그런 것이 어디가 있는가 걍. 잎삭 차 소금 실실 흐쳐 놨다가 인자, 삼일만이 물 부서 갖고 생강, 마늘만 느서 뽈깡 차대기다{망 자루에다} 짬매서{묶어서} 느노믄 우러나서. 그도 맛났어. 배고픈 시상이라.

문 할머니, 배추지 담을 때 쓰는 배추 있잖아요.

답 응. 폭배추{포기배추}. 나 시집 안 와서는 그렇게 큰 배추 없었어. 이만썩 허니, 그리고 그때는 조선배추. 키만 커다란 히 갖고. 조선배추여. 키 크고, 이렇게 껑중허니 큰 거, 조선배추. 근디 지금은 양 폭배추 그러지. 그전이는 조선배추 그거는. (요즘은) 조선배추가 나오덜 않데. 있기는 있는, 그놈이 안 무르고 참 좋기는 허거든. 근디 없더랑게.

문 그면 옛날에는 김치, 그니까 김장 담고 이럴 때도 다 조선배추로 담았어요?

답 그전이는 그런 것밖에 없었어.

문 언제부터 이 폭배추로 김치를 담갔어요?

답 나온 지… 되기는 솔찬히 오래 되았어. (시집온) 다음에도 한참 있다가 그랬지. 조선배추가 더 맛납지. 키도 크::고 그 조선배추는 그것이 얇은 게 소금은 좀 찍게 먹지. 가는 키만 크고 폭은{포기는} 요케 크::게 안 차거든. 이만::치 차다 말잖아. 그런게 그놈은 소금을 찍게{적게} 먹어. 간하는 것은 똑같어. 그놈이 더 사근사근사근해서 더 맛납네. 그 짐치가 더 맛나. 그전이는 맨:: 그런 배추만 썼거든. 우리 큰애기 때는 그런 배추로만 했어.
그리고 그때는 고칫가리도{고춧가루도} 흐::거니 느서 김치 담는 것이라고. 조물조물 허믄 또 맛만 있지. 학독으다{돌확에다} 걍 고치 따다 싹:: 갈아 엎쳐서. 갈아 갖고. 학독으다가. 학독으다 막:: 갈먼은 그놈 빨::겨. 그러면 막 가위로 종종 쓸어 갖고는 양 막 늫고는 엎쳐서 막:: 갈으데. 그러면 걍 그놈이 고춧가루돼야. 그러믄 거그다 인자. 그것도 안 챙겨. 거그다 마늘나 생강 조께 늫고, 쩟국… 보리밥 덩어리 한 덩어리 늫고 막 갈어 갖고, 거그서 막 학독으서 버물러.

🔳 찹쌀풀…

🔳 그때는 그런 거 있나. 밥 덩어리 하나 느 늫고는 막:: 문대. 거지반 다 갈아지면 느야 혀. 그란허먼 미끄라 갖고 안 갈아져. 근게 인자 거지반:: 갈아지면 인자 밥 쪼께 늫고, 마늘 쪼께 늫고. 그전이는 마늘은 많있은 게{많이 있은게} 잉? 생강 같은 거 한 뿌리 늫고. 젓갈 조께 늫고는 막:: 갈어 걍.

🔳 젓갈은 뭐 넣어요. 이때도 젓국?

🔳 그때는 뭐 젓도 이런 세화젓도 없었어. 근게 걍 젓국 쪼께 치고 잉?

🔳 그 멸치젓국이요?

🔳 응. 종발로 하나 따르다, 쫙쫙 찌끄러 갖고 양 고칫가리… (돌확에다) 갈어 갖고 인자 거그서 버물러. 학독으서. 김치 버물러서. 그때는 통이나 있었는가? 뚝배기허고 단지. 단지다 이런 단지 오가리다{항아리에다} 담어서 뚜껑 딱 덮어서. 냉장고 없은게 시얌 속으다 느 우물에다가. 우물에다가 단지다가 망을 이렇게 담어서 그 단지를 담어. 단지 싹:: 덮어서 잉? 딱 우물이다 담어서 이렇게 띄워 놔둬. 그리고 먹을 때마다 끼니때

마다 내다 먹어야지. 쉽게{시니까}. 지금은 이렇게 냉장고다 담어서 안 먹는가. 그때는 어디가 냉장고가 있는가? 근게 그렇게 주물러서 먹어. 그 맀어도 맛납다고 먹고 살았네. 그때 사람들이 약 안 허고 먹은게, 병도 없었어. 근디 지금은 맨∷ 농약 쓴 것이라 걍.

問 그러면 조선배추로 김치 담그실 때는 주로 고추를 갈아서 김치를 담그셨 어요?

答 인날아는{옛날에는} 다∷ 갈어 먹었어. 지금은 기계 있는게, 그런 디가 갈아오는가? 쫌만 이만치만 담을라도? 근디 인날아는 다∷ 독으다 학독 으다 걍. 독팍으로 막∷ 도굿대로 갈다 양, 어깨 아프먼 양, 또 이만헌 독 이 있어. 거그다 가는 독이. 풀독. 그게 풀독이여. 이만∷혀. 그놈으로 막 ∷ 엎져서 갈어. 밥 앉혀 놓고, 보리쌀 삶어서 밥험서 퍼지라고 놔두고, 막 그놈 갈어 갖고 짓거리 조께 밭이 가, 콩밭이 가 뽑아 갖고 와서 씨쳐 다 놓고. 그래 갖고 버물러. 버물러서 먹으먼 그렇게 맛났어. 근디 지금 은 어찌 안 맞나.

問 오늘날은 김치를 담글 때 고춧가루도 많이 쓰는데, 옛날에는 그냥 젓국 이랑 넣고 그렇게 학독에다 간∷ 고추로 김치를 주로 담그셨단 말이죠?

答 응. 우리 큰애기 때는 그맀어. 그때도 고칫가루는 인자 흐거먼 조께 늫지. 근디 그전이는 흐거니 담어 먹었어. 지금같이 짐덤짐덤 안 담어 먹었어. 흐거니 담어. 펭상 넣는 것이 마늘이여. 마늘은 그전이는 많이 심궈 먹은 게. 마늘만 갈어서. 생강 이만치 느면 마늘은 한 주먹 집어다 늫고. 고추 걍 따 갖고 와서 깨깟이 씨쳐 갖고는 걍, 가위로 도막도막 쓸어. 쓸어서 늫고는 걍, 막 갈아대 엎저서 양. 죽고 살고 학독으로 풀독 같은 독으로 그러고 담어 먹었어.

1.8.4. 젓갈: 여그 온게 인자 젓 담는 법을 뵀지

- 젓갈 얘기 좀 해 주세요.
- 젓갈은 뭔 젓갈을 얘기하까?
- 옛날에는 젓갈을 다 집에서 담가 드셨어요? 사서 안 드시고?
- 다:: 사 먹었가이. 담가 먹었지. 세화젓도{세하젓도} 담고, 멸치젓도 담고, 갈치젓도 담고, 갈치, 풀치 이만썩한 놈. 조구 새끼 황숭어리도 담고. 되미젓도 담고. 되미{전어 새끼}도 있어. 근디 그것은 담으면 대타게(?) 뜨고 젯국이 맛나. 그러지 젓은 별시럽게 안 맛나. 근디 인자 그러고 나먼 인자. 안 담는 것이 없이 다 앵기는 대로 다 담어서 먹었지. 지금은 근디… 차라리 오천 원짜리 요먼썩헌 놈 사오먼 먹는디, 뭘라고 담겄는가. (집에서 젓을 담글) 새비젓밲에는 안 사네.
- 젓갈 담그시는 건 어디서 배우셨어요?
- 젓갈 담그는 것은 걍 내가 보고 있지. 그것을 누가 배겼는가, 이 나이 먹도락.
- 친정에 계실 때도 집에서 이렇게 젓 담가 드셨어요?
- 아니, 여그 온게 이러지. 거그는 걍 격포서 사다만 먹었지. 격포가 어장촌 아닌가. 거 우리 친정 동네는 농촌이고 잉. 근게 거그서 젓만 다 사다 먹었어. 긌는디 인자 여그 온게 인자 젓 담는 법을 뵀지.
- 여기 오셔서 누구한테 배우셨어요?
- 기양 넘들 허는 디 가서 보면은 알지 뭐. 그까짓 놈의 거… 넘의 허는 디 보고 인자…
- 이 동네 분들은 다 젓을 보통 담아서 드시고?
- 응. 여그는 인자 새비{새우} 이렇게 험서부터는, 인날에 이 동네 여그가 새비 고장이라…
- 여기는 옛날부터 새비를 많이 잡았어요?

답 응.
문 그면 여기서 주로 담근 젓이 뭐예요? 새비젓하고, 멸치젓?
답 멸치젓 같은 것은 잘 안 담고, 맨:: 새비젓만 담었어. 맨 새비젓만 담었지, 멸치젓은 담도 안 혔어.
문 새비젓을 이렇게 담아 갖고···
답 다:: 걍 그런 사람들이 젓이 없어서 못 팔어 먹응게. 팔어.
문 팔고 하는 게 옛날부터 그랬어요? 할머니 시집오셨을 때부터?
답 응. 다:: 새비젓 사러 오는디···
문 그럼 할머니 젓갈은 여기 와서 담그시기 시작하신 거죠?
답 응응, 그렸지. (옛날에) 우리(친정)는 사다만 먹었어. 동우로{동이로} 걍.
문 김치 담글 때 그럼 주로 무슨 젓갈 넣었어요?
답 젓갈 적포, 격포 있응게 거서 사다가··· 세화젓은, 이런 것은 안 넣고, 맨 젓국. 젓을 인자 그 전이는 막 꼬치 가는 디다 갈어 갖고 그렇게 느서··· 멸치젓 젓국.
문 옛날에 친정에 계실 때 멸치젓국으로만 김치 담갔어요?
답 응, 거그도 그런 젓국···
문 다른 젓국은 안 넣고?
답 저런 젓국은 어디가 있이야지. 맨:: 그것만···
문 그럼 멸치젓국만 쓰셨어? 뭐, 잡젓이라던가···
답 응, 그런 것도 담어 놨다가 인자 먹는 사람도 있는디. 맨 그런 거지. 사 먹은게. 주로 사오는 것이 멸치젓국이여.
문 멸치젓국으로 새우젓 같은 것도 안 넣으셨고?
답 그때는 새우젓 알도 못 혔어. 여그 온게 새우젓 있데.
문 그렇게 먼 거리도 아닌데, 사실은 할머니 친정 동네가. 그죠?
답 그려. 근디도 그리도 그러더랑게. 여기 와서 새우젓 봤당게.
문 그럼 할머니는 지금 김치 담그실 때 젓갈 뭐 넣어요. 시집오셔 갖고는?

탑 세화젓. 세화젓허고 젓국치고…

문 그러니까 옛날에 친정 동네 있을 때는 주로 멸치젓국으로만 김치를 담그셨는데…

탑 그려, 젓국만 조께 치고 담었지. 근디 그라도 그 전이는 읎어서 못 먹었지. 뭔 맛납게. 꼬칫가리나 이렇게 짐덤짐덤 넣는단가. 그때는 실실 버물러도 맛났어. 배고픈 세상이라. 긋는디 지금은…

문 그러니까 옛날에는 고춧가루도 많이 못 넣고…

탑 아:: 안 넜어. 많이 안 넜어. 젓국도 조금 늫고. 그리 갖고 실실 버물러서 먹고 살었어. 근데 지금은 짐치도 짐덤짐덤허니 걍 감뎅이 같이 담고, 이것 넣고… 그전이는 마늘 한 가지밖에 넣도 안 힜어. 지금은 생강 넣지, 마늘 넣지, 당근 넣지, 양파 넣지, 파 넣지. 별 팔도 거 다 안 넌냐? 그전이는 많이 느먼 마늘이여. 마늘허고 파 쪼께 심구먼 그런 거 조께 송송송 이만썩허게 한 도막썩 썰어 늫고 그거 짐장해서, 짐치나 아이나 서너 동우 담는 놈으 거. 그때는 그전이는 글고 맨:: 무시를 심군 거 건들지만 담어서 그런 놈허고 먹었지. 건들건들허니 양 거칠거칠 먹는다고 건들지. 그서 먹었지. 지금인게 가져서 무시도 동치미 담고 그러지. 그때는 그런 것이 어디가 있는가? 그래 갖고 큰:: 항아리다 막 담어 놓고 먹었지. 지금은 걍 이만::한 거시기 담는 디다 배추 넣고, 당근 넣고, 어… 아효:: 배 넣고, 사과 넣고, 다 안 넣던가? 그리 갖고 다 담어 갖고 먹는디. 그때는 그런 것이 어디가 있어 걍. 잎삭 차{잎사귀 째} 걍 담어 갖고 걍, 그저 막 먹니라고. 그놈도 없어서 얻으러 댕이는 사람도 있는디.

문 그러면 소금도 사다가 젓 담가요?

탑 소금은 가실이, 여름으 열다섯 가매이{가마니} 사 놨어. 왜그냐면 인자 가을이 멸치 나먼 젓 담아야 젓국 팔지.

문 멸치는 또 어디서?

탑 저 모항다가 말히 갖고 사 와야 혀.

문 모항에서? 여기서는 멸치 잡는 사람 없어요?
답 아, 없어.
문 그럼 여기는 새우는 잡는데, 멸치 잡는 사람은 없어요?
답 응.
문 모항에 아는 분이 있어요?
답 없는디. 인자 거그 사람들이 많이 잡으먼 여기 사람들이 사러 가. 그릉게 인자 우리 야도 사올라고 거그서. 사다가 담아야 젓국을 팔지. 그거 담아서 파는디 걍. 우리 작년이 안 담어 갖고 우리 젓국이 없당게 지금, 우리 집가 팔 놈이. 한 사십 통, 오십 통썩 가져가는디, 딸이. 광주 딸이 갖다 팔어. 거기다 갖다 노먼 걍 먹어 보면 맛납다고, 싹 가져가 버린대. 근데 올해 없어서 짐장 때 문제가 있단게 지금. "엄마, 올히 어쩐당가" 그서, "왜?" "젓국 없어서." "아니, 없는 것을 어찌 쟀냐. 헐 수 있냐. 없는디. 도둑질은 못 허겄고. 어찌 쟀냐" 긌더니 "긍게 말여, 엄마. 지금부터 젓국 있냐고 물어보는 사람도 있네" 그려.
문 근데 멸치를 담궈서 그 다음 해에 먹는 거죠? 새우젓처럼 바로 먹는 거 아니죠?
답 아니, 올히 담으먼 내년… 내년이도 뺄라먼 젓국이 많이 안 나와. 내후년에 빼야 많이 나오지.
문 그러니까 한 2년은 묵혀야겠네요?
답 응. 폭::딱 삭어야 젓국이 많이 나오지. 근게 우리는 해마다 그렇게 담어서. 인자 아들이 전에{전어} 장시헐 쩍으는 갖다가 폭::씬 삭후와{삭혀}. 그런 담에 팔어.
문 그럼 일 년에 젓은 뭐 뭐 담궈요?
답 새비젓도 담고, ***젓도, 멸치젓도 담고. 젓국 먹을랑게. 그렇게 다 혀. 히야 혀.
문 집에서 먹기도 하고…

답 팔기도 허고. 그래야 내 돈도 쓰지. 새끼들이 주는 놈 갖고 쓰겄는가?

1.8.5. 장아찌: 다 담어 먹었는디, 인자 귀찮은게 않네

문 할머니 집에서 장아찌 뭐 뭐 담그세요?
답 외짱아치도 있고. 다 있어 감짱아치도 담고 다 그전이는 힜는디 지금은 안 혀. 허기 싫어서 못 혀. 암것도 안 혀.
문 담으신 장아찌 얘기 좀 해 보세요.
답 감짱아치. 오이짱아치. 또… 이런 외, 물외도 짱아치 박고 늙은 놈 따서. 다 그렇게 담는 것여. 짱아치가{장아찌가} 여러 가지.
문 물외요?
답 응. 물외 그 지단헌{기다란} 놈 오이 안 있는가? 참외 이렇게 먹는 놈 있고 또 잉. 그 종자 끝판이 되면 그놈으로도 속 긁어 내고 짱아치 담는 것이고. 오이도 이렇게 지달헌 놈 소금물 낄여서{끓여서} 오이도 담는 것이고. 다 여러 가지여. 감도 붉은 붉은 헐 때 짱아치 담는 것이고 다 그래. 인자 저 오이짱아치랑은 인자 저 놈 다 외 따고 나면 파살되면 참외 이렇게 먹는 놈 잉 오이. 그놈 이만놈 찌끄레기가{지스러기가} 나와 거 그 다 따고 나면. 그런 놈 따서 인자 속 긁어 내고 소금물에 담갔다가 인자 그놈 짱아치를 또 담과. 그렇게 허는 것여, 짱아치. 그서 독{돌}(로) 딱 눌러놨다 그릭으다가{그릇에다가} 인자 내서 썰어서 무쳐 먹지. 그리고 감짱아치는 된장으다 늫는 사람도 있고 고추장으다 담는 사람도 있고 그려.
문 이거(참외 사진), 이거 이름이 뭐예요?
답 오이. 우리 먹는 참외. 우리 먹는 거. 우리 집도 저그 있어.
문 이건(오이 사진)?

답 그건 물외. 이거는 물외. 아까 그거는 참외. 참외는 그거는 깎어서 먹는, 노런 것은 깎어 먹는 거고, 그 물외는 짐치 담고 짓국도 타 먹고 저 짐밥도 싸고 다 혀. 이놈 껍딱 까 갖고.

문 그러면 이 물외를 오이라고도 해요?

답 응, 오이여. 오이.

문 참외는?

답 외. 그거는 물외는 오이, 질쭉헌 거는 오이.

문 그면 옛날에 원래 오이가 있었어요, 아니면 외가 있었어요?

답 그전이는 이 오이는 없었고, 외만 참외만 놓아서 먹었네. 밭이다가 우리도 큰애기 때. 이 종자를 내 갖고. 이 물외 같은 건 그전이는 없드만 이 근년에 중간에 이렇게 많이 나오데.

문 그럼 이거 참외, 외가지고, 이걸로 김치도 담가 드셨어요 혹시?

답 안 담어 먹었어. 짱아치만 했지. 어찌게 하냐면, 오이 가를 인자 외를 다 :: 열어서 따먹으먼 나중으 시푸르니 남어. 안 익은 것. 써서 못 먹어 그런 놈은. 그러면 인자 딱 가운데 뽀개. 오이, 이만썩헌 놈을. 가운데 딱 뽀개 갖고 속으만 싹 긁어내. 그러고 소금물으다 담가. 그리 갖고 인자 거시기 간혀. 그란허면 된장 속도 늫고, 고치장 밑에다도 늫고 히 갖고. 감도 짱아치 담어 먹지 않던가. 그렇게 히서 먹어. 내 갖고 쓸어서 무쳐 먹어. 씨쳐 버리고. 된장으다 허먼 된장내도 많이 나고 묻고 헌게. 고추장으치는 기양도 무쳐 먹어. 감짱아치도 그렇게 허잖여.

문 짱아치는 어떤 걸 담아 드세요?

답 우리는 걍 마늘짱아치도 담어서 먹은게 시방 익데. 근디 귀찮아서 안 내 먹네. 물외도 짱아치 담을 수도 있고, 다마내기도 저런 놈 잔:: 놈 까서 소금물 낄여 부서서 간히 논 놈도 있고, 깻잎도 있고. 근디 허기 싫어서 못 혀. 암::것도 못 혀.

문 짱아치는 주로 뭐에다, 뭘로 짱아치 담그시는 거예요?

답 뭔 저런 오이 같은 것도 그전이는 많이 담어 먹었는데, 지금은 않네.
문 고추장, 된장 이런 거 쓰시는 거예요? 아니면은…
답 응, 된장 속으다도 히 봤어. 된장으로 인자 이놈을 소금으다 간헌게 짭짤 허지. 그러면 그 욱으다{위에다} 된장 두북::허니 덮어 놔. 그리 놨다 내서 먹을라면 된장 안쪽으로 제치고 그놈 내서 씨쳐 갖고 무쳐 먹어. 양념해서. 야도 그려. 오이도 오이는 통으로 간혀. 겁나네.
문 통으로 놓고 어디, 소금물에다가 주로 하세요?
답 응.
문 오이를 소금물에 담가 놨다가 나중에 그거 건져 갖고 어떻게 해서 드세요?
답 씨쳐 버리고 무쳐 먹고. 아삭아삭 쓸어서 무치면 맛나.
문 그럼 그걸 뭐라고 불러요. 이름이 있어요.
답 오이짱아치지. 오이짱아치.
문 그러니까 장아찌는 소금물에다가도 담그고…
답 응. 자기 맘대로 허는 거여 인자.
문 된장이나 고추장에다 담그기도 하고.
답 응. 그려. 그러는 거여. 그먼 된장, 간장, 그거 고추장이 안 맛납데. 그렇게 짱아치 내고 나먼. 그리고 내서 무쳐 먹고 양념해서 무쳐서 먹고 그러는 것여. 아싹아싹 먹을만 혀.

그러고 가슬으는{가을에는} 고치 다 따서 고치도 인자 젓도 담고 고칫잎도 담고 다 혀. 고칫잎도 가을이는 따서 담아 놓고 인자 젓국 낄여 부서서 담어서 딱 눌러놨다가 봄으 먹고. 다 그려. 깻잎도 뜯어다 저렇게 담고. 딱 히 놨다 젓국허고 생강허고 마늘허고 인자 팔팔 낄여서 고치 쓸어 넣고 뻘건 고치 시퍼런 고치 썰어서 얼큰허라고 아삭아삭{어슷어슷} 썰어서{썰어서} 그놈 항꾀{함께} 낄여. 그래 갖고 쪽 밭쳐서 두어 번 낄여서 저렇게 부서 놓고 찌끄레기{찌꺼기} 버리고 그렇게 히 갖고 먹는 거여.

문 짠지란 말은 안 쓰세요?

답 응. 짠지는 안 썼지. 단꽝은 담어 봤지만은. 단무지. 단무지는… 무를 꼬독꼬독허니, 이만치 지드라는 놈, 왜무시 잉. 말려 와. 뽑아다가 가실이 짐장허기 전에, 말려 저런 데다. 사방에다 걸어 놓고 잎삭 차 묶어서 말려 와. 그럼 삐득삐득 말리먼. 그전이는 단무 담는 노란 거시기가 있어. 그러고 쌀제{쌀겨}, 해무제허고 소금허고 한차 버물러. 그러고 무시는 그대로 놓아두고. 그리 놓고 밑에다 소금 그거 노랑제 그놈 버문 놈허고 쌀제허고 히서 깔고, 그 욱으다{위에다} 무시 한 둘금{켜} 놓아. 그리 놓고 거그다 한 둘금 싹 허쳐 두북::허니. 그리 놓고 또 무시 놓고 여::니. 그게 단무지. 우리도 단무지는 많이 담어 먹었어.

문 집에서 직접 담궈 드셨어요?

답 응. 다 담어 먹었는디, 인자 귀찮은게 않네. 그전이는 넘의 식구 많은게. 여름으 반찬헐라먼, 그놈 그륵에따{그릇에다} 담꽜다가, 담과서 무쳐서 먹고, 인자 그놈을 또 씨쳐서 담아 놨다 싱건지도 담고. 채지도 버물르드끼 버물러서 주고 그랬어. 지금인게 식구 없은게 내가 참 양반이로 편허네. 넘의 식구 많 적으는 헐 수가 없어. 그리도 싱건지 담고, 그놈 무치고, 그놈 아식아식 쓸어서 양념히서 무쳐 노먼 그것도 세 가지여. 한 가지가 그랬지.

1.8.6. 평상 죽는 날까지 그러다 죽는 거여

문 근데 따님들은 시집가기 전에 김치 담는 거 다 배웠어요?

답 다 배웠지. 내가 저렇게 어디 밭에라도 간게. 그전이는 바닷갓에 가, 젓도 밀어야 허고 나도 나도 젓 많::이 민 사람인게. 아까 마포떡 헌 거 그런 것으로 세화젓 우리 많이 밀어서 팔어 먹었어. 인자 바닷가 가먼 저녁 때 가는 때도 있고, 해 다 갈 때 가는 때도 있고, 해장으 가는 때도 있고 근게. 아침에 해장 새복으{새벽에} 갈라먼 저그들 학교 가야 헌게, 밥히 놓고 감선 깨 놓고 가. 밥 챙겨서 먹고 가라고.

문 따님들은 결혼하기 전에 김치 담글 줄 알았어요?

답 다:: 알았어, 우리 집 아뜰은{아이들은}.

문 따님 네 명이 다?

답 응, 우리 손지딸까지 다 알어. 우리 소라만 안직 몰라. 우리 외손지딸이 나한테서 컸거든. 저그 어메 서울로 이사가고. 그 서른한 살 먹은 놈. 가도 잘 담어, 잘 담어. 내가 담은 놈 같이 안 맛나다고 저번날 전화왔데.

문 (김장용 배추 모종 심는 것 보고) 철철이 애쓰시네요, 할머니.

답 뭔 애써. 이런 거 히서 먹는 재미지. 사람이 이런 거 허는 재미지. 먹는 것보담도 허는 재미로 늙으면 뭣이라도 히야 내 몸이 *** 그러지 뭐. 이것이 뭔 애써. 안 써.

문 그러면 이렇게 밭에다가 이렇게 채소들 철철이 갈아드시는 거 시집오셔서도 계속 이렇게 하신 거예요. 지금까지?

답 그러먼. 그러지. 우리는 인날아{옛날에} 큰애기 때부텀 해 먹었지. 왜그냐먼 큰애기 때는 맨:: 밭이여 우리 친정이. 전답이 많은게. 거기서 히 먹고. 오메가 허는디 본게. 히 먹고. 이집으로 와 갖고는 또 인자 여그서 히 먹고 살고. 평상 죽는 날까지 그러다 죽는 거여. 뭣이라도 허고 자퍼서{싶어서} 돌아댕겨야지. 그냥 놀면 못 써. 빙신되야.

나이가 칠십일곱이먼 그전 같으면 고름장 힜어 인날아는. 인날에 이렇게 칠십 넘드락 산 사람이 있지를 안 힜어. 그전이는. 근디 이렇게 살어. 그니까 여수{여유} 같이. 딸들이 전화히서 어디 안 아프냐고 허먼, "아프던 않다만 어찌끄나." 그러먼 "왜?" 그래. "아이고, 갈 때는 됐는디 어찌게 안 아프고 가야 헐 턴디 어찌끄나." 내가 그 소리여 밤낮 허는 소리가.

"어디 아프지 마, 엄마." 엊저녁으 우리 큰딸이 전화히서 그서, "아프고 자퍼서 아프냐. 아프고 오락허먼 가야허고. 헐 수 없어" 내가 긌당게.

2. 조사된 어휘

2.1. 음식 범주 명칭으로서 '김치'

한국의 전통 발효식품을 대표하는 '김치'라는 음식 범주를 가리키기 위해서 조사지에서 제보자들이 교체적으로 사용하는 어휘는 모두 3가지다. 즉 '지', '짐치' 그리고 '김치'다.

(1) 지
(2) 짐치
(3) 김치

이중 (3)김치는 표준어로 『표준국어대사전』에 등재되어 있다. (1)지는 김치를 가리키는 형태적 변이형(morphological variant)으로서 전라도 방언형이고, (2)짐치는 김치의 옛말(이태영 2000)이면서 김치에 대한 음운적 변이형 (phonological variant)으로서 전라도 방언형이다. 그 사용 빈도를 연령 변수의 측면에서 살펴보면, 인터뷰에서 김치에 대한 진술을 할 때 상대적으로 젊은 50대 제보자의 경우 '김치'를 주로 사용하였고, 70대의 노인 제보자들의 경우 '지'나 '짐치'를 주로 사용하였다. 다시 말해서, 제보자들이 일상적으로 음식 범주 명칭이나 개별 김치의 명칭을 지시하기 위해서 단일어휘소나 접미사로서 주로 사용하는 것은 표준어 '김치'보다는 전라도 방언형인 '짐치' 또는 '지'인 것으로 조사되었다.

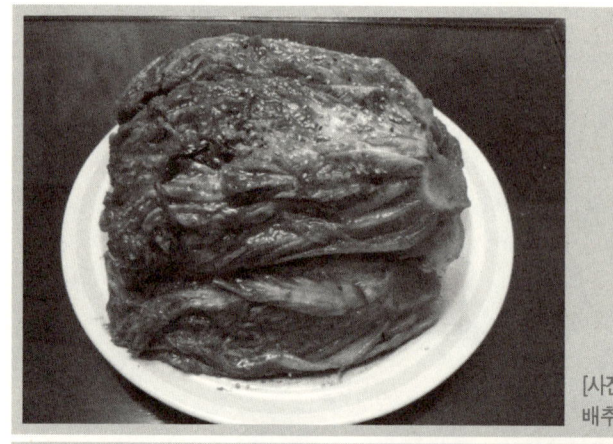

[사진 6]
배추짐치 / 배추지 / 폭지

[사진 7]
물짐치 / 싱건지

그리고 (1)지의 경우 『표준국어대사전』의 '지⁴'에 경북, 전라 지역의 김치의 방언으로 나와 있다. 그리고 (2)짐치의 경우 강원, 경기, 경상, 전남, 충청, 함경의 김치의 방언으로 나와 있다. 그런데 이번 조사에서 전라북도에서도 '짐치'가 김치의 방언형으로 사용되고 있음이 확인되었다. 따라서 '짐치'가 사용되는 지역을 확장할 필요가 있다. 즉 '전남'을 '전라'로 수정하는 것이 더 적절한 것으로 보인다.

『표준국어대사전』에 의하면, '김치'는 "소금에 절인 배추나 무 따위를 고춧가루, 파, 마늘 따위의 양념에 버무린 뒤 발효를 시킨 음식"으로 정의되어 있고, "재료와 조리 방법에 따라 많은 종류가 있다"고 설명되어 있다.

그런데 제보자들이 김치를 설명할 때 빠지지 않고 나오는 양념 중 두 가지가 더 있는데 바로 '젓갈'과 '생강'이다. 김치를 직접 담가 먹는 사람의 입장에서 김치를 인식하고 구분할 때 김치 양념의 사용이 중요한 것(조숙정 2007 참조)이라고 한다면, '김치'의 정의를 제시할 때 생강과 젓갈을 포함시키는 것이 더 적절할 것으로 여겨진다. 따라서 음식 범주로서 '김치'는 '소금에 절인 배추나 무 따위를 고추, 마늘, 생강, 젓갈 따위의 김치 양념에 버무려 담가 숙성시켜 먹는 음식'으로 정의할 수 있을 것이다.

2.2. 금치

'김치'와 관련해서 '금치'라는 흥미로운 표현이 있다. '금치'는 '배추 같은 김칫거리가 비싸서 김치 담그는 비용이 많이 든 김치'를 가리키는 말로 '특히 배추김치와 관련된 표현'이다. 여름이나 김장철에 배추 가격이 폭등하여 김칫거리 값이 너무 비쌀 때 "김치가 아니라 금치다"라는 말을 쉽게 들을 수 있다.

이것은 김치가 '금(金)'처럼 비싸다는 것을 표현하기 위해서 '김치'의 첫 자 '김'을 '금'으로 살짝 발음 변형을 시킨 유희적 또는 풍자적 표현이다. 한자 '金'이 '금'과 '김'으로 모두 읽히는 음운적 특성을 이용한, 아주 재치 있는 말놀이(verbal play)로 이해된다. 한국인의 밥상에서 빠질 수 없는 가장 기본 반찬이고, 그래서 흔한 음식인 '김치'가 금처럼 귀하고 비싼 '금치'가 된 것이다.

사실 '금치'라는 말은 김칫거리가 비싸서 비싼 김치를 담가 먹어야 할 때면 일상적으로 쉽게 접할 수 있는 어휘임에도 불구하고 아직 사전에는 등재되어 있지 않다. 『표준국어대사전』에 등재된 '금치'는 '김치'의 경기 방언으로 기술되어 있을 뿐이다. '금치'는 김치와 관련되어 일상적으로 사용되는 생활 어휘로서 고려할 필요가 있을 것이다.

2.3. 김장과 김장김치

김치에 대한 조사 과정에서 2가지 흥미로운 점이 있었다.

첫째, 제보자들과 인터뷰를 시작할 때 김치에 대해 알고 싶다고 하면 제보자들은 모두 으레 김치를 담그는 과정을 제일 먼저 설명하기 시작했다는 점이다. 조사자의 '김치에 대해 알고 싶다'는 질문이 제보자들에게는 '김치를 담그는 방법과 과정'으로 해석된 것이다. 다시 말해서, 주부로서 일상적으로 김치를 담가온 제보자들에게 김치와 관련해서 중요하게 인식되는 부분은 바로 김치를 담그는 방법과 과정임을 보여주는 것으로 해석이 가능할 것이다.

둘째, 제보자들이 김치 담그는 과정을 설명할 때 다양한 김치의 종류 중에서도 '배추김치' 담그는 것을 기본 전제로 설명하고 있었다는 점이다. 특히 '김장김치'로 담그는 '배추김치'를 염두에 두고 설명을 하였다. 이것은 제보자들에게 '김치'를 대표하는 전형적 범주는 바로 '배추김치'임을 반영하는 것으로 해석할 수 있을 것이다(조숙정 2007 참조). 또한 계절에 따라 다양하게 담그는 김치 중에서도 겨울에 김장으로 담그는 '김장김치'가 김치 담그기의 가장 중심에 놓여 있으며, 이 '김장김치'로 담근 다양한 김치 중에 가장 핵심에 있는 것은 바로 '배추김치'임을 보여주는 것으로 해석된다.

김장은 '일 년의 반양식'을 준비하는 크고 중요한 활동이었던 만큼 김치는 김장 및 김장김치와 바로 연결되는 것으로 이해된다. 여기서는 김장 및 김장김치와 관련된 김치 관련 명칭을 정리하고자 한다.

2.3.1. 김장

1) 김장

'김장'은 김치 담그기와 관련된 행위로서 겨우내 먹기 위하여 김치를 한꺼번에 많이 담그는 일이다.

『표준국어대사전』에서 '김장'은 "겨우내 먹기 위하여 김치를 한꺼번에 많이 담그는 일"이라는 계절적 활동으로서 '김치 담그기'와 "또는 그렇게 담근 김치"라는 그러한 활동의 결과물인 음식으로서 '김치' 두 가지를 모두 의미하는 것으로 정의되고 있다.

그런데 제보자들이 '김장'이라는 말을 사용했을 때는 후자보다 전자의 의미로, 즉 계절적 활동의 결과물로서 음식 김치보다는 계절적 활동인 김치 담그기를 의미하는 것으로 사용했다. 그리고 후자에는 다른 지시적 어휘(김장김치)를 사용하고 있었다. 따라서 일상적으로 실제 사용되는 측면에서 볼 때 '김장'과 '김장김치'의 어휘 및 의미적 구별이 필요할 것으로 보인다.

2) 짐장

'짐장'은 김치 담그기와 관련된 행위로서 겨우내 먹기 위하여 김치를 한꺼번에 많이 담그는 일을 가리키는 '김장'의 전라도 방언형이다.

『표준국어대사전』에 '짐장'은 경상, 함경 지역에서 사용되는 '김장'의 방언으로 설명되어 있다. 그런데 전라북도 지역에서도 사용되고 있는 것이 확인된다. 따라서 사용 지역에 '전북'이 추가되어야 할 것이다.

2.3.2. 김장김치

1) 김장김치

'김장김치'는 겨우내 먹기 위해 김장한 김치다. 특히 김장한 김치 중 배추김치를 지시하는 경우가 많다. '짐장짐치', '짐장지'라고도 한다.

제보자들은 냉장고나 김치냉장고와 같은 저장 시설의 발달 및 보급으로 김장김치를 일 년 내 먹기도 한다고 진술한다. 한 제보자의 경우 김장김치를 일 년 내 먹고 가끔 생김치나 겉절이를 담가 먹는다고 보고하기도 하였다.

제보자들이 김치 담그는 과정을 설명할 때 다양한 김치의 종류 중에서도 '배추김치' 담그는 것을 기본 전제로 설명하고 있었고, 특히 김장김치로 담그는 배추김치를 염두에 두고 설명을 하였다. 따라서 '김장김치'는 사용되는 맥락에 따라 ① 겨우내 먹기 위해 김장한 김치와 ② 김장한 김치 중 특히 배추김치를 지시하는 다의어(polysemy)로 사용되고 있음을 알 수 있다.

『표준국어대사전』에서 '김장'은 "겨우내 먹기 위하여 김치를 한꺼번에 많이 담그는 일"이라는 계절적 활동으로서 김치 담그기와 "또는 그렇게 담근 김치"라는 그러한 활동의 결과물인 음식으로서 김치를 의미하는 것으로 정의되고 있다. 하지만 제보자들은 '또는 그렇게 담근 김치'라는 계절적 활동의 결과물인 음식으로서 김치를 의미하기 위해 항상 '김장김치'라는 구별된 어휘를 사용하였다. 따라서 일상적으로 실제 사용되는 측면에서 볼 때 '김장'과 '김장김치'의 어휘 및 의미적 구별이 필요할 것으로 보인다.

2) 짐장짐치

'짐장짐치'는 겨우내 먹기 위해 김장한 김치를 가리키는 '김장김치'의 전라도 방언형이다.

3) 짐장지

'짐장지'는 겨우내 먹기 위해 김장한 김치를 가리키는 '김장김치'의 전라도 방언형이다.

2.3.3. 추석김치

'추석김치'는 추석 명절을 지내기 위해 추석 무렵에 담그는 김치를 의미한다.
 이것은 김치의 계절성 및 명절과 관련된 것이다. 겨울에 '김장김치'를 담가 봄까지 먹으면 배추김치가 떨어진다. 그러면 여름에 많이 나오는 오이, 열무 등을 이용하여 김치를 담가 먹는다. 그러다 가을 추석 무렵에 명절을 쇠기 위해서 중갈이배추나 솎음무로 김치를 담그게 되는데 그때 담그는 김치를 '추석김치'라고 한다.

2.3.4. 기타 관련 표현

1) 묵은지

'묵은지'는 해를 넘긴 김장김치로, 보통 김장김치 중 배추김치를 가리킨다. '묵은 짐치'라고도 한다. 표준어형으로는 '묵은 김치'에 해당할 것이다.

겨우살이 먹을거리인 김장김치로서 묵은지가 냉장고, 특히 김치냉장고의 보급으로 다음 김장 때까지도 소비되고 있음이 관찰되었다. 돼지고기나 생선을 넣고 김치찌개 등을 끓이는 데 이용된다.

2) 묵은 짐치

'묵은 짐치'는 해를 넘긴 김장김치로, 보통 김장김치 중 배추김치를 가리킨다. '묵은지'라고도 한다. 표준어형으로는 '묵은 김치'에 해당할 것이다.

3) 생지

'생지'는 ① 아직 익지 않은 막 담은 김치로, 표준어 '날김치', '생김치'의 전라도 방언형이다. 그리고 ② 겉절이를 의미하기도 한다. 예를 들어, 묵은지를 계속 먹다가 생김치가 먹고 싶을 때 담근 겉절이를 생지라고 표현하기도 한다. 보통 [쌩지]로 발음한다.

4) 익은지

'익은지'는 숙성되어 맛이 들은 김치를 의미한다. 표준어형으로는 '익은 김치'에 해당할 것이다.

'생지', '익은지'와 함께 김치의 숙성도를 구별하는 어휘로 '신지'가 전라북도에서 지역말로서 사용되고 있는 것으로(이태영 2000; 조숙정 2007) 보고된다. '신지' 또는 '신 김치'라는 말은 '시어진 김치'를 가리킨다.

5) 햇짐치

'햇짐치'는 새로 나온 김칫거리로 담근 김치로, '짐장지' 또는 '묵은지'에 상대하여 이르는 말이다. 표준어 '햇김치'의 전라도 방언형이다.

2.4. 겉절이

'겉절이'는 김칫거리에 간을 안 하거나 또는 김칫거리를 살짝 절여 담가 익히지 않고 금시로 먹는 김치다. 일반 김치와 달리 담가서 며칠 내에 먹는 김치로 오래 두고 먹는 김치가 아니다. 겉절이는 오래 놔두고 먹으면 '물내'가 나고 맛이 없다.

김치는 기본적으로 저장성 발효식품이다. 때문에 모든 김치는 정도의 차이는 있지만 소금 절임을 한 후 담가 숙성시켜 저장해 두고 먹는다. 이처럼 저장성이 있고 숙성시켜 먹는 일반 김치는 그냥 '김치'라고 통칭한다. 그런데 김치 중에는 익히지 않고 담가서 바로 먹는 용도의 김치의 범주가 있는데, 그것을 일반 '김치'에 상대하여 '겉절이'라고 한다.

『표준국어대사전』에 '겉절이'는 "배추, 상추, 무 따위를 절여서 곧바로 무쳐 먹는 반찬"으로 정의되어 있는데, 이는 정확히 음식의 범주 중 '김치'를 의미하는 것인지 모호하다. 조사자가 김치 관련 다른 소사에서 수집된 자료와 이번 조사의 자료를 종합하여 볼 때, 제보자들이 김치의 일종으로 인식하는 겉절이는 얼갈이나 봄동으로 담근 겉절이, 생채 등을 의미한다. 반면에, '상추겉절이' 같은 것은 김치가 아닌 것으로 구분하여 진술하는 것으로 나타난다.

2.5. 싱건지와 물짐치

모든 김치는 채소 자체에서도 물기가 나오고 양념에서도 물기가 첨가

되기 때문에 기본적으로 어느 정도 김칫국물이 있고 따라서 사실 국물이 없는 김치는 없다. 하지만 제보자들은 국물을 먹기 위해서 김칫국물을 따로 만들어 김칫거리에 부어 담그는 김치, 즉 '싱건지'(물김치)와 그렇지 않은 국물이 없는 그냥 '김치'를 구분하고 있었다.

2.5.1. 싱건지

'싱건지'는 김칫국물을 흥건하게 부어 담근 김치로, 표준어 '국물김치', '물김치'의 전라도 방언형이다. '건들지', '동치미', '열무물김치' 등이 싱건지에 해당한다.

[사진 8] 초록무싱건지

어휘의 사용 빈도상으로 볼 때 70대의 제보자들은 '싱건지'를, 50대의 제보자는 '물김치'를 더 자주 사용하였는데, 이것은 국물김치를 가리키는 '싱건지'가 '물짐치' 또는 '물김치'보다 토착적 표현형임을 반영하는 것으로 이해된다. 한 제보자의 경우는 "여기 사람도 싱건지라고 하는 사람이 있고, 옛날 사람들 말은 싱건지라고 하는 사람이 있고, 요즘 젊은 세대들은

[사진 9] 열무싱건지

다 물김치라고 그러지"라고 직접적으로 진술하기도 했다.

『표준국어대사전』에 '싱건지²'는 전남 지역에서 사용되는 '국물김치'의 방언으로 설명되어 있다. 그런데 전라북도 지역에서도 사용되고 있는 것이 확인된다. 따라서 사용 지역에 '전북'이 추가되어야 할 것이다.

2.5.2. 물짐치

'물짐치'는 김칫국물을 흥건하게 부어 담근 김치로, '국물김치', '물김치'의 전라도 방언형이다.

그런데 여기서 한 가지 주목해야 할 것이 있다. 제보자들이 김칫국물의 양을 구분할 때 2가지 범주를 인지·구분한다는 것이다. 즉 열무물김치(열무싱건지), 배추물김치, 동치미 등과 같이 김칫국물을 많이 붓는 '싱건지'와 달리, 백김치는 싱건지(물김치)보다 국물을 적게 붓는다고 진술한 것이다. 결국 국물의 여부에 따라 김치의 범주는 3범주로 구분될 수 있음을 알 수 있다. 즉 국물이 없는 일반 '김치', 국물을 많이 붓는 '싱건지', '물김치보다 국물을 적게 붓는 김치'다. 그런데 특이한 점은 이 세 번째 범주를 지시하는 어휘소가 이번 조사에서 발견되지 않는다는 것이다(조숙정 2007 참조). 다시 말해서, 김칫국물의 여부로 김치의 범주를 구분할 때 3가지 범주로 구분할 수 있는데, 이중 '김치', '싱건지'와 달리 '물김치보다 국물을 적게 붓는 김치'의 범주에 대한 어휘는 사용되지 않는 것으로 보인다. 따라서 '물김치보다 국물을 적게 붓는 김치'의 범주는 인지적 차원에서 구분은 하지만 그 범주를 지시하는 어휘가 존재하지 않는 숨겨진 범주(covert category)(Casson 1981, 78)인 것으로 해석된다.

2.5.3. 기타 관련 어휘

다음은 김치의 국물과 관련되어 사용되고 있는 기타 어휘를 정리한 것이다.

1) 짓국

'짓국'은 ① 김치의 국물 또는 ② 싱건지를 의미한다. '김칫국'의 전라도 방언형이다.

2) 말국

'말국'은 '국물'의 전라도 방언형이다.
『표준국어대사전』에 '말국'은 '국물'의 잘못으로 설명되어 있다. 전라도 지역에서 실제로 사용되고 있는 어휘이므로 사용 지역을 표기해 주는 것이 더 적절할 것으로 보인다.

2.6. 가닥지와 헌틀지

'가닥지'와 '헌틀지'는 김치를 담그는 행위나 김치를 먹을 때 김치의 형태에 빗대어 붙여진 김치 명칭이다. 상위 범주(superordinate category)의 명칭에 해당한다.

2.6.1. 가닥지

'가닥지'는 배추나 무 등의 머리만 잘라서 줄기를 가닥 채로 담근 김치다. 또는 통으로 담갔다가 먹을 때 머리만 잘라서 가닥으로 먹는 김치를 가리킨다. 표준어형으로는 '가닥김치'에 해당할 것이다.

예전에 어른들이 김치에 칼질을 하면 맛이 없다고 가닥지로 즐겨 먹었다고 한다. 배추김치나 무김치의 머리만 썰어 가지고 김치 가닥을 손으로 쭉쭉 찢어서 밥 위에 똬리처럼 얹고 먹으면서 이로 베어 먹는 것이 훨씬 맛이 있었다.

2.6.2. 헌틀지

'헌틀지'는 2가지 의미로 사용되는 것으로 조사되었다.

① 포기가 아니라 배추나 무의 머리를 잘라서 가닥을 흐트러지게 담근 김치다. 양념은 김치와 마찬가지로 들어가지만, 포기배추김치처럼 포기에 양념을 발라서 담근 것이 아니라 배추 대가리를 잘라서 배추 가닥을 양념으로 마구 '헌틀헌틀' 버무려 담기 때문에 김치 가닥들이 정돈되지 않고 흐트러지게 된다. '헌틀헌틀 버무리는' 김치 담그는 행위와 그 김치의 모

양을 빗댄 이름일 것이다.

② 김장하고 남은 지스러기 재료들을 모아다 대강 흐트러지게 담근 김치다. 모양새도 없고 고추 양념도 적어 희멀건 하지만 익으면 맛있다. [헌틈지]라고 발음하기도 한다.

그런데 '가닥지'와 '헌틀지'는 유사 관계에 있다. '가닥지'는 '헌틀지'처럼 김치 재료를 가닥으로 '헌틀헌틀 담근' 김치를 지시하기도 하고, 통으로 담갔지만 먹을 때 머리만 자르고 가닥으로 먹는 김치를 지시하기도 한다. 예를 들어, 얼갈이나 봄동, 열무의 머리만 잘라서 김치를 담그면 가닥으로 담그는 것이기 때문에 '가닥지'이면서 동시에 배추의 포기에 김치 양념을 발라서 담그는 것이 아니라 가닥을 헌틀헌틀 버무려 담그기 때문에 '헌틀지'이기도 하다. 이것은 무엇에 초점을 맞추는가의 문제일 것이다. 다시 말해서, '헌틀지'는 무나 배추의 가닥을 '헌틀헌틀' 버무려 담그는 행위적 형태에 보다 초점을 맞추고 있고, '가닥지'는 김치를 담글 때나 먹을 때 김치 자체의 형태에 보다 초점을 맞추고 있는 명칭으로 이해된다.

2.7. 주재료별 김치의 종류

"김치도 열두 가지"라고 한다. 그만큼 김치를 담그는 재료나 방법도 여러 가지여서 김치의 종류가 다양하다는 뜻일 것이다. 제보자들이 설명하는 김치의 종류도 다양하였다. 이번 조사에서 수집된 김치의 종류는 35가지이며, 개별 김치를 지시하는 데 교체적으로 사용되는 형태적 또는 음운적 변이형을 합하면 68가지의 명칭이 조사되었다.

여기서는 주재료별로 김치의 종류와 명칭을 정리하고자 한다. 김치의 주재료는 크게 3가지로 구분될 수 있다. 즉 '배추', '무', 그리고 '기타 채소'다. 따라서 김치의 종류를 주재료별로 구분하면, 여러 배추 종류로 담근 김치는 '배추김치'(배추지), 다양한 무 종류로 담근 김치는 '무김치'(무시지), 기타 채소로 담근 김치는 '기타 채소김치'로 분류할 수 있다.

2.7.1. 배추김치

이번 조사에서 '배추김치'의 종류로는, 반지, 배추헌틀지, 배추김치(배추지, 배추짐치, 폭지), 배추물김치, 백지(백짐치), 봄동겉절이, 숙지, 얼갈이물김치, 얼갈이배추지(얼갈이배추짐치, 얼갈이지), 조선배추지 등 모두 10가지가 조사되었다.

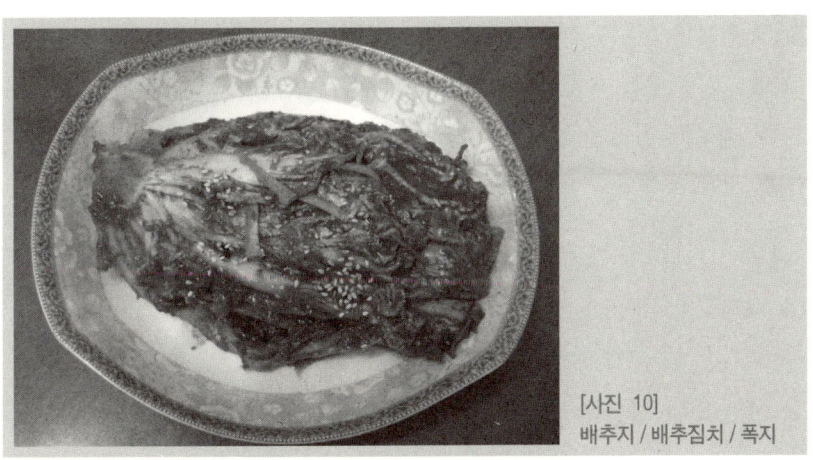

[사진 10]
배추지 / 배추짐치 / 폭지

1) 반지

'반지'는 포기배추에 연붉게 만든 김칫국물을 잘박잘박하게 부어 담근 김치다. 겨울 김장 때 담가 먹는 김치로 배, 사과 등을 갈아서 국물을 만든다. 백김치처럼 국물이 있는 김치지만 싱건지보다는 국물을 적게 붓는

다. 표준어형으로는 '반김치'에 해당할 것이다.

조사지인 어촌에서 실제로 '반지'를 아는 사람은 별로 없는 것 같다. 반지를 보고한 제보자에 따르면, 친정은 고창의 한 농촌 마을로 친정어머니가 담글 때 봤고 시집와서 보니 반지를 담가 먹는 사람들이 없었다. 시집와서 몇 번 담가 먹고는 더 이상 담가 먹지 않았다고 보고한다. 그리고 '반지'라는 김치의 명칭은 고춧가루를 많이 안 넣고 반절만 넣기 때문에 '반지'인 것으로 설명한다.

다른 제보자의 경우 백김치 종류를 노인양반들이 '반지'라고 하는 것을 들었다고 진술하기도 했다.

2) 배추헌틀지

'배추헌틀지'는 배추의 머리를 잘라 배추 가닥들이 흐트러지게 담근 김치다. 배추로 담근 헌틀지에 해당한다. 배추를 포기로 담그는 김치와 대비되는 것으로 보인다.

3) 배추김치

'배추김치'는 ① 배추로 담근 김치로, 배추를 재료로 한 김치를 통칭하는 상위 범주 명칭이다. 상위 범주로서 '무김치'와 대조적 관계에 있다. 또한 ② 배추 중 포기배추로 담근 김치(포기배추김치)를 의미한다. 얼갈이, 봄동, 조선배추로 담근 김치에 상대하여 이르는 말이다. '배추지' 또는 '배추짐치'라고도 한다.

『표준국어대사전』의 '배추김치' 정의는 ②포기배추김치를 지시하는 것으로 이해된다. 그런데 제보자들은 '포기배추'로 담근 배추김치 외에 다른 종류의 배추로 담근 김치를 통칭하는 상위 범주 명칭으로도 '배추김치'를 사용한다. 따라서 '배추김치'는 사용되는 맥락에 따라 ① 배추로 담근 김치와 ② 포기배추로 담근 김치를 지시하는 다의어(polysemy)로 사용되고 있음을 알 수 있다. 그러므로 '배추김치'의 사용 맥락에 따라 의미적 세분화를 고려할 필요가 있을 것이다.

4) 배추물김치

'배추물김치'는 배추로 담근 물김치다. 여름에는 고춧가루를 조금 넣어서 담고 겨울에는 고춧가루를 넣지 않고 담근다.

5) 배추지

'배추김치'의 전라도 방언형이다.

6) 배추짐치

'배추김치'의 전라도 방언형이다.

7) 백지

'백지'는 고춧가루를 넣지 않고 하얀 국물로 담근 배추 물김치로, 국물은 싱건지보다 적게 잘박잘박 할 정도로 붓는다. 김장 때 김장김치의 하나로 담근다. 고춧가루를 넣지 않고 하얀 국물로 담근 김치다. '백김치'의 전라도 방언형이다. '백짐치'라고도 한다.

8) 백짐치

'백김치'의 전라도 방언형이다.

9) 봄동겉절이

 '봄동겉절이'는 봄동배추를 살짝 절여 담근 겉절이 김치로, 보통 줄여서 '봄동'이라고 한다. 봄동겉절이도 헛틀지의 종류다.

10) 숙지

 '숙지'는 배추를 끓는 물에 살짝 데쳐서 담근 김치로 배추김치의 한 종류다. '숙김치'의 전라도 방언형이다.
 김치는 일반적으로 소금에 절이는 전처리 과정을 거치는데, '숙지'는 끓는 물에 살짝 데치는 조리법이 사용되었다. 따라서 일반 김치와의 조리법 차이를 반영하는 '숙(熟)'이 김치의 명칭에 사용되고 있다. 전북 전주시에서는 이 범주의 김치를 지시하는 '삶은 김치'라는 말이 조사되었다.
 『표준국어대사전』에는 '숙김치'가 등재되어 있다. 여기서 숙김치는 "늙은이가 먹을 수 있도록 무를 삶아서 담근 김치", 즉 '무김치'를 가리킨다. 하지만 제보자들에게서 무를 삶아서 담근 김치에 대한 설명은 없었고 얼갈이배추, 봄동 등 배추를 삶아서 담그는 김치, 즉 '배추김치'에 대한 보고가 있다. 따라서 배추김치를 포함하는 '숙김치'로 의미 확장이 필요할 것으로 보인다.

11) 얼갈이물김치

 '얼갈이물김치'는 얼갈이배추를 썰어 담근 물김치다. 고춧가루를 조금만 넣어 담근다.

12) 얼갈이배추지

 '얼갈이배추지'는 ① 얼갈이배추로 담근 김치로, '얼갈이김치'의 전라도 방언형이다. 또한 ② 얼갈이배추와 열무를 섞어 담근 김치를 의미하기도 한다. 열무가 많이 나는 여름에 주로 많이 담가 먹는다. 그런데 제보자들은 얼갈이와 열무를 섞어 담가도 그냥 '얼갈이김치'라고 한다. 반면에, 학술서나 요리서에는 '얼갈이열무김치'라고 보다 구체적인 명칭으로 사용되기도 한다.

얼갈이로만 김치를 담그면 풋내가 나고 오래 먹을 수 없다. 그런데 얼갈이에 열무를 섞어 담그면 풋내도 없애고 오래 두고 먹을 수 있다.

13) 얼갈이배추짐치

'얼갈이김치'의 전라도 방언형이다.

14) 얼갈이지

'얼갈이김치'의 전라도 방언형이다.

15) 조선배추지

'조선배추지'는 조선배추로 담근 김치다. 표준어형으로는 '조선배추김치'에 해당할 것이다.

제보자들에 따르면 예전에는 배추김치는 조선배추로 담근 김치를 의미하였다. 그런데 포기배추가 일반화되면서 포기배추로 담근 배추김치, 즉 '포기배추김치'와 구분하기 위해서 '조선배추김치' 또는 '조선배추지'라는 말을 사용하게 된 것으로 추정된다.

16) 폭지

'폭지'는 포기배추로 담근 김치(배추김치 ②)로, '조선배추지', '얼갈이지' 등과 구분된다. '포기배추김치'라고도 한다.

'폭지'는 여름에 담그면 물내가 나고 맛이 없다. 폭지는 겨울 김장 때 담그는 것이 가장 좋다.

2.7.2. 무김치

이번 조사에서 '무김치'의 종류로는, 건틀지, 깍대기(똑딱지, 쪼각지), 나박김치(나박지, 무시나박지), 나박물김치, 동치미, 빠감지(무시빠감지), 알타리김치(알타리), 열무싱건지, 열무지(열무짐치), 채지(무생채지, 생채, 생채지), 초록무지, 총각지(총각짐치) 등 모두 12가지가 조사되었다.

[사진 11] (무시)빠감지

[사진 12] 알타리김치

1) 건틀지

'건틀지'는 무청이 달린 잔 무로 담근 물김치다. 무를 잎사귀째로 넣고 소금을 뿌려 놓았다가 3일 만에 국물을 붓고 생강, 마늘을 자루에 담아

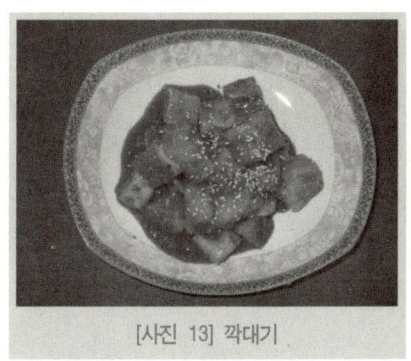 

[사진 13] 깍대기　　　　　　[사진 14] 생채

넣고 담근 싱건지 종류다. 김장할 때 김장김치로 담가서 먹는데, 김장 전에 미리 담가서 익은 다음 김장할 무렵부터 먹기도 한다. 고춧가루가 안 들어간 하얀 물김치다.

오늘날 동치미는 잎사귀 없이 무만 넣고 배추와 갖은 과채를 넣어 풍성하게 담그는 물김치라면, 건틀지는 풍요롭지 못한 시절에 담가 먹었던 물김치인 것으로 대비적으로 이야기된다. 한 제보자는 큰애기 시절 겨울밤에 미영을 잣다가 찐 고구마에 먹던 건틀지를 회상하며 배고픈 세상이라 참 맛이 있었다고 진술하기도 했다.

'건틀지'라는 이름은 '건틀건틀 (또는 건들건들) 담근다'는 데서 유래한 것으로 추정된다. [검틀지], [건틈지], [건들지] 등으로 발음하기도 한다.

『김치백과사전』(2004, 154)에 "재래종 무를 잎사귀째 넣고 파, 마늘, 생강을 채 썰어 주머니에 넣고 봉해 익힌 김치"로 소개된 '검들김치' 또는 '검들지'와 동일한 김치 종류인 것 같다. 『한국민속종합조사보고서』(1984)에만 기록된 것으로 전라도지방에서 제조되는 동치미로 보고되어 있다.

2) 깍대기

'깍대기'는 무를 작고 네모나게 썰어서 담근 김치로, '깍두기'의 전라도 방언형이다. '똑딱지', '쪼각지'라고도 한다.

3) 나박김치

'나박김치'는 ① 무를 두툼하고 큼직하게 나박나박 썰어 담근 김치다. 무를 얇고 작게 썰어 담근 것도 나박김치라고 한다. 또한 ② 무를 작고 얇게 납작납작 썰어서 담근 물김치를 의미하기도 한다.

'나박김치'는 김장김치의 하나로 담그는데, 그 무 자체만으로 김치를 담그기도 하지만, 김장 때 배추김치 속에 한 켜씩 넣어서 담기도 한다. 그래서 옛날에는 손님이 왔는데 반찬이 없을 때는 김치 하나만 헐어도 배추김치와 나박김치 2가지 김치를 상에 올릴 수 있었다. '나박지'라고도 한다.

『표준국어대사전』의 '나박김치'는 "김치의 하나. 무를 얄팍하고 네모지게 썰어 절인 다음, 고추, 파, 마늘, 미나리 따위를 넣고 국물을 부어 담근다"고 설명되어 있다. 이것은 제보자들의 설명 중 ②무를 작고 얇게 납작납작하게 썰어서 담근 물김치에 해당하는 것이다. 그런데 ①무를 크고 두툼하게 납작납작하게 썰어 담근 김치로 진술하는 70대의 제보자들은 '나박김치'는 물김치가 아니라 일반 무김치인 것으로 보고한다. 그러므로 물김치가 아닌 일반 무김치를 의미하는 '나박김치'의 의미 추가가 요구된다.

[사진 15] 나박김치   [사진 16] 배추김치 속 나박김치

4) 나박물김치

'나박물김치'는 무를 작고 얇게 납작납작 썰어서 담근 물김치로, 나박김치 ②에 해당한다.

나박물김치는 무를 얇고 작게 썰기 때문에 다른 무김치 종류와 달리 익히는 기간이 매우 짧다. 그래서 담가서 상대적으로 바로 먹을 수 있는 김치다. 『표준국어대사전』에 등재되어 있는 '나박김치'에 해당한다.

5) 나박지

'나박김치'의 전라도 방언형이다.

6) 동치미

'동치미'는 김장 때 동치미무로 담가 겨울에 먹는 물김치다. 잎사귀 없는 무만으로 담그기도 하고, 배추를 넣어 함께 담그기도 한다. 고춧가루가 들어가지 않은 하얀 물김치다.

7) 똑딱지

'깍두기'의 전라도 방언형이다. 무를 똑딱똑딱 썰어서 담갔다고 해서 붙여진 이름이다.

8) 무생채지

'무생채지'는 무를 채 썰어 담근 김치로, '채김치'의 전라도 방언형이다. '생채지'에 재료인 무를 명시한 것이다. 이것은 김치를 담근 후 익히지 않고 바로 먹을 수 있는 무김치 종류다. '생채', '생채지', '채지'라고도 한다.

보통 '생채' 또는 '채지'라고 많이 한다.

9) 무시나박지

'나박김치'의 전라도 방언형으로, '나박지'에 재료인 무를 명시한 것이다.

10) 무시빠감지

'무시빠감지'는 무청 달린 잔 무에 칼집을 넣어 담근 무김치다. 김치를 버무린 후 세네 개를 똬리를 틀어 하나로 만들어 항아리에 차곡차곡 넣는다. 김장김치의 하나로 담그는 김치다. 그냥 '빠감지'라고도 하는데, 여기에 재료인 '무'를 명시한 것이다. [무시빠금지]라고 발음하기도 한다.

11) 무시지

'무시지'는 무로 담근 김치로, 무를 재료로 한 김치를 통칭하는 상위 범주 명칭이다. 상위 범주로서 '배추김치'와 대조적 관계에 있다. '무김치'의 전라도 방언형이다. '무시짐치', '무지', '무짐치'라고도 한다.

12) 무시짐치

'무김치'의 전라도 방언형이다.

13) 무지

'무김치'의 전라도 방언형이다.

14) 무짐치

'무김치'의 전라도 방언형이다.

15) 빠감지

'빠감지'는 무청 달린 잔 무에 칼집을 넣어 담근 무김치다. 김치를 버무린 후 세네 개를 똬리를 틀어 하나로 만들어 항아리에 차곡차곡 넣는다. 김장김치의 하나로 담그는 김치다. '빠감지'에 재료인 무를 명시하여 '무시빠감지'라고도 한다.

무를 '빠감빠감 해서(빠개서)' 담갔다고 빠감지라고 한다. [빠금지]라고 발음하기도 한다. 전북 전주시에서는 이 김치를 그냥 '무김치'라고 하는 것으로 조사되었다.

빠감지는 동글동글하고 자디잔 무로 담그면 좋다. 가을에 밭에 갈은 무 중에 큰 것은 음식을 해 먹을 때 쓰기 위해서 통에 넣어 보관하고, '나박지', '깍대기', '생채지' 담글 무를 골라내고 나면 이파리 달린 자잘한 무가 남는데 그것으로 '빠감지'를 담근다.

16) 생채

'생채'는 무를 채 썰어 담근 김치로, '채김치'의 전라도 방언형이다. 이것은 깍두기, 나박지와 달리 담근 후 익히지 않고 바로 먹을 수 있는 무김치 종류다. '무생채지', '생채지', '채지'라고도 한다.

『표준국어대사전』에 '생채'는 "익히지 아니하고 날로 무친 나물"로 정의되어 있다. 어휘의 형태는 동일하지만 조사된 어휘와 의미는 다르다. 따라서 의미의 추가가 필요하다.

17) 생채지

'생채지'는 무를 채 썰어 담근 김치로, '채김치'의 전라도 방언형이다.

18) 알타리김치

'알타리김치'는 총각무로 담근 김치로, '총각김치'의 전라도 방언형이다. 전라도에서는 '총각김치'보다는 '알타리김치'가 더 일반적으로 사용된다. '알타리지'라고도 한다.

일상적으로는 그냥 '알타리'라고만 말하기도 한다. 재료인 '알타리무'도 보통 '알타리'라고만 말하지만, 사용 맥락에 의해서 의미 구분이 가능하다.

19) 알타리지

'총각김치'의 전라도 방언형이다.

20) 열무싱건지

'열무싱건지'는 열무로 담근 물김치다. 표준어형으로는 '열무물김치'에 해당할 것이다.

다음은 '열무물김치'를 담그는 과정이다.

[사진 17] 열무 다듬기

[사진 18] 열무 간 절이기

'열무물김치'는 여름에 담가 먹는 대표적인 김치의 하나로, 열무는 여름 김치의 중요한 재료다. 간할 때 열무가 연하기 때문에 너무 오래 절이지 않는다.

[사진 19] 육수 끓이기

[사진 20] 찹쌀죽 쑤기

멸치, 다시마, 양파, 파 등을 넣고 육수를 끓이고 찹쌀죽을 쑨다. 찹쌀죽을 쑬 때 육수를 이용하면 더욱 맛이 좋다. 육수와 찹쌀풀을 식혀 물김치의 국물을 준비한다.

[사진 21] 열무 초벌 버무리기

[사진 22] 국물 붓기

간 절인 열무에 썰어 놓은 갖은 채소와 갈은 물고추의 김치 양념과 찹쌀죽을 섞어 초벌 버무리기를 한다. 준비된 육수를 붓고 소금으로 간을 맞춘다.

예전엔 베 같은 천에 준비된 김치 양념을 밭쳐서 국물을 짠다. 남는 건더기를 버리고 밭친 국물만 열무에 부어 싱건지를 담기도 한다. 예전 돌확에 고추 등을 갈아서 김치를 담글 때는 양념 재료들이 곱게 갈아지지 않기 때문에 점잖게 김치를 담그려면 재료를 밭쳐 찌꺼기를 버리고 그 국물만으로 김치를 담갔지만, 요즘은 믹서나 '고추 가는 기계'를 이용하면 매우 곱게 갈아지기 때문에 굳이 천에 양념을 거르지 않아도 된다.

[사진 23] 김칫통에 담기

[사진 24] 열무물김치

예전에 항아리에 김치를 담아 보관하였다. 요즘은 냉장고나 김치냉장고에 보관하기 좋은 플라스틱 김칫통을 일반적으로 사용한다.

21) 열무지

'열무지'는 열무로 담근 김치로, '열무김치'의 전라도 방언형이다. '열무짐치'라고도 한다.

22) 열무짐치

'열무김치'의 전라도 방언형이다. '열무지'라고도 한다.

23) 쪼각지

'깍두기'의 전라도 방언형이다.

24) 채지

'채지'는 무를 채 썰어 담근 김치로, '채김치'의 전라도 방언형이다. '생채', '생채지', '무생채지' 라고도 한다.

『표준국어대사전』에 등재된 '채김치'는 "배추, 무, 갓 따위를 채 쳐서 담그는 김치"로 정의되어 있다. 따라서 조사지역에서 '채지'라고 하는 것은 사전에 등재된 '채김치'와 의미 차이가 있는데, 즉 사전상의 '채김치'보다 좁은 의미로 무를 채 썰어 담근 김치만을 지시한다.

25) 초록무지

'초록무지'는 초록무로 담근 김치다. 표준어형으로는 '초록무김치'에 해당할 것이다. 초록무지는 익혀서 먹어야 하기 때문에 배추보다 먼저 김장을 한다.

초록무로 싱건지를 담그기도 한다. '초록무싱건지' 또는 '초록무물김치'로 명칭될 수 있는 김치 종류가 전주시에서 조사되었다.

26) 총각지

'총각지'는 총각무로 담근 김치로, '총각김치'의 전라도 방언형이다. '총각짐치'라고도 한다.

27) 총각짐치

'총각짐치'는 총각무로 담근 김치로, '총각김치'의 전라도 방언형이다. '총각지'라고도 한다.

2.7.3. 기타 채소김치

이번 조사에서 '기타 채소김치'로는, 갓지, 고구마순김치(고구마순지, 고구마순짐치), 고들빼기지(고들빼기짐치), 고춧잎짐치, 깻잎김치(깻잎지, 깻잎짐치), 돗나물싱건지, 돗나물짐치, 미나리김치(미나리지, 미나리짐치), 미나리싱건지, 솔김치(솔지, 솔짐치), 양파김치(양파지), 오이속박이(오이지, 오이심지), 파지(파짐치) 등 모두 13가지가 조사되었다.

[사진 25] 갓지

[사진 26] 파지

1) 갓지

'갓지'는 갓으로 담근 김치로, '갓김치'의 전라도 방언형이다. 갓지는 보통 쪽파와 함께 김장김치로 담근다.

[사진 27] 깻잎김치

[사진 28] 미나리김치

2) 고구마순김치

'고구마순김치'는 고구마순으로 담근 김치다. 김치를 담글 때 고구마순을 소금에 살짝 절이는 경우도 있고 뜨거운 물에 살짝 데치는 경우도 있다. '고구마순지', '고구마순짐치'라고도 한다.

예전에는 고구마를 몇 마지기씩 많이 놓았고 김칫거리가 풍족하지 못했기 때문에 고구마순을 뜯어다가 김치를 담가 먹었다. 지금은 잎사귀를 뜯어내고 껍질을 벗겨서 김치를 담그지만 그전에는 껍질도 벗기지 않고 잎사귀째로 김치를 담가 먹었다.

3) 고구마순지

'고구마순지'는 고구마순으로 담근 김치다. 표준어형으로는 '고구마순김치'에 해당할 것이다.

4) 고구마순짐치

'고구마순짐치'는 고구마순으로 담근 김치다. 표준어형으로는 '고구마순김치'에 해당할 것이다.

다음은 '고구마순김치'를 담그는 과정이다.

[사진 29] 고구마순   [사진 30] 고구마순 데치기   [사진 31] 데친 고구마순

고구마순의 껍질을 벗겨 준비한다. 살짝 데친 후 찬물에 헹구어 낸다. 데친 고구마순에 소금을 살짝 뿌려 간 절인다.

[사진 32] 고추 양념 타기   [사진 33] 버무리기

육수와 찹쌀죽을 끓여 준비하고, 갈은 물고추에 고춧가루, 파, 마늘, 생강, 양파 등을 타 김치 양념을 준비한다. 배추와 달리 열무, 고구마순처럼 물기가 많이 나오지 않는 재료로 김치를 담글 때는 육수와 찹쌀죽을 이용하여 김치 양념을 조금 묽게 준비한다. 김치 양념에 고구마순과 다른 부재료를 섞어 버무린다.

[사진 34] 김칫통에 담기

[사진 35] 고구마순김치

5) 고들빼기지

'고들빼기지'는 고들빼기로 담근 김치로, '고들빼기김치'의 전라도 방언형이다. 일상적으로는 보통 줄여서 '고들빼기'라고 한다. 그리고 실제로 [꼬들빼기]로 발음한다.

6) 고들빼기짐치

'고들빼기짐치'는 고들빼기로 담근 김치로, '고들빼기김치'의 전라도 방언형이다.

7) 고춧잎짐치

'고춧잎짐치'는 고춧잎을 물에 담가 노란 물이 빠지면 건져서 물기를 뺀 후 담근 김치다. 표준어형으로는 '고춧잎김치'에 해당할 것이다. 고춧잎을 뜯어 양파 자루에 넣어 물에 담글 때 꽃이 들어가면 '노랑내'{노린내}가 나기 때문에 꽃이 들어가지 않도록 주의해야 한다. [고친닙짐치], [꼬친닙짐치]로 발음하기도 한다.

8) 깻잎김치

'깻잎김치'는 깻잎으로 담근 김치로, 김치를 담글 때 깻잎을 씻어 물기를 뺀 후 간장이 들어간 김치 양념을 발라서 담근다. '깻잎지', '깻잎짐치'라고도 한다.

9) 깻잎지

'깻잎지'는 깻잎으로 담근 김치다. 표준어형으로는 '깻잎김치'에 해당할 것이다.

10) 깻잎짐치

'깻잎짐치'는 깻잎으로 담근 김치다. 표준어형으로는 '깻잎김치'에 해당할 것이다.

11) 돗나물싱건지

'돗나물싱건지'는 돌나물로 담근 물김치로, 고춧가루를 넣지 않고 하얀 국물로 담근다. 표준어형으로는 '돌나물물김치'에 해당할 것이다. [돈너물]이라고 발음하기도 한다.

12) 돗나물짐치

'돗나물짐치'는 돌나물로 담근 김치다. 표준어형으로는 '돌나물김치'에 해당할 것이다. 계절상으로는 음력 2월, 3월쯤 봄에 돌나물을 뜯어다 담가 먹는 김치다. [돈너물]이라고 발음하기도 한다.

13) 미나리김치

 '미나리김치'는 미나리로 담근 김치다. 미나리를 살짝 데쳐서 김치를 담그기도 하고, 미나리를 다발로 묶은 채로 소금물에 간한 후 양념으로 버무려 담그기도 한다. 미나리를 다발로 묶어 담근 김치는 썰어서 상에 내면 보기가 좋다.

 『표준국어대사전』의 '미나리김치'는 "썬 미나리에 채 친 쥐무우, 피망, 파, 다진 마늘, 편을 낸 생강 따위를 섞고 버무려 단지에 넣고, 끓였다가 식힌 소금물을 부어 익힌 김치"로 정의되어 있다. 즉 미나리로 담근 물김치에 해당한다. 그런데 조사된 '미나리김치'는 물김치가 아니라 국물이 없는 일반 김치다. 따라서 의미 추가나 어휘 보충이 필요한 것으로 보인다.

14) 미나리싱건지

 '미나리싱건지'는 미나리로 담근 물김치다. 표준어형으로는 '미나리물김치'에 해당할 것이다.

 『표준국어대사전』의 '미나리김치'는 "썬 미나리에 채 친 쥐무우, 피망, 파, 다진 마늘, 편을 낸 생강 따위를 섞고 버무려 단지에 넣고, 끓였다가 식힌 소금물을 부어 익힌 김치"로 정의되어 있다. 즉 사전상의 '미나리김치'는 미나리로 담근 물김치를 의미하는 것으로, 조사된 '미나리싱건지'와 같은 것이다.

15) 미나리지

 '미나리지'는 미나리로 담근 김치로, '미나리김치'의 전라도 방언형이다.

16) 미나리짐치

'미나리짐치'는 미나리로 담근 김치로, '미나리김치'의 전라도 방언형이다.

17) 솔김치

'솔김치'는 부추로 담근 김치로, '부추김치'의 전라도 방언형이다. '솔'은 부추의 전라도 방언형이다. '솔지', '솔짐치'라고도 한다.

18) 솔지

'부추김치'의 전라도 방언형이다.

19) 솔짐치

'부추김치'의 전라도 방언형이다.

20) 양파김치

'양파김치'는 ① 밑이 들기 전 어린 양파 이파리로 담근 김치다. 또는 ② 이파리 없이 어린 작은 양파를 통째로 또는 조각내어 깍두기 식으로 담그기도 한다. 양파김치는 봄에 담가 먹는데, 소금물에 간하기 위해 담가 놓으면 곱 같은 느른한 물이 빠진다.

21) 양파지

'양파지'는 ① 밑이 들기 전 어린 양파 이파리로 담근 김치다. 또는 ② 이파리 없이 어린 작은 양파를 통째로 또는 조각내어 깍두기 식으로 담그기도 한다. 표준어형으로는 '양파김치'에 해당할 것이다.

22) 오이속박이

  '오이속박이'는 물외를 잘라 십자로 칼집을 넣고 부추 양념을 소로 넣어 담근 김치로, '오이소박이'의 전라도 방언형이다. '오이지', '오이짐치'라고도 한다.

23) 오이지

  '오이지'는 물외를 잘라 십자로 칼집을 넣고 부추 양념을 소로 넣어 담근 김치로, '오이소박이'의 전라도 방언형이다.
  『표준국어대사전』에 '오이지'는 "오이를 독이나 항아리에 담고, 끓여서 식힌 소금물을 부은 뒤에 익힌 반찬"으로 정의되어 있다. 일종의 '장아찌'다. 따라서 '김치' 범주의 '오이소박이'를 지시하는 '오이지'와 구별하여 의미의 추가가 필요한 것으로 보인다.

24) 오이짐치

  '오이짐치'는 물외를 잘라 십자로 칼집을 넣고 부추 양념을 소로 넣어 담근 김치로, '오이소박이'의 전라도 방언형이다.
  『표준국어대사전』에 등재된 '오이김치'는 "오이로 담근 김치"로 정의되어 있고 물김치처럼 보이는 사진 삽화가 제공되고 있다. 따라서 '오이소박이'와는 구별되는 김치인 것으로 보인다.
  다음은 '오이속박이'를 담그는 과정이다.
  먼저 오이를 일정한 길이로 잘라 십자 칼집을 넣은 후 얼간해 놓는다.

[사진 36] 물외 준비　　[사진 37] 칼집 넣기　　[사진 38] 소금 간 절이기

[사진 39] 부추 소 준비　　[사진 40] 오이 초벌 버무리기

[사진 41] 김칫통에 담기　　[사진 42] 오이속박이

부추를 썰어 김치 양념으로 버무려 부추 소를 준비한다. 간 절인 오이를 초벌 버무리기 한 후 오이 하나 하나에 부추 소를 넣는다.

25) 파지

'파지'는 파로 담근 김치로 쪽파뿐 아니라 실파, 어린 대파로도 담근다.

'파김치'의 전라도 방언형이다.

　이상으로 정리한 김치 종류에서 보이는 명칭의 언어적 형태는 몇 가지 측면에서 그 구성적 특징을 살펴볼 수 있을 것 같다.
　첫째, 대부분의 김치 이름은 김치의 주원료가 되는 채소의 이름에 음식 범주 명칭인 '짐치' 또는 '지'를 결합한 형태, 즉 <주재료명+김치 / 짐치 / 지>로 구성되어 있다.
　둘째, '김치'의 종류 중에 김칫국물이 있는 국물김치의 경우에는 명칭을 구분하여 '싱건지' 또는 '물김치'를 주재료명에 결합한 형태, 즉 <주재료명+싱건지 / 물김치>로 구성되어 있다. 다시 말해서, 김칫국물을 부어 담근 김치의 경우, '싱건지' 또는 '물김치'라는 별도의 어휘를 결합시킴으로써 김칫국물을 붓지 않은 일반 김치와 구별하고 있다.
　셋째, 주재료를 전처리하는 조리법에 따라 김치 명칭을 부여하는 경우가 있다. 예를 들어, '나박지'는 무를 '나박나박 써는' 형태에서, '빠감지'는 무를 몇 조각으로 '빠개는' 형태에서, '쪼각지' 또는 '똑딱지'는 무를 '조각으로 써는' 또는 무를 써는 의성어에서 비롯한 '똑딱똑딱 써는' 형태에서 김치의 명칭이 유래하고 있다.
　그런데 여기서 한 가지 더 주목되는 점은, 배추김치의 경우는 김치의 명칭이 배추의 종류에 음식 범주 명칭을 결합한 형태(배추김치, 얼갈이김치 등)가 주를 이루는 반면에, 무김치의 경우는 무를 조리하는 방법과 관련된 의성어나 의태어(건틀건틀, 나박나박, 빠감빠감 등)에서 유래한 명칭 형태가 많다는 것이다.
　넷째, 김칫거리의 모양이나 김치 담그는 형태에 따라 김치 명칭이 부여되는 경우가 있다. '가닥지'처럼 김치를 가닥으로 담거나 가닥으로 먹는가에 따라서 명칭이 비롯되거나 '헌틀지'처럼 김칫거리를 썰어서 순서 없이 흐트러지게 담그는 모양에서 따서 명칭이 붙는 경우도 있다.

김치의 명칭은 '주재료명'에 음식 범주 명칭이 결합된 형태가 가장 많이 사용되고 있으며, 전라도 지역의 언어적 특성에 따라 '김치'의 지역 방언형인 '짐치'나 '지' 결합 형태의 김치 명칭이 가장 높은 빈도로 사용되고 있는 것으로 조사되었다. 그리고 제보자의 연령이라는 사회적 변수를 고려했을 때 70대의 노인 제보자들이 50대의 젊은 제보자보다 지역 방언형인 '짐치'나 '지'가 결합된 형태의 김치 명칭을 일반적으로 더 많이 사용하는 것이 인터뷰 과정에서 관찰되었다.

2.8. 김치 관련 기타 어휘

여기서는 우선 제보자들의 진술을 바탕으로 김치를 담그는 방법 및 과정을 간략히 기술하고, 김치의 재료, 도구 등 관련 어휘를 정리하고자 한다.

2.8.1. 김치 담그는 과정

김치 담그는 과정은 대략 8단계로 볼 수 있을 것 같다. 하지만 이것은 다시 크게 3단계로 구분할 수 있다. 즉 '김칫거리 준비', '양념 준비', '버무리기'다. 김칫거리 준비에는 1), 2), 3) 단계가 포함되고, 양념 준비에는 4), 5), 6), 7)이 포함되고, 버무리기는 마지막 8)이 포함될 것이다.

1) 짓거리 다듬기

김칫거리의 겉대를 떼어 내고 조각을 내거나 칼집을 넣어 재료를 다듬는다. 다른 부재료 채소들도 다듬고 씻어 준비한다.

2) 짓거리 절구기

김칫거리를 소금에 간 절인다. 어촌마을에서는 예전에는 갯물에 김칫거리를 간 절이기도 했다.

3) 짓거리 물기 빼기

소금에 절여 숨이 죽은 김칫거리를 건져 물에 헹구고 채반이나 소쿠리에 담아 물기를 뺀다.

4) 육수 끓이기

멸치, 다시마, 양파, 파 등을 넣고 끓여 육수를 우려내 식힌다. 특히 물김치를 담글 경우 우려낸 육수로 김칫국물을 만들면 더욱 맛있다. 찹쌀죽을 쑬 때도 맹물보다 육수를 이용하면 맛이 더욱 좋다.

5) 찹쌀죽 쑤기

찹쌀이나 찹쌀가루로 죽을 쑤어 식힌다. 찹쌀가루가 없을 때는 밀가루를 이용하기도 한다.

6) 부재료 썰기

당근, 파, 미나리, 부추 등 부재료로 들어가는 채소를 일정한 크기로 썰어 준비한다.

7) 양념 타기

① 마른 통고추를 씻어 물에 불린 후 젓갈, 마늘, 생강 등과 함께 학독(요즘은 기계)에 갈아 물고추를 만든다. 찹쌀죽을 쑤지 않을 때는 밥을 한 덩어리 넣고 함께 간다. 갈은 물고추에 고춧가루 등을 넣어 양념을 탄다.

② 육수와 찹쌀죽에 고춧가루를 개고 찧은 마늘, 생강, 젓 등을 넣어 양념을 탄다.

①은 김장김치가 아닌 일반 김치를 담글 때 양념을 만드는 방식이다. ②는 김장김치를 담글 때 양념을 만드는 방식이다. ①의 물고추를 사용하여 김치를 담그는 것은 '전라도 김치'의 특징이다. 하지만 갈은 물고추를 사용하여 김치를 담그면 고춧가루를 이용한 것보다 빨리 시어지기 때문에 김장김치를 담글 때는 빻은 고춧가루를 이용한다. 다른 계절의 김치보다도 김장김치는 겨우내 먹을 수 있도록 저장성을 확보해야 하기 때문이다.

8) 버무리기

준비된 부재료와 양념을 다라이(큰 대야)에 넣고 섞는다. 준비된 김치 양념에 배추, 무 등을 버무린다.

9) 김칫통에 담아 보관

담근 김치를 한 켜씩 항아리나 김칫통에 담아 보관한다. 냉장시설이 없던 시절에는 김칫독을 땅 속에 묻거나 우물에 넣어 보관하였다. 오늘날은 냉장고나 김치냉장고에 넣어 보관하기 때문에 김치의 숙성을 억제하여 김치를 오랫동안 보관하여 먹을 수 있다.

김치냉장고의 보급으로 김치의 숙성을 억제함으로써 저장성이 확보됨에 따라 김치 담그기와 관련하여 변화가 있는 것으로 보인다. 즉 제보자들은 김장김치를 일 년 내 먹는 것으로 진술한다. 그리고 특히 핵가족을 이루어 도시지역에 거주하는 자녀들에게 김치를 담가 주는 노인들의 경우 과거에 비해 오히려 김장을 하는 양이 많아진 것으로 진술한다.

2.8.2. 김칫거리

1) 짐칫거리

'짐칫거리'는 김치를 담그는 재료로, '김칫거리'의 전라도 방언형이다. '짓거리'라고도 한다.

2) 짓거리

'짓거리'는 김치를 담그는 재료로, '김칫거리'의 전라도 방언형이다. '짐칫거리'라고도 한다.

2.8.3. 재료

1) 가을무시

'가을무시'는 김장용으로 가을철에 나오는 무로, '가을무'의 전라도 방언형이다.

가을무가 햇무보다 수분이 적고 단단하고 단맛도 있기 때문에 김장용 김칫거리로 적절하다. 무가 수분이 많으면 김치를 담갔을 때 빨리 물러 버린다.

2) 깨소금

'깨소금'은 볶은 통깨를 양념용 절구에 찧어 양념으로 사용하는 참깨가루다. '통깨'에 상대하여 이르는 말이다. 깨소금이 통깨보다 더 고소하다. 『표준국어대사전』에 등재된 '깨소금'은 "볶은 참깨에 소금을 치고 빻아 만든 양념"으로 정의되어 있다. 그런데 제보자들이 진술하는 '깨소금'은 "소금이 들어가지 않고 통깨만을 빻은 참깨"를 의미한다. 따라서 사전상의 의미와 일상생활에서의 실제 사용상에 차이가 있는 것으로 확인된다. 예전에는 사전적 의미의 깨소금을 만들어 먹은 것으로 보이며, 오늘날에는 주로 깨만 빻아 만든 깻가루를 깨소금으로 지시하는 것으로 의미 변화가 일어난 것으로 추정된다.

3) 다발배추

'다발배추'는 조선배추나 얼갈이배추를 다발로 묶은 배추로, 다발로 묶어서 나오기 때문에 다발배추라고 한다.

4) 달랑무

'달랑무'는 무청이 달린 잔 어린 무로, 무청째 담그는 무김치의 재료가 된다. 무의 알이 잔 무청 달린 어린 무를 의미하지만, 넓게는 총각무, 초록무 등을 포함하여 무청 달린 잔 무를 통칭하는 것으로 보인다.

[사진 43] 달랑무(1)

[사진 44] 달랑무(2)

[사진 45] 달랑무(3)

5) 대파

 '대파'는 양념으로 사용하는 큰 파로, 쪽파에 상대하여 사용하는 말이다. 예전에는 큰 파도 없고 쪽파를 썰어서 김치를 담갔다. 양파나 대파 같은 양념을 많이 넣으면 김치가 빨리 시어져 버리기 때문에 예전엔 그런 양념을 적게 넣었는데, 요즘은 냉장시설이 발달해서 넣어도 상관이 없게 되었다.

6) 무시

 '무^2'의 전라도 방언형이다. '무수'라고도 한다.

7) 묵은 무

 '묵은 무'는 지난해 나온 가을무를 저장해 놓은 무로, '햇무'에 상대하여 이르는 말이다.

8) 물고추

 '물고추'는 마른 통고추를 물에 불려 갈은 물기 있는 고추다. 젓국, 마늘 등을 넣어 함께 갈기도 한다. '고추 간 놈' 또는 '간 고추' 같이 어구로 표현하기도 한다. 예전엔 '학독'(돌확)에다가 고추를 갈았으나 요즘은 '고추 가는 기계'로 간다.

 전라도 김치의 특징 중 하나는 김치를 담글 때 바로 이 물고추를 사용하는 것이다. 그런데 김장김치를 담글 때는 고춧가루만 사용하고, 그 외에 김치를 담글 때는 고춧가루와 함께 물고추를 사용한다. 물고추로 김치를 담그면 상대적으로 빨리 시어지기 때문에 상대적으로 오랜 저장성을 확보해야 하는 김장김치에는 사용하지 않는다.

[사진 46] 고추 씻기
[사진 47] 씻어 준비한 고추
[사진 48] 고추 갈기(1)
[사진 49] 고추 갈기(2)
[사진 50] 물고추

한 제보자는 '학독'에다가 물고추를 갈아서 김치를 담그는 것은 전라도 전통 같다고 말한다. 1960년대 서울에 갔을 때 서울 사람들은 '학독'에다가 물고추를 갈아서 김치 담그는 것을 모르고, 고추를 씻어서 김치를 담근다고 전라도 사람은 참 깔끔하다는 소리를 듣기도 했다고 한다.

『표준국어대사전』에 올라 있는 '물고추'는 "마르지 않은 붉은 고추"로 정의되어 있다. 그런데 조사된 '물고추'는 '마른 통고추를 물에 불려 물기

있게 간 고추'를 의미한다. 따라서 의미의 추가가 필요할 것이다.

9) 봄동배추

'봄동배추'는 봄에 나오는 어린 배추로, 겨울에 김장 배추를 뽑고 놓아 둔 배추가 봄동배추가 된다. 보통 줄여서 '봄동'이라고 한다.

10) 솎음무

'솎음무'는 솎아 낸 어린 무다.

옛날에는 채소가 풍성하지도 않았고 가을에 포기배추가 나오지도 않았기 때문에 중갈이배추나 솎음무로 추석 김치를 담갔다.

[사진 51] 솎음무

11) 알타리무

'알타리무'는 칼자루만한 크기에 무 끝이 뭉뚝하게 동글한 무로, '총각무'의 전라도 방언형이다. 무청째 담그는 무김치의 재료가 된다. 일상적으로는 그냥 '알타리'라고만 말한다.

『표준국어대사전』에는 '총각무'의 잘못으로 설명되어 있다. 그러나 전라도 지역에서는 일상적으로 '총각무'보다 '알타리무'라는 말이 흔히 사용된다. 따라서 사용 지역이 명기되는 것이 바람직할 것 같다.

[사진 52] 알타리무(1)   [사진 53] 알타리무(2)

12) 얼갈이배추

'얼갈이배추'는 포기가 안 찬 어린 배추다. 일상적으로는 그냥 '얼갈이'라고 말한다. 얼갈이배추만으로 김치를 담그기도 하지만, 여름에는 보통 열무와 섞어서 김치를 담근다.

『표준국어대사전』에 '얼갈이배추'는 "늦가을이나 초겨울에 심어 가꾸는 배추"로 정의되어 있다.

13) 왜무시

'왜무시'는 길쭉하고 굵은 큰 개량종 무로, '조선무'에 상대하여 이르는 말이다. '왜무'의 전라도 방언형이다.

14) 조선무시

'조선무시'는 둥글고 단단한 재래종 무로, '왜무'에 상대하여 이르는 말이다. '조선무'의 전라도 방언형이다.

15) 조선배추

 '조선배추'는 배추 줄기가 길쭉하고 잎사귀가 시퍼렇고 속이 덜 찬 재래종 배추로, '포기배추' 또는 '폭배추'에 상대하여 이르는 말이다.
 예전에는 김칫거리로 조선배추만 있었고 포기배추는 없었다. 조선배추는 무르지 않아 김칫거리로 좋다. 지금은 조선배추는 거의 나오지 않으며 포기배추가 배추김치의 주된 김칫거리가 되었다.

16) 조선파

 쪽파를 '조선파'라고 한다.

17) 중갈이배추

 '중갈이배추'는 포기가 안 찬 어린 배추로, '얼갈이배추'와 같은 말이다. 한 제보자는 중갈이배추가 '포기가 안 찼으니까' 얼갈이배추와 같은 것으로 조사지역에서는 '얼갈이'라고 하는데, 서울이나 다른 지역에서는 '중갈이'라고도 한다고 진술하였다.
 '얼갈이배추'를 보통 '얼갈이'라고 하듯이 '중갈이배추'도 줄여서 '중갈이'라고 하는데, 실제로는 [중거리]로 발음된다.

18) 찹쌀죽

 '찹쌀죽'은 찹쌀가루로 쑨 죽으로, 김치를 담글 때 양념으로 사용된다. '찹쌀풀'이라고도 한다. 찹쌀가루가 있으면 찹쌀로 죽을 쑤지만, 없을 때는 밀가루를 끓여 사용하기도 한다.
 전라도 김치의 특징 중 하나는 바로 김치를 담글 때 이 찹쌀죽을 쑤어 넣는 것이다. 찹쌀죽을 끓여 넣으면 진기가 생겨 김치 양념들이 잘 어우러지고 부드럽다.

19) 초록무

'초록무'는 알타리무보다 길고 굵으며 무 끝이 뾰족하게 뻗은 무로, 무 청째로 담그는 무김치의 재료다. 초록무는 늦게 갈아서 일찍 뽑아내는 김 칫거리다. '무'의 전라도 방언형을 사용하여 '초록무시'라고도 한다.

[사진 54] 초록무(1)

[사진 55] 초록무(2)

20) 포기배추

'포기배추'는 속이 꽉 찬 개량종 배추로, 재래 배추인 '조선배추'와 대조를 이루는 배추 종류다. 이 배추로 담근 김치를 '배추김치' 또는 '포기배추김치'라고 한다. 제보자들은 '포기배추'보다는 '폭배추'라는 말을 주로 사용하였다.
『표준국어대사전』에 등재된 '통배추'를 지시한다.

21) 폭배추

'폭배추'는 속이 꽉 찬 개량종 배추로, 재래 배추인 '조선배추'와 대조를 이루는 배추 종류다. 표준어형으로는 '포기배추'에 해당할 것이다. '폭'은 '포기'의 전라도 방언형이다.

22) 햇무시

'햇무시'는 겨울 지나고 새로 나온 무로, '묵은 무'에 상대하여 이르는 말이다. 표준어형으로는 '햇무'에 해당할 것이다.

2.8.4. 도구

1) 고추 가는 기계

'고추 가는 기계'는 고추를 물기 있게 가는 기계로, 돌확을 대체하여 물고추를 가는 기계다.

[사진 56] 고추 가는 기계

물고추를 가는 도구에 변화가 있었다. 예전에는 김치를 담그기 위해서 집에서 '학독'(돌확)에 고추를 갈았는데, 방앗간에 '고추 가는 기계'가 나오면서 방앗간에 가서 고추를 갈아와 사용하고, 지금은 적은 양은 집집마다 보급된 믹서를 이용해서 고추를 갈아 사용하기도 한다.

제보자들은 이 도구를 '고추 가는 기계' 또는 그냥 '기계'라고 칭할 뿐, 명시적으로 사용되는 지시 어휘가 없는 것으로 보인다. 기계를 이용하여 손님에게 고추를 갈아 주는 채소 가게 주인조차도 그냥 '고추 가는 기계'라고 답하였다.

2) 도굿대

'도굿대'는 곡식 따위를 빻거나 찧을 때 쓰는 공이로, '절굿공이'의 전라도 방언형이다. '절굿대'라고도 한다.

3) 도구통

'도구통'은 곡식을 빻거나 찧으며 떡을 치기도 하는 기구의 용기 부분을 가리킨다. '절구통'의 전라도 방언형이다.

『표준국어대사전』에 경상, 충청 지역에서 사용되는 '절구통'의 방언으로 등재되어 있다. 그런데 전라북도 지역에서도 사용되고 있는 것으로 확인된다. 따라서 사용 지역에 '전북'이 추가되어야 할 것이다.

4) 동우

'동우'는 질그릇의 하나로, 흔히 물 긷는 데 쓰는 것으로써 보통 둥글고 배가 부르고 아가리가 넓으며 양옆으로 손잡이가 달려 있다. '동이'의 전라도 방언형이다.

'동우'는 물을 긷는 데 쓰는 물동이를 의미하기도 하지만, 김치나 젓갈을 담아 두는 '항아리'의 의미로도 사용되고 있다.

『표준국어대사전』에 '동우^2'는 강원, 전남 지역에서 사용되는 '동이'의 방언으로 설명되어 있다. 그런데 전라북도에서도 사용되고 있는 것으로 확인된다. 따라서 사용 지역에 '전북'이 추가되어야 할 것이다.

5) 반대기

'반대기'는 김칫독이나 장독 항아리의 뚜껑으로, '소래기'의 전라도 방언형이다.

『표준국어대사전』에 '소래기'의 잘못, 북한어로 등재되어 있다. 그런데 전라북도 지역에서도 사용되고 있는 것으로 확인된다. 따라서 '소래기'의 잘못으로 설명할 것이 아니라, 사용 지역을 명기하는 것이 바람직할 것이다.

6) 오가리

'오가리'는 아래위가 좁고 배가 부른 질그릇으로, '항아리'의 전라도 방언형이다.

『표준국어대사전』에는 전남 지역에서 사용되는 '항아리'의 방언으로 설명하고 있다. 그런데 전라북도 지역에서도 사용되고 있는 것이 확인된다. 따라서 사용 지역에 '전북'을 추가해야 할 것이다.

예전에는 김치를 오가리에 담아 땅 속에 묻거나 우물 속에 넣어 보관하여 먹었다. 그러나 오늘날은 냉장고나 김치냉장고의 보급으로 김치를 담는 데 플라스틱 용기가 일반적으로 사용되고 있어, 플라스틱 김칫통이 오가리 김칫독을 대체하고 있다.

7) 풀독

'풀독'은 고추, 보리 등을 돌확에 갈 때 쓰는 돌 도구로, 둥글고 한쪽 면이 납작한 돌을 가리킨다. 전북 부안군에서 조사된 어휘다.

8) 포떡개

'포떡개'는 고추, 보리 등을 돌확에 갈 때 쓰는 돌 도구로, 둥글고 한쪽 면이 납작한 돌을 가리킨다. 전북 순창군에서 조사된 어휘다. [포똑]으로 발음하기도 한다.

[사진 57] 풀독(포떡개)과 학독

9) 학독

'학독'은 돌을 우묵하게 파서 절구 모양으로 만든 도구로, 고추, 보리 등을 '풀독' 또는 '포떡개'로 갈 때 사용하는 통 부분을 가리킨다. '돌확'의 전라도 방언형이다. [확독]으로 발음하기도 한다.

옛날에는 '학독'에 고추를 갈아서 학독에서 바로 김치를 버무려

[사진 58] 학독

먹었다. 제보자들은 이구동성으로 학독에 갈아서 담근 김치가 맛있었다고 추억하며 지금은 김치가 그런 맛이 나지 않는다고 했다. 한 제보자는 어린 시절 어머니가 학독에 고추를 갈아서 김치를 담그면 동네 사람들이 학독가에 쭉 앉아서 그 김치를 집어 먹어서 집에 가지고 들어갈 것이 없을 정도로 김치만 담가도 동네잔치 같았다고 회상했다.

『표준국어대사전』에는 '돌확'으로 등재되어 있다.

10) 항

'항'은 간장, 술, 김치 따위를 담가 두는 데에 쓰는 큰 오지그릇이나 질그릇으로, '독'의 전라도 방언형이다. 장독은 '장항', 된장독은 '된장항'이라고도 한다.

『표준국어대사전』에는 전남, 제주 지역에서 사용되는 '독¹'의 방언으로 설명되어 있다. 그런데 전라북도에서는 '독'에 대하여 '항'을 사용하고 있는 것이 확인된다. 따라서 사용 지역에 '전북'이 추가되어야 할 것이다.

2.8.5. 기타 관련 어휘

1) 겉대

'겉대'는 배추나 무 등 푸성귀의 겉쪽에 붙은 줄기나 잎으로, '겉잎'이라고도 한다. '속깡'에 상대하여 이르는 말이다.

2) 군둥내

'군둥내'는 김치 본래의 제 맛이 변하여 나는 좋지 않은 냄새로, '군내'의 전라도 방언형이다.

3) (김치, 젓, 장아찌를) 담다

'담그다'의 전라도 방언형이다. '어떤 물건을 그릇 따위에 넣다'라는 '담다'와 어휘적 형태가 같다. 따라서 '김치를 담아{담가} 접시에 담다'와 같은 문장이 가능하다. 이때 앞의 '담아'는 '김치를 담그다'를, 뒤의 '담다'는 '그릇에 넣다'를 의미한다. 전라도에서는 '담다'가 동음이의어로 사용되고 있음을 알 수 있다. 그러나 사용 맥락에 의해서 의미 구별이 가능하다.

참고로, '김치' 외에도 '젓갈'이나 '장아찌'의 경우에도 '담그다'가 쓰여야 할 자리에 '담다'가 사용되고 있음이 이번 조사에서 확인되었다.

『표준국어대사전』에 강원, 경남, 전남, 평안 지역에서 사용되는 '담그다'의 방언으로 설명되어 있다. 그런데 전라북도 지역에서도 사용되고 있는 것이 확인된다. 따라서 사용 지역에 '전북'이 추가되어야 할 것이다.

4) 둘금

'둘금'은 포개어진 물건의 하나하나의 층으로, '켜'의 전라도 방언형이다.

5) 등걸

'등걸'은 무, 양파 등의 밑으로, 채소 따위 식물의 굵게 살진 뿌리 부분을 가리킨다. '줄거리', '잎삭'(잎사귀)에 상대하여 이르는 말이다. [뚱걸], [뚱글]로 발음하기도 한다.

『표준국어대사전』에 등재된 '등걸'은 "줄기를 잘라 낸 나무의 밑동"으로 정의되어 있어, 이번에 조사된 어휘와 형태는 같지만 의미가 다르다. 따라서 의미의 추가가 필요한 것으로 보인다.

6) 속깡

'속깡'은 배추의 속으로, '속대'라고도 한다. '겉대'에 상대하여 이르는 말이다. '배추 고갱이'를 지시하는 데 사용되는 전라도 방언형이다.

7) 잎삭

'잎삭'은 배추, 무 등 채소의 이파리 부분을 가리키는 말로, '등걸'에 상대하여 이르는 말이다. '이파리' 또는 '잎사귀'를 가리키는 전라도 방언형이다.

8) (김치를) 절구다

'절이다'의 전라도 방언형이다.

『표준국어대사전』에 강원, 충북 지역에서 사용되는 '절이다'의 방언으로 설명되어 있다. 그런데 전라북도 지역에서도 사용되고 있는 것이 확인된다. 따라서 사용 지역에 '전북'이 추가되어야 할 것이다.

9) 줄거리

'줄기''의 전라도 방언형이다. [쭐거리]로 발음하기도 한다.

『표준국어대사전』에 경기, 경상, 충청, 황해 지역에서 사용되는 '줄기''의 방언으로 설명되어 있다. 그런데 전라북도 지역에서도 사용되고 있는 것이 확인된다. 따라서 사용 지역에 '전북'이 추가되어야 할 것이다.

10) 채가서다

(무 등) 채를 썰다.

11) 폭

'포기'의 전라도 방언형이다.

『표준국어대사전』에 강원, 경기, 경북, 전남, 충북 지역에서 사용되는

[사진 59] 채가서다

[사진 60] 채 썬 무

'포기'의 방언으로 등재되어 있다. 그런데 전라북도 지역에서도 사용되고 있는 것이 확인된다. 따라서 사용 지역에 '전북'이 추가되어야 할 것이다.

참고로, '젓갈'과 관련하여 부연 설명을 하고자 한다. 김치를 담글 때 중요한 양념 중 하나가 바로 '젓갈'이다. 부안군에서 김치 관련 어휘를 조사하는 과정에서 여러 가지 종류의 젓갈과 그 지역에서 사용하는 어휘적, 음운적 형태들이 조사되었다. 그런데 조사자는 또한 부안군에서 젓갈업 종사자 및 일반인을 제보자로 '젓갈' 관련 어휘 조사를 수행하였고, 다음 장에서 젓갈 관련 어휘를 정리하고 있다. 따라서 '젓갈'이 김치와 매우 밀접히 관련되지만 다음 장의 어휘들과 중복되기 때문에 여기서는 김치 관련 어휘 조사에서 수집된 젓갈 관련 어휘들의 정리는 생략한다.

2.9. '김치'의 다의어적 사용

지금까지 조사지에서 제보자들과의 인터뷰와 관찰된 바에 따르면, 음식 범주 명칭인 '김치'(지, 짐치)는 사용 맥락에 따라 상이한 대조 단계에서 다의어(polysemy)로 사용되는 것으로 보인다. 따라서 여기서는 마지막으로 '김치'의 다의어적 측면을 간략히 기술하고자 한다.

(1) 음식 범주로서 '김치'를 의미
'김치'는 '소금에 절인 배추나 무 따위를 고추, 마늘, 생강, 젓갈 따위의 김치 양념에 버무린 뒤 발효를 시킨 음식'으로 정의되는 범주의 음식을 통칭한다. 따라서 '김치'는 예를 들면, 저장성 발효식품으로서 '장아찌'와 대조를 이룬다.

(2) '무김치'와 대조를 이루는 범주로서 '배추김치'를 의미
'김치'는 무로 담근 김치와 대조를 이루어 배추로 담근 '배추김치'를 가리킨다.

(3) '물김치'와 대조를 이루는 범주로서 '김치'를 의미
'김치'는 국물이 있는 김치인 '물김치'(싱건지)와 대조를 이루어 국물이 없는 김치인 일반 김치를 의미한다.

(4) '겉절이'와 대조를 이루는 범주로서 '김치'를 의미
'김치'는 숙성 및 저장성과 관련하여 익히지 않고 담가서 바로 먹는 '겉절이' 범주와 구별하여 숙성시켜 먹는 저장성 있는 김치를 의미한다.

(5) 개별 김치 명칭으로서 '배추김치'를 의미
'김치'는 음식 범주 명칭뿐만 아니라 개별 김치를 지칭하는 명칭으로도 사용된다. 즉 굳이 구별하지 않을 때는 개별 김치를 개별 명칭이 아닌 그냥 '김치'라고 한다. 그런데 그 중에서도 특히 '배추김치'를 가리킬 때 그냥 '김치'가 사용된다.

사실 이 장에서 기술된 내용만으로는 '김치'의 다의어적 측면을 기술하는 것은 한계가 있다. 어휘가 사용되고 구분되는 의미 차원과 사용 맥락이 좀 더 구체적으로 제시되어야 하기 때문이다(조숙정 2007 참조). 그럼에도 불구하고 '김치'의 다의어적 사용을 간략하게라도 기술한 것은, '실제 일상생활에서 다양한 사용 맥락과 어휘들 간의 의미 관계에 따라' 사전적으로는 정의되지 않은 어휘의 실제 사용 양상이 있음을 보여주기 위함이다.

제4장 젓갈 관련 말

이 장에서는 전북 부안군 곰소 지역에서 조사된 '젓갈' 관련 어휘의 뜻풀이 및 그 실제 쓰임을 기술하고자 한다.

1. 생애구술

다음은 젓갈 조사와 관련하여 인터뷰한 제보자 중 한 사람인 이영구(46)의 젓갈에 대한 진술이다. 이것은 엄밀한 의미에서 구술자의 생애를 기록한 것은 아니며, 어부의 아들로 태어나 젓갈업에 종사해 온 사람으로서 그가 가지고 있는 자부심과 '젓갈 예찬론'을 짧게 기록한 글이다.

제보자를 인터뷰하는 자리에 그의 어머니와 동생이 함께 하였다. 답1은 제보자의 동생이고 답2는 제보자의 어머니를 지시한다.

[사진 61] 이영구의 젓갈 판매장   [사진 62] 형님의 젓갈 판매장

어부의 아들로 부안군 곰소에서 태어나고 자란 이영구(46)는 현재 80대의 노모를 모시고 형제들과 함께 젓갈업에 종사하고 있다. 그는 초등학교 시절부터 바다에 나갔던 배가 돌아와 '젓거리'를 내리고 젓을 담그는 것을 보고 배우며 성장했고 젓갈 제조 및 판매하는 일이 그의 직업이 되었다.

1.1. 젓갈업 : 국민학교 때부터 젓 담고 그랬으니까

문 그러면 언제 여기에 매장이 들어섰어요?
답 여기가…
답1 구십칠 년.
문 1997년이요? 그러면은 지금 읍내(면소재지) 쪽에 또 하나 있잖아요. 거기가 지금 형수님이 계시는 거예요?
답 예.
문 그럼 원래 매장은 거기에 있었고?
답 예. 곰소에 있었고, 인자 여기로 확장해 가지고 나온 거고.
문 그럼 거기에 처음에 있었던 데는 처음 젓갈사업을 시작하셨을 때부터 거기에 있었던 거예요? 그 자리에?

답 그렇죠. 아니, 자리는 그 자리가 아닌데 그 근방이에요.

문 그러면 첫 매장을 문을 여신 게 대략 언제쯤인지 기억하세요?

답 그때가 한 팔십 년대나 될 거예요. 근데 그 전에는, 인자 판매 형태가 고기를 배를 허면서 배에서 젓을 담어{담가} 가지고, 인자 그 소매상이나 도매상한테 넘겼죠. 근게 지금 젓갈시장이 소매시장이 이렇게 된지는 불과 한 이십 년 됐고, 이십 년 좀 넘었나?

문 80년대 들어서면서 그런 거예요? 이렇게 매장이 본격적으로 들어선 거는?

답 그렇죠. 그전에는 전부다 배에서 젓갈을 담어 가지고 그냥 일반 가게 형태가 아니라, 가내수공업 같이 집에서 담어 가지고 조금씩 알음알음히 가지고 판매를 헌 것이죠.

문 (옆에 있던 제보자의 어머니에게) 할머니도 옛날에 젓갈 담그시고 그러셨어요?

답2 그러지.

문 어장하실 때? 그러면은 젓갈하신 지는 굉장히 오래되신 거네요?

답 여기요? 지금 백년이 넘었어요. 우리 집은. 그래서 저 2000년도엔가 엠비씨 포토 에세이에, 사람들 보면은 우리 어머님이 나오셨는데, 다른 방송도 많이 나갔는데 기억에 남는 방송은 그것뿐인데, 그래서 그때 촬영을 할 때 인자 우리 어머님을 '젓갈 할머니' 히 가지고 촬영한다 해서. 그래 가지고… 사실 어업 하는 사람이나 농사짓는 사람들이 그렇잖아요. 대대로 옛날부터 시골에서 살고 그랬던 사람들이니까. 그러면은 우리가 일본 애들은 전통을 10대, 20대 그걸 인정을 해 주잖아요? 그런데 우리나라 사람들은 안 해 주잖아요. 그러면 농사짓는 사람들도 대대로 옛날부터 조선시대 때부터 그 자리에서 살고 허면서 그 땅을 일구면서 다 살은 사람들인데, 그믄 역사가 몇 백 년이라고. 근데 그걸 인정을 안 해 주

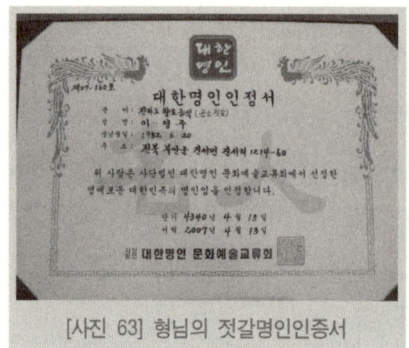

[사진 63] 형님의 젓갈명인인증서   [사진 64] 판매장 내 선전물

니까. 그래서 인자 그때 우리 촬영할 때 이거는 우리뿐만이 아니라, 우리나라 사람들 시골에 사는 사람들 다 마찬가지야. 농사짓는 사람이나 어장을 하는 사람들 대대로 허고 했으니까. 그러면 그 전통을 왜 인정을 안 해주냐? 그랬더니 근거를 대라 이거여. 근거를 어떻게 댈 것이여? 그러면 족보를 보면 알 거 아니냐? 족보를. 어디 살었는가. 그러고 뭘 했는가를. 아, 섬에 살면은 섬에서 뭣 허겄어? 고기잡이밖에 더 허겄소? 농촌에 살믄 농사밖에 더 혀? 농사지면서 뭐 어디 도시에서 직장 다니는 것도 아니고. 그런 관점에서 해 가지고 그런 전통 같은 걸 (인정) 해 줘야 하는데, 우리나라는 무시를 허드라고. 그리고 업신여기고. 그래서 아마 우리가 100년 전통이란 이야기를 처음 했었어요. 방송에서. 근데 100년도 적죠.

문 대대로 곰소 지역에서 살아오신 거고. 근데 여기가 곰소 이쪽 면사무소 있는 데가 원래는 저기 바다였다면서요? 일제시대 때 매립이 되면서 저렇게 땅이 됐다라고 그러는데. 그러면 원래 사셨던 지역은 어디예요?

답 아, 우리 아버님 고향은 지금 새만금 앞에 비안도라는 섬이에요. 그러면은 섬에서 산 사람들이 뭣을 했겄어요? 배밖에 더 했겄냐고.

문 원래 비안도 섬에서 사시다가 이주를 하신 거예요?

답 그렇죠.

문 언제 이쪽으로 이주를 하신 거예요?
답 아주 오래됐죠. 한 오, 육십 년 됐죠.
답2 오::래 되야. 야(아들 이영구를 지칭)도 여기서 낳고 다… 오래 되야.
문 그럼 비안도에서 이쪽 곰소로 오셨을 때는 여기 이미 다 매립돼서 여기가 다 항구가 됐을 땐가요? 그때는?
답 그렇죠. 그러니까 어장을 허면서 본거지를 본거지만 옮긴 것뿐이지, 생활 자체가 바뀌진 건 아니거든요.
문 그럼 어떻게 비안도에서 이쪽 곰소로 이사 나오신 거예요, 할머니?
답2 섬에서 안 살을라고.
문 왜 섬에서 살면 어때서요?
답2 아이구, 시방인게 그지… 아, 그리도 섬도 깨깟하고{깨끗하고} 좋아. 근데 야도 낳고…
답 그래서 이런 거를 조사를 하고 해도 하시는 분들이 그런 관점에서, 근게 이거를 어떤 관점에서 어떻게 접근하느냐에 따라서 보는 사람이나 듣는 사람이 관점이 틀려지는 거거든요.
답2 다 학교도 야들은 다녔어.
답 나도 국민학교 때부터 젓거리, 젓 담고 그랬으니까.
답2 (웃음)
문 지금 연세가 어떻게 되세요?
답 나 마흔여섯이요. 나도 사십 년, 경력이 사십 년이라고.
문 아, 초등학교 다닐 때부터 어깨 너머로 배우셨으니까?
답 어깨 너머로 배운 게 아니라 직접 배에서 잡어 오면은 젓도 담고 팔기도 허고.
문 그 당시에 아직 아버님이 직접 배를 가지고 어장 운영을 하실 때였어요?
답 그렇죠. 우리 집은 배를, 젓 담는 배를 열여섯 척까지 했어요.
문 그러면은 16척씩이나 운영을 하시면 젓거리가 굉장히 많이 나왔을 텐데.

답 여기가 칠산 앞바다라 우리나라 3대 어장의 한 곳이에요. 그래 가지고 여기는…

답2 그전이는 인꼬리 장시가 꽉:: 찼어. 젓거리 받으러 대니는 여자들. 남자들 가오꾼.

문 인꼬리 장시요?

답 예. 인꼬리 장사는 그 다라로 (생선이나 젓거리를) 이고 다니면서 쪼끔씩 인자 소매허시는 분들. 그때는 그 돈의 가치보다도 물물교환 형태였죠. 그거를 가지고 가면 곡식을, 쌀을 바꾼다든지 고구마를 바꾼다든지 과일을 바꾼다든지.

문 그럼 인꼬리 장사하시는 분들은 어떤 분들이에요? 여기 사시는 분들?

답 이 근방 사시는 분들도 계시고…

문 그러면 배에서 그렇게 젓거리를 잡아서 젓 담아 갖고 오면, 그런 분들이 젓을 떼다가, 이렇게 다라이에다 이고 돌아다니면서 판 거예요?

답 그렇죠. 그때는 가을철이니깐, 가을철에는 감이고 밤이고, 곡식 같은 거 물물교환 허고. 그러면 예를 들어서 밤을 갖곤다{가지고 온다}. 이만큼을 갖곤다. 그러면 젓갈을 얼만큼 주고. 어떤 가격의 형태보다도 그때는 물물교환 형태가 더 컸죠.

문 그때라는 것은 구체적으로 몇 년대?

답 칠십 년대, 육십 년대.

답2 정읍 사람들이 많이 댕겼어 여기.

문 정읍에서 여기까지 와서 젓을 떼다가 인꼬리 장사 나가고 그랬다고요?

답 예. 그때는, 지금은 드럼으로 하는데, 젓독아지라고 요만해 가지고…

문 젓독아지요?

답 독. 그래 가지고 배에서 인자 허면은 푸면은 니아카로{리어카로} 지게로 운반하고 하는데. 지금은 도로라도 포장됐는데, 그때는 비포장도로니까 삐끄덕 삐끄덕 허면 (젓독아지가 떨어져) 깨지고.

문 그니까 60~70년대면 이때는 아직은 주로 생산만 해서 이런 분들한테 판매하시고 직접 여기서(판매장에서) 판매를 이런 식으로 하신 건 아니시죠?

답 그렇죠. 이런 매장의 형태가 아니고, 인자 배를 하니까 집에다가 젓탱크도 파놓고. 그렇게 허면은 새우젓 같은 경우는 그냥 포구에다가 퍼 노면은 일반 도매상들이 와가지고 한꺼번에 사가기도 하고.

문 그러면 인꼬리 장사를 하시는 사람들 말고 전문적으로 떼어다가 파시는 분들도 있고 그랬어요? 사업적으로 크게?

답 그렇죠. 도매상들.

문 그런 분들은 어디서 오시는 분들이에요?

답 인자 이 동네에서 그런 거간을 허는 분들이 있었고.

답2 정읍, 부안 사람들 (인꼬리 장시로) 많이 댕겨{다녀}(다녔어).

답 서울이나 그런 데서 광주 같은 데서 대도시에서 와 가지고 드럼으로 흥정해 가지고. 지금은 경매라는 제도가 있는데 그때는 경매 제도가 없어가지고, 그냥 시세에 따라서 예를 들어서 이게 뭐 50만원이다. 10만원이다. 100만원이다. 즉석에서 흥정해 가지고 싣고 가고 그랬어요.

문 그 당시에는 배에서 잡으면 젓거리를 배 위에서 보통 젓을 다 담갔어요?

답 예. 배 위에서. 근데 양이 많으면은 인자. 그때는 매일 매일 배가 들오니까.

문 그러면 담아서 배에서 들어오면 바로바로 나가요? 보통은?

답 나가는 것도 있고, 인자 처지는 거는 인자 젓갈도 담어 놓고.

답2 (젓갈도) 집에서 담고.

답 근게 여기 곰소 앞바다로 해가지고 위도까지 해가지고 영광, 저쪽 고군산 앞바다까지 해가지고 전부다 여기가 칠산 앞바다 칠산어장이라고. 칠산어장이믄 우리나라 3대 어장의 한 곳이거든요. 연평도허고 여기 칠산, 이쪽 흑산도 그래 가지고 고기가 최고 흔했던 데가 여기 칠산어장이에요. 옛날에는 위도 파시 때 되면은 조금 때 되면 곰소 앞바다가 전부다 배들로 메워졌어요. 그렇게 배들도 왔고. 지금은 인자 어자원도 인자 많이 고갈되고 해서 없는데, 그때하고 지금하고는 인자. 그때허고 지금허고는 어떤… 그 과학적으로 기술이나 어구 발달이나 그런 걸로 해 가지고, 지금 한 척이 잡는 게 옛날에 한 다섯 척, 열 척. 그렇게 발전을 한 거죠.

문 그러면 60~70년대에 초기에 젓갈, 곰소에서 젓갈을 그런 식으로 판매하기 시작한 그 무렵부터, 그 무렵에 주로 젓거리로 잡히고 젓 담았던 것들은 어떤 종류들이에요?

답 고노리, 딘팽이, 근게 등…

답1 등피리.

문 고노리하고 딘팽이는 다른 거예요?

답 예. 다르죠. 그리고 밴댕이. 이쪽에서는 인자 송어라고…

답1 밴댕이를 이쪽에서는 송어젓이라 허고.

답2 그때는 조구가{조기가} 이만썩 헌 놈 잡었어{잡혔어}.

답 그 담에 황석어. 이쪽에서는 인자 황새기라고 허고.

답2 중화도 많이 잡고…

문 중화요? 또요? 중화 또 조구? 이게 다 젓거리가 되는 거예요? 이게 지금? 그 당시?

답 예. 그렇죠. 다 젓갈을 담죠. 그리고 또 뭐가 있냐.

답1 갈치.

답 조기.

문 근데 요즘 명란젓이나 이런 젓은 무침만 나오는 거죠?

답 예.

문 그러면 그런 젓갈도 소금에다가 이런 게 염장이 되었다…

답 다 염장된 거요. 여기 파는 거는 다 염장이 된 거요.

1.2. 젓갈 예찬론 : 젓갈이 우리나라 최고의 전통식품의 하나

답 이 젓갈에서는 어류에서는 소금만 대면 다 젓갈이에요. 간이 먹으면은. 근게 옛날에는 고염이였는데 지금 저염 쪽으로 가거든요? 왜그냐면은 짠 거 안 좋네 어찌네 방송에서 하도 나오는데, 이 젓갈은 짜닥 해가지고 우리 몸에 안 좋은 게 아니에요. 왜그냐면 다 발효가 된거라. 이게 그 간수 때문에 그 성분 때문에 그런 것이지, 짠맛 때문에 몸에 안 좋은 건 아니거든요. 간수가 영향이 있지. (간수가) 없는 게 좋지.

지금은 인자 하도 오래되 가지고 기억도 안 나거든요. 그런 것들은 다 많이 잃어버리고{잊어버리고} 그랬는데. 근데 우리는 사실 학문적으로는 이런 거는 몰라요. 어떤 경험이나 그런 걸로 경험상으로 뭘로 해 가지고 아는 것이지. 그거를 어떻게 우리가 표현을 못헐 뿐이지. 왜그냐먼 어떤 표현력이나 근거 자체가 어떤. 근게 젓갈도 이렇게 같이 담아도 맛이 틀리고 그런 거는 어떻게 설명을 해 주야 하는데, 그거는 설명이 아니라 감이나 경험이나 그런 걸로밖에 인식을 못헌다고요. 이거 학문적으로 어떻게 설명을 해 달라. 어떤 식으로 해 달라. 이건 어떻게 되서 어떻게 됐다. 그건 몰르거든요. 그래서 그런 표현을 못허니까 답답한거요. 그러면은 젓갈도 이렇게 담으면은 젓갈뿐만 아니라 어떤 농사도 마찬가지고, 다른 업종에 있는 분들도 마찬가지이지만은, 어떤 자기가 지금까지 평생을 일궈오면서 자기들만의 노하우가 있다고요. 감이. 근게 그런 거는 누구한테 설명을 해도 누가 이해도 못허고, 어떻게 설명도 안 되고, 그런 게 있잖아요.

그래 가지고 이런 것들이 젓갈도 무궁무진해요. 젓갈을 언제 담으며 어떻게 보관을 하고 어떻게 해 가지고 언제 또 내야 되고. 그러면은 예를 들어서 젓갈이 하루 차이만 가지고도 맛이나 향이 영 백팔십도 틀려질 수가 있는 거요. 이 새우젓 같은 경우는 0도에서 숙성을 시켜야 되거든요. 지금 뭐 광천이나 어디 토굴새우젓 뭐 해 가지고, 그런 데 들어가 봐요. 좋은 젓 없어. 왜? 옛날에는 그런 시설이 안 돼 있기 때문에, 그래도 토굴이 온도가 일정해 가지고 그걸 유지를 해 줬는데, 지금은 과학이 발달해 가지고 시설이 얼마나 좋아요. 그런 데다 다 너 놔야지. 새우젓은 일교차 땜이 젓갈이 변하는 게 아니라 계절이 변할 때 젓갈이 변하거든요.

이게 젓갈도 종류별로 다 거시기가 돼야 되요. 같은 온도에서 다 발효시키고 저장허는 게 아니에요. 상온에서 허는 게 있고, 저온에서 허는 게 있고, 실온에서 허는 게 있고. 근데 그런 것들을 체계적으로 해 가지고 그런 시스템을 갖고 해야 하는데.

지금 젓갈이 우리나리의 최고의 전통식품의 하나인데도, 어떻게 보면 최고 비위생적인 식품이거든요. 그러면 국가 정책에서 뭔가 잘못됐다는 거여. 이런 것들은. 정부에서 어떤 시스템을 만들어 주던지, 표준 규격을 만들어 주면 괜찮을 텐데, 단속은 뭐 빠지게 나와 갖고 영세업자들 벌금이나 때리고 허는 식으로 개도를 해주는 게 아니라, 단속을 위해서. 그러면 어떻게, 어떻게 규정이 됐으니 이 규정을 맞춰라 헌다던지 그래야 되는데, 법 *** 이건 안 된다 해 가지고. 지금 젓드람 같은 거, 녹 드륵 드륵 나고 했어도, 그 안에 있는 그 젓갈 갖다가 유해성분 분석해 보면 유해성분 하나도 안 나와요. 소금에서 어떻게 세균이 살어. 못 살거든요. 안 그래요?

그래서 그런 것들 거시기 허고 허는데, 이게 단순히 학문적으로 연구뿐만 아니라, 이런 것들이 앞으로 개선되고 할 수, 앞으로 나갈 수 있는 그런 것들을 뒷받침 돼 주고 해야 되는데.

우리나라 사람들이 젓갈 먹어야 되고 먹을 수밖에 없어. 우리나라 사람뿐 아니라 세계 사람들이 먹어야 되요. 왜 그러는지 알아요? 애뜰이{애들이} 사탕 먹는 거허고 똑같애요. 사탕은 크게 해 주지만, 젓갈은 굳게

해 줘요. 나이 먹으면 뼈든 근육이든 다 풀어지잖아요. 그래서 죽는 거 아녜요? 이 풀어지는 거를 잡어 주는 게 젓갈이라고요. 짠맛이. 그래서 나이 먹으면 짭잘헌 걸 먹는 거요. 우리 어렸을 때 뭐 팝이나 그런 거 듣다가 나이 먹으면 뽕짝 듣잖아요. 음악도 그게 자연현상이라. 나이가 먹으면은 이렇게 바뀌는 게. 그것이 사람이 뭐 어떤 계기가 있어서 바뀌는 게 아니라 자연스럽게 물 흐르는 거 같이. 근게 그런 것들을 다 규명해 주고 해 주야 되는데…

그 짠 거 많이 먹는다 해서 나쁜 거 아니에요. 지금 일반적 의학적으로는 뭐 짜게 먹으면은 뭐가 안 좋네, 뭐가 안 좋네 하는데, 우리 몸에서는 다 그런 거를 소화해낼 수 있는 능력이 있는 거요. 짜게 먹으면 물 몇 그륵(그릇) 더 먹으면 되거든. 짜게 먹으면 물 땡기잖아요. 우리 몸에서는 그런 자정능력을 다 헐 수… 근게 의사들도 진짜 중요헌 것이 뭔지를 모르고 허면서…

2. 조사된 어휘

2.1. 음식 범주 명칭으로서 '젓갈'

'젓갈'은 한국의 전통 수산 발효식품이자 저장식품으로, 그 종류가 100여종에 이르는 것으로 보고된다. 그만큼 매우 다양한 바다 생물이 젓갈의 원료로 사용되고 있는 것이다.

"이 젓갈에서는 어류에서는 소금만 대면 다 젓갈이에요. 간이 먹으면은. 젓갈 못 담는 게 없어요. 다 젓갈 되요"라는 한 제보자의 말처럼, '젓갈'은 바다 생물(어류)과 간을 하는 소금의 결합이 중요함을 알 수 있다. 모든 어류를 소금으로 절이면 그것이 곧 젓갈이 되는 것이다.
　이렇게 수산물을 소금으로 절여 숙성시킨 음식 범주를 지칭하기 위해서 일반적으로 '젓'과 '젓갈'이 상호 교체적으로 사용되고 있는 것으로 나타난다.

　(1) 젓
　(2) 젓갈

　이 두 어휘는 모두 『표준국어대사전』에 등재되어 있다. 『표준국어대사전』에 따르면, '젓'은 "새우, 조기, 멸치 따위의 생선이나, 조개, 생선의 알, 창자 따위를 소금에 짜게 절이어 삭힌 음식. 양념을 넣어서 만들기도 하고 먹기 전에 양념을 하기도 한다"로 정의된다. 그리고 '젓갈'은 '젓으로 담근 음식'으로 설명하고 있다. 그런데 여기서 '젓갈'의 정의는 명료하지가 않다. '젓'과 동일한 범주의 음식을 지시하는 동의어인지, 아니면 '젓'과는 다른 것으로서 '젓'을 이용한 또 다른 범주의 음식을 지시하는 것인지 그 정의가 모호하다.
　어쨌든 『표준국어대사전』에 정의된 '젓'이 의미하는 범주의 음식을 지시하기 위해서 제보자들은 '젓'과 함께 '젓갈'이라는 말을 상호 교체적으로 사용하고 있는데, '젓'과 '젓갈'이 사용되는 빈도나 사용 양상에서 차이가 있는 것으로 보인다. '젓' 또는 '젓갈'을 결합하여 어휘를 구성하는 다음의 사용 사례를 보자.

　　<젓>
　　젓장사
　　젓거리, 젓쪽대, 젓독아지, 젓독, 젓탱크, 젓드럼, 젓 담는 배
　　젓, 젓국, 생젓국, 액젓, 게젓
　　새우젓, 멸치젓, 갈치젓, 황석어젓, 소라젓, 밀젓, 젓을 담다 등

<젓갈>
젓갈장사, 젓갈 집, 젓갈 가게, 젓갈 할머니, 젓갈명인
젓갈업, 젓갈산업, 젓갈업체, 젓갈협회, 젓갈제조, 젓갈공장
젓갈시장, 곰소젓갈, 강경젓갈
젓갈, 젓갈류, 일반젓갈, 무침젓갈, 양념젓갈, 젓갈을 담다 등

위에 열거된 어휘들을 통해서 몇 가지 사실을 정리할 수 있을 것 같다. 첫째, '젓'은 개별 종류의 젓 이름에 붙는다. 전통적으로 먹어 온 오래된 젓에서부터 상대적으로 근래에 개발된 젓에 이르기까지 개별 젓의 이름에는 '젓'이 결합된다. 예를 들어, 새우젓, 황석어젓, 멸치젓, 오징어젓, 골뱅이젓 등이다. 반면에, '젓갈'은 개별 젓의 종류를 특정 의미 차원에 따라 범주화시킬 때 상위 범주의 명칭이나 모든 젓 종류의 총칭으로 사용된다. 예를 들어, '젓갈류', '일반젓갈', '무침젓갈' 등이다. 그런데 여기서 흥미로운 것은, 후자의 명칭들은 젓갈 판매업과 관련되어 상대적으로 근래에 만들어져 사용되는 것 같다는 점이다. 이와 관련하여, 한 제보자의 '젓'과 '젓갈'의 구분에 대한 다음의 진술은 매우 흥미롭다.

> 지금 '젓갈'이라고 하는 것은 포괄적 개념이죠 여러 가지를 부르기 위해서 젓갈이라고 하는 거죠 젓갈 종류를, 예를 들면, 모모모, 무슨 젓갈, 무슨 젓갈 하면 복잡하잖아요 근게 '젓갈' 이렇게 하는 거죠 그냥 '젓'이라고 하는 거는 하나를 인자 지칭했을 때. 예를 들어, 명란젓, 창난젓 했을 때 젓이 들어가는 거고 젓갈 하면은 여러 가지 들어간 개념이고

둘째, 젓과 관련된 전통적인 표현에는 '젓갈'보다는 '젓'이 연결어로 결합된다. 예를 들어, 젓거리, 젓쪽대, 젓독아지 등과 같다.
셋째, 음식으로서 '젓' 자체보다는 젓갈 판매업과 관련된 합성어나 표현들에는 '젓'보다는 '젓갈'이 결합된다. 단적으로 곰소 지역의 젓갈업체들의 상호명은 거의 대부분 '젓갈'을 결합한 형태 구조를 갖고 있다. 예를 들어,

옹고집젓갈, 엄마손젓갈, 곰소젓갈 등과 같다. 그리고 흥미롭게도 학술 연구서들도 '젓'이라는 표현보다는 '젓갈'이라는 표현을 표제어로서 일반적으로 사용하고 있다(서혜경 1985, 1987a, 1987b; 이성희 1986; 서혜경·윤서석 1987; 이미화·공윤조 2004; 문상일 2004 등). 예를 들어, 서혜경(1987a, 2)은 '젓'과 '식해'를 통틀어 '젓갈'로 규정함으로써 '젓'과 '젓갈'의 사용을 구분하고 '젓갈'을 가장 상위의 음식 범주 명칭으로 사용하고 있다.

넷째, 젓갈 판매업자들은 개별 젓의 이름을 언급하는 경우를 제외하고 '젓'보다는 '젓갈'이라는 말을 빈도상으로 더 많이 사용하는 경향을 보인 반면에, 어촌마을에 살면서 직접 젓도 담그는 일반인 제보자의 경우는 '젓갈'보다는 '젓'을 더 많이 사용하는 경향을 보였다. 이때 젓갈 판매업자들이 일반인 제보자보다 상대적으로 연령이 낮다는 점이 흥미롭다. 좀 더 체계적이고 많은 사례 연구가 필요하겠으나, 연령이 하나의 영향 요인으로 작동한다고 볼 때, 이것은 '젓'이 '젓갈'보다 더 토착적 표현임을 반영하는 것으로 해석이 가능할 것이다

정리하면, '젓'과 '젓갈'이 상호 교체적으로 사용되는데, 제보자들의 발화양을 대략적으로 계산해 볼 때, 실제 자연 발화에서는 음식 범주를 지시하기 위해서 '젓'보다는 '젓갈'이 더 많이 사용되는 경향을 보이고 있다. 그리고 많은 학술서도 이 음식 범주를 지칭하는 용어로 '젓'보다 '젓갈'을 더 많이 사용하는 경향을 보인다. 그런데 단일 품목으로서 개별 젓의 이름과 상대적으로 전통적인 젓 관련 표현들에는 '젓갈'보다는 '젓'이 일반적으로 결합되는 형태를 보이고 있다.

그러므로 '다양한 수산 생물을 소금으로 절여 숙성시킨 식품으로 그 자체로 소비되기도 하고 양념으로 무쳐 소비되기도 하는 음식'의 범주를 지칭하는 명칭으로는 '젓'이 '젓갈'보다도 기본적인 명칭인 것으로 추론된다. "젓갈은 젓을 담근 그릇을 뜻했는데, 이제는 젓과 같은 의미로 쓰인다"(이미화·공윤조 2004, 13)는 보고는 이러한 추론이 타당함을 뒷받침해 주는 것

같다.

그러나 실제 사용상에서는 '젓'과 '젓갈'이 상호 교체적으로 사용되고는 있으나, '젓'보다는 '젓갈'이 더 높은 빈도로 사용되는 경향이 있는 것으로 관찰된다.

따라서 조사자는 조사지에서의 이러한 일반적 경향에 맞추어 조사 대상의 범주를 지시하는 명칭으로 '젓갈'을 표제어로 사용하고자 한다.

2.2. 젓갈의 형태

젓갈판매업에 종사하는 제보자들과의 인터뷰와 관찰 내용을 종합해 볼 때 조사지에서 젓갈은 형태별로 크게 5가지 상위 범주로 구분된다. 즉 '일반젓갈', '무침젓갈', '새우젓', '액젓', '게젓'이 그것이다.

이러한 젓갈의 형태 구분 방식은 젓갈판매장의 공간 구분에서도 확인이 된다. 제보자들은 '건어물'과 구분하여 '젓갈류'라는 표현을 사용하여 모든 젓을 포함시키고 있다. '일반젓갈'은 일반 드럼통이나 스테인리스 드럼통에 담겨 진열되고, 따로 명패가 붙어 있는 '무침젓갈'과 '새우섯'은 젓갈의 특성상 냉장보관이 필요함에 따라 냉장시설에 넣어 판매대를 구분하고 있다. 그리고 '액젓'은 플라스틱 용기에 담겨 판매장의 한 쪽에 쌓여 있다. '게젓'은 무침젓갈과 함께 냉장시설에 놓여 판매된다.

여기서 흥미로운 점은 소금에만 절여 담근 '새우젓'이 '일반젓갈'의 다른 젓 종류와 구분되어 따로 하나의 상위 범주를 구성한다는 것이다. 이것은 그만큼 새우젓의 생산 및 판매(소비) 비중이 크다는 것을 반영하는 것이며, 또한 새우젓의 종류가 다른 젓에 비하여 상대적으로 매우 다양하다는 점도 작용한 것으로 해석된다. "새우 종류도 열여덟 가지고 새우젓도 열여덟 가지"라는 말처럼 새우젓은 그 종류가 매우 다양하다.

2.2.1. 일반젓갈

'일반젓갈'은 젓의 원료를 소금에 절여 담근 것이다. 젓갈판매 관련 선전물에는 '기본젓갈'로 표기된 경우도 있다.

젓갈의 가장 기본 형태인 일반젓갈은 그 자체로 밑반찬으로 이용되기도 하고 양념으로 무쳐서 무침젓갈로 먹을 수도 있다. 그리고 삭은 젓에서 액을 추출한 젓국 형태로 김치를 담글 때 조미 양념으로 사용된다.

양념에 무친 젓갈을 말할 때는 젓이나 젓갈 앞에 '무침' 또는 '양념'을 반드시 붙이지만, 보통 일반젓갈을 말할 때는 그냥 '젓' 또는 '젓갈'이라고 말한다.

[사진 65] 드럼통 속 밴댕이젓

[사진 66] 멸치젓

2.2.2. 무침젓갈

'무침젓갈'은 일반젓갈에 고춧가루, 마늘, 깨소금, 고추 등으로 양념을 하여 무친 젓이다. '무침젓'이라고도 하고 '양념젓갈'이라고도 한다. 교체적으로 사용된다. 그런데 제보자들의 발화의 양이나 선전물의 표기에서 '무침젓갈'이 가장 높은 빈도로 사용되는 것으로 관찰된다. 따라서 여기서는

[사진 67] 명란젓   [사진 68] 오징어젓

'무침젓갈'을 이 범주 젓갈을 대표하는 명칭으로 사용하였다.

무침젓갈은 기본적으로 밑반찬으로 주로 소비된다. 하지만 무침젓갈 중 순태젓, 갈치속젓 같이 젓갈의 주원료 형체가 없는 젓갈류는 상추쌈과 같은 쌈을 먹을 때 쌈장용으로 소비되기도 한다. 따라서 '쌈장용 젓갈'은 무침젓갈 중에 상추쌈을 먹을 때 쌈장 용도로 먹는 젓갈이다. 갈치속젓, 순태젓, 밴댕이젓 등이 대표적이다.

'무침용 젓갈'은 일반젓갈 중에 무침젓갈로 이용되는 젓갈이다. 예를 들어, '멸치젓'은 주로 액젓을 빼는 용도로 사용된다. 그런데 멸치젓 중에 추자멸치젓은 양념으로 무쳐서 먹는 무침용 젓갈이다. 추자멸치젓은 액젓을 빼야 맛이 없어서 김치도 못 담근다.

이영구, 이진우 형제를 인터뷰할 때 이야기는 자연스럽고 암묵적으로 기본 형태의 젓갈인 '일반젓갈'과 '새우젓'으로 이야기가 시작되어 진행되었다. 그러던 중 곰소 지역에서 전통적으로 판매하던 젓갈 종류가 아니고 새롭게 들어온 젓갈 종류를 묻자 서슴없이 "명란젓, 창난젓, 아가미젓"을 언급하였다. 이러한 젓갈들이 서해안에서는 나지 않는 명태나 대구와 같은 어종이 원료가 되기 때문에 곰소 지역의 토착 젓갈이 아닌 것이다. 그런데 여기서 흥미로운 점은 이렇게 새로 들어온 대표적인 젓갈들은 모두 '무침젓갈'로 분류되는 젓갈 종류라는 점이다.

2.2.3. 새우젓

'새우젓'은 바다에서 잡은 새우를 소금에 절여 담근 것이다. '새우젓'의 명칭은 2가지 방식으로 사용될 수 있다. 첫째는 젓갈의 주재료에 따른 구분의 상위 범주이고, 둘째는 '일반젓갈', '무침젓갈', '액젓', '게젓'과 대조적 관계에 있는 상위 범주를 지시한다. 여기서는 후자를 의미하는 명칭으로 사용되고 있다.

『표준국어대사전』에 등재된 '새우젓'은 "새우로 담근 젓. 빛이 흰 작은 새우에 소금을 뿌려 담근다"로 정의되어 있다. 그런데 조사자가 여기서 새우젓을 뜻풀이할 때 굳이 "바다에서 잡은 새우"라고 새우의 종류를 제한한 이유는 새우의 종류에는 민물새우도 있는데, 제보자들이 젓갈류를 구분할 때 민물새우로 담근 젓(토하젓)은 '새우젓'에 포함되지 않기 때문이다. 토하젓은 '새우젓'이 판매되는 곳이 아닌 '무침젓갈'이 판매되는 곳에 진열되고, 어떤 제보자도 '새우젓'을 설명하면서 토하젓을 언급하는 사람은 없었다. 따라서 제보자들에게 '새우젓'은 바다에서 잡은 새우로 담근 것으로 인지되고 있는 것으로 보인다.

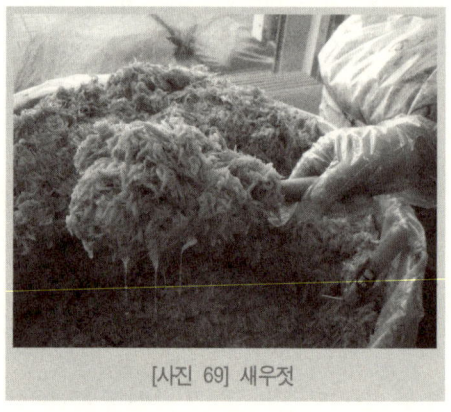

[사진 69] 새우젓

새우젓은 김치 담글 때 사용하는 조미용 젓갈, 일명 '김장용 젓갈'로 가장 많이 소비된다. 특히 10월, 11월 김장철에 많이 판매된다. 물론 밑반찬 젓갈로도 이용된다.

2.2.4. 액젓

'액젓'은 젓이 삭아서 우러나온 국물이다. 액젓은 보통 2~3년 숙성을 시켜야 비린내도 나지 않고 젓국도 많이 나온다.

토착적 어휘는 '젓국'이다. 그런데 요즘은 상품화된 젓국을 가리키는 '액젓'이라는 명칭이 보다 일반적으로 사용되고 있다. 특히 어촌에 사는 70대의 일반인 제보자보다 젓갈판매업에 종사하는 제보자들이 젓국보다 액젓이라는 말을 더 많이 사용하는 것으로 관찰되었다.

액젓은 새우젓과 함께 김치를 담글 때 조미용 젓갈로 주로 소비된다. 또한 국의 간을 맞추는 국거리용이나 호박 같은 나물을 무칠 때도 조미 양념으로 간장처럼 사용된다.

곰소 지역에서 판매되고 있는 액젓류는 멸치액젓, 까나리액젓, 갈치속액젓, 가자미액젓 4종류다. 갈치속액젓과 가자미액젓은 원료 자체가 비싸기 때문에 가격이 월등히 비싸다. 예전에는 가자미가 많이 났는데 지금은 가자미가 많이 나오지 않는다. 그래서 가자미액젓을 판매하는 업체는 거의 없다. 보통 가자미액젓을 제외한 3종류의 액젓을 주로 판매한다.

1) 젓국

'젓국'은 젓갈이 삭아서 우러나온 국물이다. 보통 [쩐꾹]으로 발음한다.

2) 액젓

'액젓'은 젓갈이 삭아서 우러나온 국물로, 특히 상품화되어 판매되는 젓국을 의미한다.

[사진 70] 액젓 코너

[사진 71] 멸치액젓

3) 생젓국

'생젓국'은 달이지 않은 젓국으로, '달인 젓국'에 상대하여 이르는 말이다.

4) 콩간장

'콩간장'은 '간장'을 의미하는 것으로, 콩으로 만든 간장임을 강조한 것이다. '어간장'과 대비적으로 강조하여 말할 때 사용한다.

5) 어간장

'어간장'은 '액젓' 또는 '젓국'을 의미하는 것으로, 액젓이 간장처럼 사용되는 측면을 강조한 것이다. '콩간장'과 대비적으로 강조하여 말할 때 사용한다.

『표준국어대사전』에 등재된 '어간장'은 "물고기의 단백질을 가수 분해 효소 또는 산이나 알칼리로 분해하여 만든 간장"으로 정의되어 있다.

2.2.5. 게젓

'게젓'은 끓여 식힌 간장이나 액젓에 게를 담가 삭힌 것이다. '게장'이라고도 한다.

『표준국어대사전』에 등재된 '게젓'은 "끓여 식힌 간장이나 소금물에 산 게를 담가 삭힌 음식"으로 정의되어 있다. '새우젓'이 "새우로 담근 젓"으로 정의된 것과는 달리 '음식'으로 정의되어 있는 점이 주목된다. 다시 말해서, '게젓'을 '젓갈'로 규정한 것인지 아니면 다른 범주의 음식으로 규정하고 있는 것인지 분명하지 않다.

[사진 72]
무침젓갈 속 게장

1) 게장

[기장]으로 발음하기도 한다. 판매대 명패에는 게장의 절임원인 간장을 명시하여 '간장게장'으로 표기하고 있다.

2) 게젓

[기젓]으로 발음하기도 한다.

『표준어국어대사전』에 '젓'이 "새우, 조기, 멸치 따위의 생선이나, 조개, 생선의 알, 창자 따위를 소금에 짜게 절이어 삭힌 음식. 양념을 넣어서 만들기도 하고 먹기 전에 양념을 하기도 한다"로 정의된 것에 따르면, '젓'은 제보자들이 말하는 '일반젓갈', '무침젓갈', '새우젓'을 포함하는 것이고, '젓국'(액젓)과 '게젓'은 제외되고 있다.

제보자들이 '젓갈'에 대해 진술할 때 '게젓' 또는 '게장'에 대해서는 질문하기 전에는 설명에서 제외시키고 있다는 점이 흥미롭다. '게젓'을 분명 젓갈 종류로 인식하고 구분하고 있음에도 불구하고, 제보자들이 젓갈의 종류나 범주를 이야기할 때 쉽게 언급되지 못하는 것은 '게젓'이 다른 젓갈들과 달리 소금이 아닌 간장이나 액젓을 이용하고 있어 형태적 측면에서 일반적 또는 기본적 젓갈과 차이가 있고, 특히 젓갈 판매업에서 주된 판매 상품이 아니기 때문인 것으로 추정된다. 이것은 『표준어국어대사전』에서 '젓갈'을 규정할 때 '게젓'과 관련된 언급이 빠진 맥락과 상통하는 것으로 이해된다.

2.3. 젓갈 재료의 부위

젓갈은 젓갈에 이용된 원료의 부위에 따라서 크게 4가지로 구분되어 인식된다. 이것은 특히 젓갈의 원료가 생선류일 때 분명하게 드러난다. 즉 생선의 몸 자체를 이용한 젓갈, 생선의 내장만을 사용한 젓갈, 생선이나 게 등의 알을 이용한 젓갈, 그리고 생선의 아가미를 사용한 젓갈이 그것이다. 이러한 구분 방식은 젓갈의 명칭에 결합된 어형에서도 잘 드러난다.

[사진 73] 황석어젓(1)   [사진 74] 황석어젓(2)

2.3.1. 몸체 : 젓

생선의 몸 자체를 이용하여 담근 젓갈은 젓갈의 재료명에 '젓'이 결합된 형태, 즉 <재료명+젓>으로 명명된다. 예를 들어, 가자미젓, 갈치젓, 고노리젓, 까나리젓, 되미젓, 등피리젓, 멸치젓, 밴댕이젓, 뱅어젓, 잡젓, 전어젓, 조기젓, 풀치젓, 황석어젓 등과 같다.

그리고 이렇게 생선의 몸 자체로 담가진 범주의 젓갈은 구분된 명칭이 따로 없고 음식 범주 명칭인 '젓' 또는 '젓갈'로 지시된다.

2.3.2. 내장 : 속젓

생선의 내장 부위를 이용하여 담근 젓갈은 젓갈의 재료명에 '속젓' 또는 '창젓'이 결합된 형태, 즉 <재료명+속젓 / 창젓>으로 명명된다. 예를 들어, 갈치속젓(갈치창젓), 전어속젓(전어밤젓, 전어내장젓) 등이다.

그리고 이렇게 생선의 내장 부위로 담가진 범주의 젓갈은 '속젓'이라는 구분된 명칭으로 통칭된다. 즉 '속젓'은 생선의 내장 부위로 담근 젓이다.

『표준국어대사전』에 등재된 '속젓'은 "조기의 내장으로만 담근 젓"으로 정의되어 있다. 그런데 조사된 '속젓'은 모든 생선류의 내장 부위로 만든 젓으로서 의미가 더 넓다. 따라서 해당 어휘의 의미 확장이 필요한 것으로 보인다.

[사진 75] 갈치속젓(1)   [사진 76] 갈치속젓(2)

2.3.3. 알: 알젓

생선이나 게 등의 알을 이용하여 담근 젓갈은 젓갈의 재료명에 '알젓'이 결합된 형태, 즉 <재료명+알젓>으로 명명된다. 예를 들어, 명란젓, 청어알젓, 꽃게알젓 등과 같다. '명란젓'은 예외적으로 고유어 '알' 대신 한자 '卵'이 결합된 형태다.

그리고 이렇게 생선이나 게 등의 알로 담가진 범주의 젓갈은 '알젓'이라는 구분된 명칭으로 통칭된다. 즉 '알젓'은 생선이나 게 등의 알로 담근 젓이다.

[사진 77] 청어알젓

[사진 78] 꽃게알젓

2.3.4. 아가미 : 아가미젓

생선의 아가미를 이용하여 담근 젓갈은 젓갈의 재료명에 '아가미젓'이 결합된 형태, 즉 <재료명+아가미젓>으로 명명된다. 예를 들어, 대구아가미젓, 명태아가미젓 등과 같다. 그런데 조사지에서는 대구의 아가미로 담근 젓인 '아가미젓'만이 조사되었고, 원료인 대구의 어종명이 생략된 형태로 사용되고 있었다.

[사진 79] 아가미젓

2.4. 주재료별 젓갈의 종류

'어류에 소금 간을 하면 젓갈이 된다. 젓갈 못 담는 것이 없다'는 한 제보자의 말이 시사하는 바와 같이, 젓갈의 종류는 매우 다양하다. 이번 조사에서 수집된 젓갈의 종류는 61가지이며, 개별 젓갈을 지시하는 데 교체적으로 사용되는 형태적 또는 음운적 변이형을 합하면 81가지의 명칭이 조사되었다.

여기서는 주재료별로 젓갈의 종류와 명칭을 정리하고자 한다. 젓갈의 주재료는 크게 4가지로 구분될 수 있다. 즉 '어류', '조개류', '갑각류' 그리고 '연체류'다. 조기, 갈치, 멸치, 전어 등 바닷물고기를 원료로 담근 젓갈은 '어류', 가리비, 바지락, 굴 등 조개를 원료로 담근 젓갈은 '조개류', 새우, 게 등 갑각강(甲殼綱)을 원료로 담근 젓갈은 '갑각류', 그리고 오징어, 꼴뚜기, 낙지, 소라 등 연체동물(軟體動物)을 원료로 담근 젓갈은 '연체류'로 구분하였다.

사실 동물학적으로 젓갈 원료를 분류한다면 '조개류'로 분류한 생물 또한 모두 연체동물에 해당하기 때문에 '연체류'로 구분(문상일 2004, 30 참조)해야 할 것이다. 그러나 조사지에서는 제보자들이 어리굴젓을 포함하여 조개류로 담근 젓을 '조개젓'이라고 총칭하여 다른 연체류 젓갈과 구분하고 있기 때문에 동물계통분류학적으로 이론의 여지가 있음에도 불구하고 이러한 구분 방식을 채택하였다. 앞으로 동물계통분류학적 측면과 민간 지식적 측면의 대조적 관점에서 좀 더 조사가 요구된다.

젓갈에 대한 식품학적 연구에서는 4가지 범주 외에 '어류의 내장류'(서혜경 1985, 122)나 '어패류의 내장·아가미', '어패류의 생식소'(문상일 2004, 30 참조)를 분류 항목으로 구분하기도 한다. 그러나 이러한 분류 항목은 젓갈 원료의 사용 부위와 관련된 것으로, 젓갈 원료 자체의 동물학적 분류 근거에 따른 구분 방식에 또 다른 구분 방식이 혼재된 것으로 이해된다. 예를 들어, '명란젓'은 명태의 내장류 또는 생식소가 사용된 젓갈로 '알젓'에 해당한다. 하지만 명란젓의 원료인 '명란', 즉 명태의 알은 어류인 명태에서 유래한다. 따라서 동물학적으로는 '어류'에 해당하는 젓갈로 분류하여도 큰 무리가 없을 것이다.

2.4.1. 어류

이번 조사에서 '어류'를 원료로 한 젓갈의 종류로는, 가자미액젓, 가자미젓, 갈치속액젓(갈치창액젓), 갈치속젓(갈치창젓), 갈치젓, 고노리젓, 까나리액젓, 까나리젓, 되미젓, 등피리젓(디포리젓, 딘팽이젓), 멸치액젓(멸치젓국), 멸치젓, 명란젓, 밴댕이젓(송어젓), 뱅어젓, 순태젓, 아가미젓, 잡젓, 잡젓국, 전어속젓(전어밤젓, 전어내장젓), 전어젓, 전어젓국, 조기젓, 풀치젓, 창난젓, 청어알젓, 황석어젓(황새기젓, 황숭어리젓, 깡달이젓), 황새기젓국 등 모두 28가지가 조사되었다.

1) 가자미액젓

'가자미액젓'은 삭은 가자미젓에서 걸러낸 젓국이다. 원료 자체가 비싸기 때문에 다른 액젓에 비해 가격이 비싸다.

2) 가자미젓

'가자미젓'은 가자미를 소금에 절여 담근 젓이다.

『표준국어대사전』에 등재된 '가자미젓'은 "가자미를 자른 다음 소금과 고춧가루를 넣어 담근 것"으로 정의되어 있다. 소금에 절여 숙성시킨 후 고춧가루에 버무린다는 것인지, 처음부터 소금과 고춧가루로 젓을 담근다는 것인지가 분명하지 않지만, 아마도 '무침젓갈'을 기본적으로 의미하는 것 같다. 가자미젓의 경우, 기본적으로 '일반젓갈'로 생산되어 '무침젓갈'로 소비될 수 있으나, 보통 액젓의 형태로 소비된다. 하지만 『표준국어대사전』의 정의에 따른다면, 가자미를 소금에 절인 가장 기본적인 '일반젓갈'이 제외되기 때문에 너무 좁게 정의된 것으로 보인다. 따라서 '일반젓갈'

과 '무침젓갈'을 포함할 수 있는 넓은 의미의 가자미젓으로 정의를 하거나, '일반젓갈'과 '무침젓갈'로 의미를 세분하여 다의어적 용어로 정의를 하거나 의미의 확장이 필요할 것으로 보인다.

제보자들에 따르면, 가자미가 나지 않다가 올해 군산에서 가자미가 많이 나왔다. 그래서 군산에서 싼 가격에 가자미를 구입해서 올해 가자미젓을 담갔다.

3) 갈치속액젓

'갈치속액젓'은 삭은 갈치속젓에서 걸러낸 젓국이다. '갈치창액젓', '갈치액젓'이라고도 한다.

4) 갈치속젓

'갈치속젓'은 ① 갈치 내장을 소금에 절여 담근 것으로, 일반젓갈의 종류다. 또는 ② 숙성된 갈치속젓을 양념으로 무친 것으로, 무침젓갈의 종류다. 곰소를 대표하는 젓갈 중 하나다. 갈치속젓은 정확히 말하면 갈치의 창자로 담근 것으로 '갈치창젓'이라고도 한다.

『표준국어대사전』에 등재된 '갈치속젓'은 "갈치의 속만을 모아서 삭힌 젓갈"로 정의되어 있다. 그런데 조사지에서는 '일반젓갈'과 '무침젓갈'로 구분되는 '갈치속젓'이라는 2가지 지시물이 동일 어휘로 구분되고 있어 그러한 구분을 반영하고자 번호를 나누어 뜻풀이를 하였다.

5) 갈치액젓

'갈치액젓'은 삭은 갈치속젓에서 걸러낸 젓국이다. '갈치속액젓', '갈치창액젓'이라고도 한다.

[사진 80] 갈치젓(1)

[사진 81] 갈치젓(2)

6) 갈치젓

'갈치젓'은 ① 갈치를 소금에 절여 담근 젓으로, 일반젓갈의 종류다. 또는 ② 숙성된 갈치젓을 양념으로 무친 젓으로, 무침젓갈의 종류다. 곰소를 대표하는 젓갈 중 하나다.

갈치젓은 갈치가 가을에 나오기 때문에 가을에 담그는 대표적인 젓이다.

7) 갈치창액젓

'갈치창액젓'은 삭은 갈치속젓에서 걸러낸 젓국이다. '갈치속액젓', '갈치액젓'이라고도 한다.

8) 갈치창젓

'갈치창젓'은 ① 갈치 내장을 소금에 절여 담근 젓으로, 일반젓갈의 종류다. 또는 ② 숙성된 갈치속젓을 양념으로 무친 젓으로, 무침젓갈의 종류다. 곰소를 대표하는 젓갈 중 하나다. 갈치창젓은 갈치의 창자, 즉 내장 속으로 담근 것으로 '갈치속젓'이라고도 한다.

9) 고노리젓

'고노리젓'은 고노리를 소금에 절여 담근 것이다. 예전에는 고노리가 많이 나왔기 때문에 고노리젓을 많이 담갔고, 삭은 고노리젓에서 액을 추출하여 김치를 담가 먹었다. 그런데 지금은 고노리가 많이 나지 않기 때문에 고노리젓이 잘 안 나온다.

지역마다 좋아하는 젓갈의 종류가 다른데, 특히 정읍 사람들이 고노리젓을 좋아하고, 부안 하서 사람들은 등피리젓(디포리젓)을 좋아한다.

10) 까나리액젓

'까나리액젓'은 삭은 까나리젓에서 걸러낸 젓국이다.

부안 곰소 사람들은 예전부터 멸치액젓, 황석어젓국, 잡젓국을 많이 먹었다. 까나리액젓은 10년 전부터 알아주기 시작했다.

11) 까나리젓

'까나리젓'은 까나리를 소금에 절여 담근 것이다.

까나리는 젓을 담그면 생선의 형태가 없어지기 때문에 까나리젓은 '젓갈'로는 팔 수가 없고 '액젓'으로만 팔 수 있다.

12) 깡달이젓

'깡달이젓'은 황석어를 소금에 절여 담근 것으로, '황석어젓'의 전라도 방언형이다. '황새기젓', '황숭어리젓'이라고도 한다.

13) 되미젓

'되미젓'은 전어 새끼를 소금에 절여 담근 젓이다. '되미'는 전어 새끼를 가리키는 말이다. 되미젓은 젓보다는 젓국이 맛있다.

되미젓은 곰소젓갈시장에서 판매되는 젓갈 종류는 아니며, 어촌 마을의 일반인 제보자로부터 수집된 젓갈 종류다.

14) 등피리젓

'등피리젓'은 ① 등피리(디포리, 딘팽이)를 소금에 절여 담근 젓으로, 일반 젓갈의 종류다. 또는 ② 삭은 등피리젓을 양념으로 무친 젓으로, 무침젓갈의 종류다. '디포리젓', '딘팽이젓'이라고도 한다.

등피리젓은 고기를 무쳐 놓아도 맛있고 액도 맛있다. 예전에는 등피리(디포리, 딘팽이)가 많이 나왔기 때문에 등피리젓을 많이 담갔고, 삭은 등피리젓에서 액을 추출하여 김치를 담가 먹었다. 그런데 지금은 등피리가 많이 나지 않기 때문에 등피리젓이 잘 안 나온다. 옛날 대비 5~10% 정도밖에 나오지 않는다. 작년과 올해 등피리가 잡히지 않고 있다. 지금도 옛날 사람들은 등피리젓(젓국)으로 김치를 담그려고 한다. 지금도 가끔 노인들이 등피리젓을 사러 온다.

지역마다 좋아하는 젓갈의 종류가 다른데, 특히 부안 하서 사람들이 등피리젓(디포리젓)을 좋아하고, 정읍 사람들은 고노리젓을 좋아한다.

15) 디포리젓

'디포리젓'은 ① 등피리(디포리, 딘팽이)를 소금에 절여 담근 젓으로, 일반 젓갈의 종류다. 또는 ② 삭은 등피리젓을 양념으로 무친 젓으로, 무침젓갈의 종류다. '등피리젓', '딘팽이젓'이라고도 한다.

16) 딘팽이젓

'딘팽이젓'은 ① 등피리(디포리, 딘팽이)를 소금에 절여 담근 젓으로, 일반젓갈의 종류다. 또는 ② 삭은 등피리젓을 양념으로 무친 젓으로, 무침젓갈의 종류다. '등피리젓', '디포리젓'이라고도 한다. [딘펭이젇]으로 발음하기도 한다.

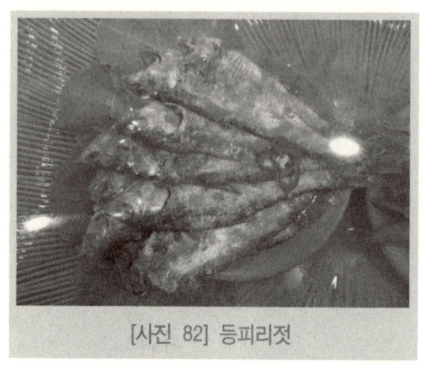

[사진 82] 등피리젓

17) 멸치액젓

'멸치액젓'은 삭은 멸치젓에서 걸러낸 젓국이다. '멸치젓국'이라고도 한다. 부안 곰소 사람들은 예전부터 멸치액젓, 황석어젓국, 잡젓국을 많이 먹었다. 김치 담글 때 멸치젓국과 함께 새우젓을 넣는다.

18) 멸치젓

'멸치젓'은 ① 멸치를 소금에 절여 담근 젓으로, 일반젓갈의 종류다. 또는 ② 삭은 멸치젓을 양념으로 무친 젓으로, 무침젓갈의 종류다. 특히 '추자멸치젓'은 양념으로 무쳐서 먹는 것으로 액을 빼야 하기 때문에 맛이 없어 김치도 못 담근다.

『표준국어대사전』에 등재된 '멸치젓'은 "멸치로 담근 젓"으로 정의되어 있다. 그런데 조사지에서는 '일반젓갈'과 '무침젓갈'로 구분되는 '멸치젓'이라는 2가지 지시물이 동일 어휘로 구분되고 있어 그러한 구분을 반영하고자 번호를 나누어 뜻풀이를 제시하였다.

사실 '젓국'(액젓)의 경우도 '멸치젓'으로 언급이 된다. 이렇게 멸치로 담근 일반젓갈, 무침젓갈, 액젓을 모두 의미하는 가장 상위 범주의 명칭은 바로 '멸치젓'이 될 것이다. 이때 '멸치젓'은 개별 젓갈의 종류이기보다는 상위 범주 명칭으로 '멸치로 담근 일반젓갈, 무침젓갈, 액젓을 통칭'한다. 대부분의 젓갈의 종류가 개별 젓갈의 명칭이면서 상위 범주 명칭으로서 대조 단계에 따라 다의어적으로 사용되는 것으로 보인다. 젓갈의 토착적 어휘를 통한 구분체계는 앞으로 보완 조사를 통하여 좀 더 체계적으로 기술·분석되어야 할 것이다.

19) 멸치젓국

'멸치젓국'은 삭은 멸치젓에서 걸러낸 젓국이다. '멸치액젓'이라고도 한다.
부안 곰소 사람들은 예전부터 멸치젓국, 황석어젓국, 잡젓국을 많이 먹었다. 김치 담글 때 멸치젓국과 함께 새우젓을 넣는다.
멸치젓국과 멸치액젓은 상호 교체적으로 사용되는데, 그 사용 경향이 흥미롭다. '멸치액젓'은 젓갈 판매업에 종사하는 제보자들이 주로 사용하였고, 일반인 제보자는 '멸치젓국'을 주로 사용하는 경향을 보였다. 멸치액젓만 그런 것이 아니라 젓갈 판매업자들은 일반적으로 '젓국'보다 '액젓'이라는 표현을 보다 높은 빈도로 사용하는 경향을 보여 주었다. 그리고 젓갈의 종류에 따라서도 '젓국' 또는 '액젓'의 사용 빈도에 차이가 있는 것으로 보인다. 즉 멸치액젓, 까나리액젓, 갈치창액젓, 가자미액젓과 같이 상품화된 젓국의 경우에는 보통 '액젓'으로 사용되고, 그 외의 젓국은 그냥 '젓국'으로 사용되는 것으로 관찰된다. 그러나 집에서 직접 '멸치젓'을 담가 젓국을 사용하는 일반 제보자의 경우 '멸치젓국'이라는 말을 주로 사용하였다.

20) 명란젓

'명란젓'은 명태의 알(명란)을 소금에 절인 후 양념으로 무친 젓이다. 옛날에는 곰소 지역에 없었던 젓갈로 새로 들어온 젓갈 종류다.

명란젓은 무침젓갈 중에 판매량이 높은 젓갈 중 하나이며, 창난젓, 낙지젓과 함께 미국에 거주하는 한국인에게 보내는 젓갈 추천 품목 중 하나이기도 하다.

21) 밴댕이젓

'밴댕이젓'은 ① 밴댕이를 소금에 절여 담근 젓으로, 일반젓갈의 종류다. 또는 ② 삭은 밴댕이젓을 양념으로 무친 젓으로, 무침젓갈의 종류다. '송어젓'이라고도 한다.

『표준국어대사전』에 등재된 '밴댕이젓'은 "밴댕이로 담근 젓"으로 정의되어 있다. 그런데 조사지에서는 '일반젓갈'과 '무침젓갈'로 구분되는 '밴댕이젓'이라는 2가지 지시물이 동일 어휘로 구분되고 있어 그러한 구분을 반영하고자 번호를 나누어 뜻풀이를 제시하였다.

[사진 83] 밴댕이젓

22) 뱅어젓

'뱅어젓'은 뱅어를 소금에 절여 담근 젓이다.

23) 송어젓

'송어젓'은 ① 밴댕이를 소금에 절여 담근 것으로, 일반젓갈의 종류다. 또는 ② 삭은 밴댕이젓을 양념으로 무친 것으로, 무침젓갈의 종류다. '밴댕이젓'의 전라도 방언형이다. [송에젓]으로 발음하기도 한다.

24) 순태젓

'순태젓'은 갈치속젓과 전어젓을 섞어 함께 갈아 양념으로 무친 것이다. 갈치속젓과 함께 쌈장용 젓갈로 이용되는 대표적인 젓갈이다.

갈치속젓은 약간 비린 맛이 있는데 전어젓을 섞으면 그 비린 맛이 없어지고 고소하다. 젓갈의 비린 맛을 싫어하는 사람에게는 갈치속젓보다는 순태젓이 좋다.

25) 아가미젓

'아가미젓'은 대구 아가미를 소금에 절인 후 양념으로 무친 것이다. 얇은 뼈가 씹히는 것이다. 보다 명시적으로 '대구아가미젓'이라고 하는데, 조사지에서는 그냥 '아가미젓'으로 사용한다.

26) 잡젓

'잡젓'은 여러 가지 생선을 섞어서 소금에 절여 담근 것이다. 옛날에는 잡젓을 많이 담갔다. 지금처럼 단일 품목의 젓갈은 아니었다. 잡젓에서 빼낸 젓국을 끓여서 김치 담그는 데 사용한다.

27) 잡젓국

'잡젓국'은 삭은 잡젓에서 걸러낸 젓국이다.

28) 전어내장젓

'전어내장젓'은 전어 내장을 소금으로 절인 후 양념으로 무친 젓이다. '전어속젓', '전어밤젓'이라고도 한다.

29) 전어밤젓

'전어밤젓'은 전어 내장을 소금으로 절인 후 양념으로 무친 젓으로, 옛날부터 전해져 내려오는 속젓이다. 전어 내장에 있는 밤톨만한 내장으로 담근 젓이라 '전어밤젓'이라고 한다. 쓸개까지 섞어 담기 때문에 씁쓸한 맛이 있다. '전어속젓', '전어내장젓'이라고도 한다.

30) 전어속젓

'전어속젓'은 전어 내장을 소금으로 절인 후 양념으로 무친 젓으로, 옛날부터 전해져 내려오는 속젓이다. '전어밤젓', '전어내장젓'이라고도 한다.

31) 전어젓

'전어젓'은 ① 전어를 소금에 절여 담근 젓으로, 일반젓갈의 종류다. 또는 ② 삭은 전어젓을 양념으로 무친 젓으로, 무침젓갈의 종류다.

전어젓은 액의 색깔이 예쁘게 나오기 때문에 옛날에 멸치젓이 색깔이 안 나오면 멸치젓의 색깔을 예쁘게 내기 위해 섞는 용도로 전어젓을 사용했다. 젓갈업에 종사하는 제보자는 전어젓은 맛이 없어 멸치젓 색깔을 내기 위해서 섞는 용도로 사용했다고 한 반면에, 일반인 제보자는 전어젓은 젓도 먹고 젓국도 먹는데 양념으로 무쳐 먹는 젓도 고소하니 맛있다고 진술하였다. [전에젓]으로 발음하기도 한다.

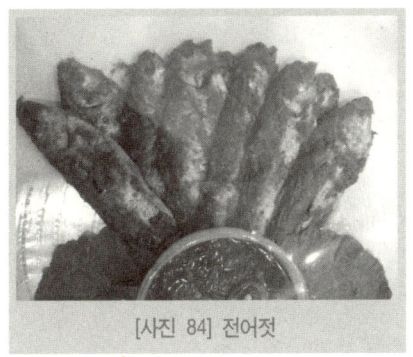
[사진 84] 전어젓

32) 전어젓국

'전어젓국'은 삭은 전어젓에서 걸러낸 젓국이다. [전에쩓꾹]으로 발음하기도 한다.

33) 조기젓

'조기젓'은 ① 조기를 소금에 절여 담근 젓으로, 일반젓갈의 종류다. 또는 ② 삭은 조기젓을 양념으로 무친 젓으로, 무침젓갈의 종류다.

34) 창난젓

'창난젓'은 명태의 창자를 소금에 절인 후 양념으로 무친 젓이다. 젓갈 판매장의 젓갈 명패나 선전물에는 보통 '창란젓'으로 표기되어 있다.
창난젓은 무침젓갈 중에 판매량이 높은 젓갈 중 하나이며, 명란젓, 낙지젓과 함께 미국에 거주하는 한국인에게 보내는 젓갈 추천 품목 중 하나이기도 하다.

35) 청어알젓

'청어알젓'은 청어의 알을 소금에 절인 후 양념으로 무친 젓이다.

36) 풀치젓

'풀치젓'은 ① 풀치를 소금에 절여 담근 젓으로, 일반젓갈의 종류다. 또는 ② 삭은 풀치젓을 양념으로 무친 젓으로, 무침젓갈의 종류다.

갈치 새끼인 풀치로 담근 젓이기 때문에 갈치젓의 일종으로 볼 수 있을 것이다.

37) 황새기젓

'황새기젓'은 ① 황석어를 소금에 절여 담근 젓으로, 일반젓갈의 종류다. 또는 ② 삭은 황석어젓을 양념으로 무친 젓으로, 무침젓갈의 종류다. '황석어젓'의 전라도 방언형이다. '황새기'는 조기 새끼로 '황석어'의 전라도 방언형이다.

38) 황새기젓국

'황새기젓국'은 삭은 황석어젓에서 걸러낸 젓국이다.

부안 곰소 사람들은 멸치젓국, 잡젓국과 함께 황석어젓국도 김치 담글 때 많이 사용하였다.

39) 황석어젓

'황석어젓'은 ① 황석어를 소금에 절여 담근 젓으로, 일반젓갈의 종류다. 또는 ② 삭은 황석어젓을 양념으로 무친 젓으로, 무침젓갈의 종류다. 황석어 머리에 돌 같이 단단한 것이 들어 있기 때문에 머리를 떼어 내고 먹어야 한다. '황새기젓', '황숭어리젓', '깡달이젓'이라고도 한다.

40) 황숭어리젓

'황숭어리젓'은 ① 황석어를 소금에 절여 담근 것으로, 일반젓갈의 종류다. 또는 ② 삭은 황석어젓을 양념으로 무친 것으로, 무침젓갈의 종류다. '황석어젓'의 전라도 방언형이다. '황숭어리'는 조기 새끼로 '황석어'의 전라도 방언형이다.

2.4.2. 조개류

이번 조사에서 '조개류'를 원료로 한 젓갈의 종류로는, 가리비젓, 바지락젓(반지락젓), 어리굴젓(굴젓), 조개젓, 조갯살젓, 해피젓(아사리젓) 등 모두 6가지가 조사되었다.

1) 가리비젓

'가리비젓'은 가리비조개를 소금에 절인 후 양념으로 무친 것이다. 가리비조개의 안쪽에 붙은 창자를 떼어 내고 바깥쪽의 살만으로 담근 것이다. 오징어젓 같이 생겼다.

가리비조개는 동해와 남해 쪽에서만 나는 조개로, 곰소젓갈시장에서 판매된 지 2년 정도 되었다. 원료인 가리비는 일본이나 미국에서 수입된다.

[사진 85] 가리비젓

[사진 86] 어리굴젓

[사진 87] 바지락젓

2) 굴젓

'굴젓'은 굴(석화)을 소금에 절인 후 양념으로 무친 젓으로, '어리굴젓'이라고도 한다. 곰소를 대표하는 젓갈 중 하나다.

3) 바지락젓

'바지락젓'은 ① 바지락조개를 소금에 절여 담근 젓으로, 일반젓갈의 종류다. 또는 ② 바지락젓을 양념으로 무친 젓으로, 무침젓갈의 종류다. 바지락젓은 무쳐 놓으면 퍼지기 때문에 무친 형태로는 거의 판매하지 않는다. 소비자가 바지락젓을 사가지고 가서 집에서 직접 무쳐 먹는 젓갈이다.

'바지락젓'은 대표적인 조개젓 종류로 많은 사람들이 좋아하는 젓이다. 곰소를 대표하는 젓갈 중 하나로, '반지락젓'이라고도 한다.

젓갈 판매업자들이 주요 제보자이기 때문에 젓갈의 범주를 구분할 때 '젓갈이 최종 판매되는 형태'가 구분의 기준으로 진술되었다. 따라서 '바지락젓'의 경우 무쳐서 팔면 '무침젓갈'의 종류에 포함될 수 있고, 무치지 않고 팔면 '일반젓갈'의 범주에 포함되게 된다. 그런데 조개젓의 종류는 무쳐 놓으면 퍼지기 때문에 대체로 무쳐서 팔지는 않는다고 한다. 그러므로 '바지락젓'과 같은 조개젓은 최종 판매 단계에서는 '일반젓갈'로 분류될 수 있지만, 최종 소비되는 단계에서는 소비자가 양념으로 무쳤다면 '무침젓갈'로 분류될 수가 있는 것이다.

4) 반지락젓

'반지락젓'은 ① 바지락조개를 소금에 절여 담근 것으로, 일반젓갈의 종류다. 또는 ② 바지락젓을 양념으로 무친 것으로, 무침젓갈의 종류다. '바지락젓'의 전라도 방언형이다.

5) 아사리젓

'아사리젓'은 ① 해피조개를 소금에 절여 담근 것으로, 일반젓갈의 종류다. 또는 ② 해피젓을 양념으로 무친 것으로, 무침젓갈의 종류다. '해피젓'이라고도 한다. 정밀한 조사가 필요한데 바지락젓의 일종인 것으로 보인다.

제보자들은 '아사리조개', '아사리젓'은 지역의 말이고, '해피조개', '해피젓'은 서울에서 쓰는 말인 것으로 설명했다. 그런데 '아사리'가 바지락조개를 가리키는 일본어에서 유래한 것일 수도 있어 생물분류학과 언어대조적 측면에서 정밀한 조사가 요구된다.

6) 어리굴젓

'어리굴젓'은 굴(석화)을 소금에 절인 후 양념으로 무친 것으로, '굴젓'이라고도 한다. 곰소에서 많이 생산되는 것으로, 곰소를 대표하는 젓갈 중 하나다.

한 제보자는 새만금 대항리에 사는 시누이가 굴을 따서 보낸 것으로 어리굴젓을 담가 판매해 왔는데, 지금은 새만금을 막은 후 굴이 없기 때문에 더 이상 시누이로부터 굴을 공급받지 못한다고 한다.

7) 조갯살젓

'조갯살젓'은 말조개, 맛조개, 노랑조개(해방조개) 등 조갯살을 소금에 절인 후 양념으로 무친 젓이다.

[사진 88] 조갯살젓

8) 조개젓

'조개젓'은 ① 동죽조개를 소금에 절여 담근 젓으로, 일반젓갈의 종류다. 또는 ② 조개젓을 양념으로 무친 젓으로, 무침젓갈의 종류다. 이 젓갈을 '동죽젓'이라고도 한다(문상일 2004, 30).

『표준국어대사전』에 등재되어 있는 '조개젓'은 "잔 조갯살로 담근 젓"으로 정의되어 있다. 그런데 조사된 어휘 '조개젓'은 "동죽이라는 특정 조개로 담근 젓"을 의미하기 때문에 독립된 어휘로 표기한다. 그리고 '조개젓'은 여러 종류의 조개로 담근 젓을 통칭하는 상위 명칭으로도 사용되는데, '조개젓'은 조개젓(동죽젓), 해피젓(아사리젓), 바지락젓으로 구분된다.

9) 해피젓

'해피젓'은 ① 해피조개를 소금에 절여 담근 젓으로, 일반젓갈의 종류다. 또는 ② 해피젓을 양념으로 무친 젓으로, 무침젓갈의 종류다. '아사리젓'이라고도 한다.

제보자들은 '아사리조개', '아사리젓'은 지역의 말이고, '해피조개', '해피젓'은 서울에서 쓰는 말인 것으로 설명한다.

윤서석(1991, 307)에 따르면, '해피젓'은 "바지락조개로 담근 젓을 전라남도에서 일컫는 말. 바지락조개를 소금간만으로 젓갈을 담근 것. 먹을 때에 갖은 양념에 무침"으로 설명되어 있다. 그런데 조사지의 제보자들은 '해피젓'과 '바지락젓'을 구분하고 있다는 점에서 주목된다.

봄, 여름에 나오는 해피조개는 '재첩하고 사촌 간'으로 부안과 김제 심포에서 나오는데 바지락보다 훨씬 작다. 매년 나오는 양이 줄고 있다.

2.4.3. 갑각류

이번 조사에서 '갑각류'를 원료로 한 젓갈의 종류로는, 곤쟁이젓(고개미젓), 꽃새우젓(북새우젓), 동백하젓, 무젓[1], 백하젓, 세하젓, 오젓, 육젓, 자젓, 중하젓, 추젓, 게알젓, 꽃게장(꽃게젓), 돌게장, 무젓[2], 참게장, 토하젓 등 모두 17가지가 조사되었다. 갑각류로 담근 젓갈은 크게 '새우젓' 종류와 '게젓' 종류로 구분될 수 있다.

1) 게알젓

'게알젓'은 끓여 식힌 간장이나 젓국에 게의 알을 담가 삭힌 젓이다. 조사된 게알젓은 꽃게의 알을 원료로 한 젓갈이다. [기알젇]으로 발음하기도 한다.

게알젓은 곰소젓갈시장에서 판매되는 젓갈 종류는 아니며, 어촌 마을의 일반인 제보자로부터 수집된 젓갈 종류다.

『표준국어대사전』에 등재된 '게알젓'은 "게의 알을 소금에 절여 삭힌 음식", 즉 소금에 염장한 음식으로 정의되어 있다. 하지만 이번에 조사된 '게알젓'은 "끓여 식힌 간장이나 젓국에 게의 알을 담가 삭힌 것"으로 설명된다. 따라서 '게알젓'의 의미를 소금뿐 아니라 간장이나 젓국에도 담가 삭인 젓갈로 의미를 확장할 필요가 있을 것이다.

2) 고개미젓

'고개미젓'은 3, 4월에 잡은 곤쟁이 새우를 소금에 절여 담근 새우젓으로, '곤쟁이젓'의 전라도 방언형이다.

3) 곤쟁이젓

'곤쟁이젓'은 곤쟁이로 담근 새우젓으로, '고개미젓'이라고도 한다. 눈썹만큼 작은 새우로 담근 젓으로, 새우젓 중에 크기가 제일 작다.

4) 꽃게장

'꽃게장'은 끓여 식힌 간장이나 젓국에 꽃게를 담가 삭힌 것이다. '꽃게젓'이라고도 한다. 냉동실에 보관한다. [꼳기장]으로 발음하기도 한다.

5) 꽃게젓

'꽃게젓'은 끓여 식힌 간장이나 젓국에 꽃게를 담가 삭힌 것으로, '꽃게장'이라고도 한다. [꼳기젇]으로 발음하기도 한다.

『표준국어대사전』에 등재된 '꽃게젓'은 "끓여 식힌 간장이나 소금물에 꽃게를 담가 삭힌 음식"으로 정의되어 있다. 다른 젓갈들이 '… 젓 또는 젓갈'이라고 정의된 것과는 달리 '음식'으로 정의되어 있는 점이 주목된다.

6) 꽃새우젓

'꽃새우젓'은 꽃새우로 담근 새우젓으로, '북새우젓'이라고도 한다. 새우가 붉고 육젓보다도 크다. 꽃새우젓은 전라남도 사람들이 특히 좋아하는데 갈아서 김치 담글 때 넣는다.

7) 독기젓

'독기젓'은 끓여 식힌 간장이나 젓국에 돌게를 담가 삭힌 것으로, '돌게장'이라고도 한다. 표준어형으로는 '돌게젓'에 해당할 것이다.

참고로, 『표준국어대사전』에 등재된 '독³'은 '돌²'에 대한 경남, 전남, 충남의 방언으로 설명되어 있다. 하지만 '돌²'을 의미하는 '독³'은 전라북도에서도 사용되고 있는데, '돌게'를 '독기'로 발음하는 것은 이것을 보여주는 한 예다. 따라서 '독³'이 사용되는 지역에 '전북'을 추가할 필요가 있을 것이다.

8) 돌게장

'돌게장'은 끓여 식힌 간장이나 젓국에 돌게를 담가 삭힌 것으로, '독기젓'이라고도 한다. 돌게장을 담글 돌게는 4월 초에서 5월초 사이에 잡힌 것이 살이 찌고 맛있다. 그 이후에 잡히는 돌게는 살이 빠지고 맛도 덜하다. 곰소젓갈시장에서 '간장게장'으로 판매되고 있다.

9) 동백하젓

'동백하젓'은 겨울에 잡은 백하(동백하)로 담근 새우젓이다. 백하(白蝦) 중에 1, 2, 3월 달 겨울에 잡히는 새우에 겨울 동(冬)자를 써서 동백하라고 한다. 동백하는 새우 껍질이 얇고 살이 많은 것이 특징이다. 보통 [동배콰젇]으로 발음한다.

10) 무젓[1]

'무젓[1]'은 새우에 소금을 적게 넣고 싱겁게 담근 새우젓이다. 젓을 싱겁게 담가서 사흘만 지나면 바로 먹을 수 있는 새우젓이다. 먹을 때 고춧가루, 마늘, 고추, 깨 등 넣고 무쳐서 먹는다.

무젓[1]은 곰소젓갈시장에서 판매되는 젓갈 종류는 아니며, 어촌 마을의 일반인 제보자로부터 수집된 젓갈 종류다.

11) 무젓[2]

'무젓[2]'은 생 꽃게를 절단해서 고춧가루와 고추장 등 갖은 양념을 넣고 무친 게젓이다.

무젓[2]은 곰소젓갈시장에서 판매되는 젓갈 종류는 아니며, 어촌 마을의 일반인 제보자로부터 수집된 젓갈 종류다.

12) 백하젓

'백하젓'은 봄에 잡은 백하(白蝦)로 담근 새우젓이다. '백하'는 '세하'보다 몸통이 굵고 꼬리가 붉은 새우다. 보통 [배콰젇]으로 발음한다.

『표준국어대사전』에는 '백하젓'을 "'새우젓'의 잘못, '새우젓'의 북한어"로 설명하고 있다. 그러나 실제로 '백하젓'은 모든 새우 종류로 담근 젓을 총칭하는 '새우젓'을 의미하는 것이 아니라 '새우젓'의 한 종류를 의미한다. 따라서 의미의 수정이 필요할 것으로 보인다.

13) 북새우젓

'북새우젓'은 꽃새우로 담근 새우젓으로, '꽃새우젓'이라고도 한다.

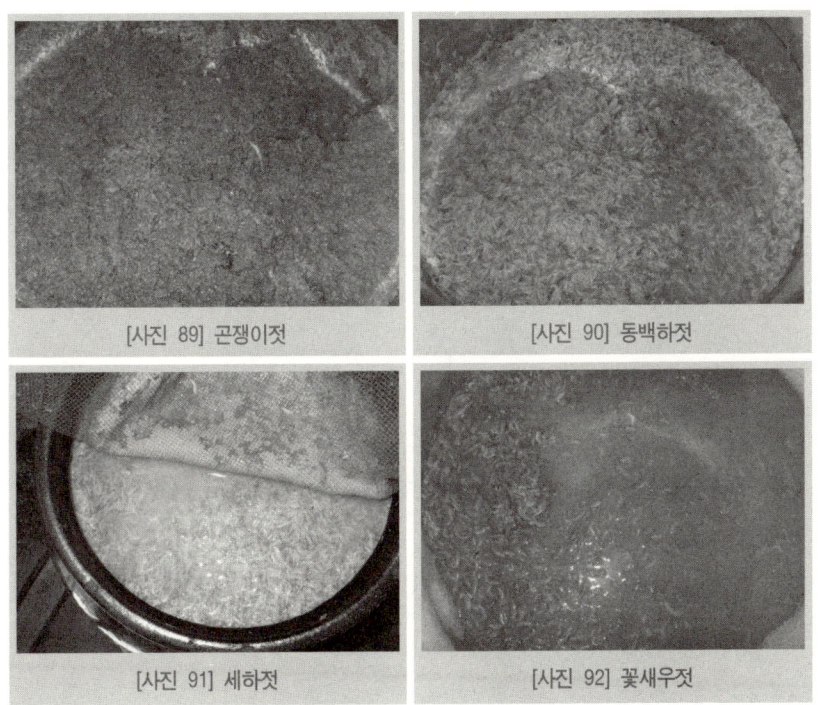

[사진 89] 곤쟁이젓 [사진 90] 동백하젓
[사진 91] 세하젓 [사진 92] 꽃새우젓

14) 세하젓

'세하젓'은 세하(細蝦)를 소금에 절여 담근 새우젓이다. '세하'는 새우의 종류 중에서도 자잘한 새우로, 백하보다는 작고 곤쟁이보다는 크다. [세화젇] 또는 [시화젇]으로 발음하기도 한다.

15) 오젓

'오젓'은 오월에 잡은 새우를 소금에 절여 담근 새우젓이다. 오젓은 백하젓과 크기가 비슷하고 추젓보다는 조금 굵고 크다.

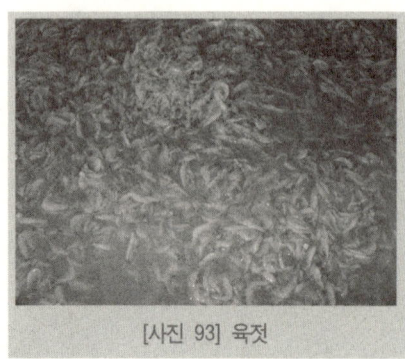 

[사진 93] 육젓   [사진 94] 추젓

16) 육젓

'육젓'은 유월에 잡은 새우를 소금에 절여 담근 새우젓이다. 육젓은 5월 하순부터 7월 초순까지 잡히는 가장 굵은 새우로 담근 젓으로, 새우젓 중에 가장 좋다.

17) 자젓

'자젓'은 눈썹처럼 작은 새우를 소금에 절여 담근 새우젓이다.

한 제보자에 따르면, 이 새우젓을 충청도에서는 '자하젓'이라고 하는 것이고 이 지역에서는 '자젓'이라고 한다. '세하젓'과 같이 '밀젓'의 종류이기 때문에 '밀젓'이라고도 한다. '자젓'보다는 '밀젓'이라는 말을 더 많이 사용한다. 어장을 하고 젓갈업에 오래 종사한 역사가 있는 토박이나 '자젓'이라는 말을 알 수 있다고 한다. 그런데 어촌지역에서 젓을 밀어 밀젓을 담가온 일반 제보자는 '자젓'이라는 말을 알지 못했고 밀젓과 연결시키지도 않았다.

『표준국어대사전』에 의하면, '자하(紫蝦)'가 곧 '곤쟁이'인 것으로 설명하고 있다. 따라서 '곤쟁이젓'과 '자하로 담근 젓' 즉 '자하젓'은 같은 것이다. 사전에 '자하젓'은 등재되어 있지 않다. 그런데 제보자들은 '자하젓' 또는

'자젓'을 곤쟁이젓과 연결시켜 설명하지 않았다. 명칭과 지시물 사이의 관계에 대해서 지역 방언 조사와 함께 동물계통분류학적 조사 등 좀 더 정밀한 조사가 요구된다.

18) 중하젓

'중하젓'은 중하(中蝦)를 소금에 절여 담근 새우젓이다. 새우젓 중에 크기가 가장 크다. 보통 [중화젇]으로 발음한다.

19) 참게젓

'참게젓'은 끓여 식힌 간장이나 젓국에 참게를 담가 삭힌 것으로, '참게장'이라고도 한다. [참기젇]으로 발음하기도 한다.

20) 추젓

'추젓'은 가을에 잡은 새우를 소금에 절여 담근 새우젓이다. 9월부터 잡히는 것이 추젓이다.

한 제보자의 판매장에는 두 종류의 추젓이 있었다. 남해 쪽에서 잡은 새우젓과 강원도나 경기도 등 위쪽 지방에서 잡은 새우젓이 그것이다. 위쪽과 남쪽 바다의 수온이 다르기 때문에 같은 추젓이라도 맛이 다르다. 따뜻한 남해 바다보다는 찬 위쪽 바다에서 잡은 추젓이 맛이 더 좋다.

[사진 95] 토하젓

21) 토하젓

'토하젓'은 민물 새우인 토하(土蝦)를 소금에 절여 담근 후 양념으로 무친 젓이다. 다른 새우젓은 모두 바다에서 나는 것인 반면, 이것은 유일하게 민물에서 나는 것이다.

2.4.4. 연체류

이번 조사에서 '연체류'를 원료로 한 젓갈의 종류로는, 개불젓, 골뱅이젓, 꼴뚜기젓(꼬록젓), 낙지젓, 멍게젓, 소라젓, 영양오징어젓, 오징어젓, 주꾸미젓, 한치젓 등 모두 10가지가 조사되었다.

1) 개불젓

'개불젓'은 개불을 소금에 절인 후 양념으로 무친 젓이다.

2) 골뱅이젓

'골뱅이젓'은 골뱅이를 소금에 절인 후 양념으로 무친 젓이다. 골뱅이젓은 국내에서 생산되지 않고 전량 수입된다. 골뱅이젓은 느른한 점액이 생겨서 판매하기 어렵다.

3) 꼬록젓

'꼬록젓'은 ① 꼴뚜기를 소금에 절여 담근 젓으로, 일반젓갈의 종류다. 또는 ② 꼴뚜기젓을 양념으로 무친 젓으로, 무침젓갈의 종류다. '꼴뚜기젓'의 전라도 방언형이다.

4) 꼴뚜기젓

'꼴뚜기젓'은 ① 꼴뚜기를 소금에 절여 담근 젓으로, 일반젓갈의 종류다. 또는 ② 숙성된 꼴뚜기젓을 양념으로 무친 젓으로, 무침젓갈의 종류다. '꼬록젓'이라고도 한다. 곰소를 대표하는 젓갈 중 하나다.

『표준국어대사전』에 등재된 '꼴뚜기젓'은 "꼴뚜기로 담근 젓"으로 정의되어 있고, 사진 자료에 '무침젓갈'인 꼴뚜기젓이 제시되어 있다. 그런데 조사지에서는 '일반젓갈'과 '무침젓갈'로 구분되는 '꼴뚜기젓'이라는 2가지 지시물이 동일 어휘로 구분되고 있어 그러한 구분을 반영하고자 번호를 나누어 뜻풀이를 제시하였다.

[사진 96] 꼴뚜기젓(1)

[사진 97] 꼴뚜기젓(2)

5) 낙지젓

'낙지젓'은 낙지를 소금에 절인 후 양념으로 무친 젓이다. 저염으로 간 절임만 해서 짧은 숙성 기간을 거쳐 판매된다. 예전에 낙지는 생물로 소비했지 염장을 해서 젓갈 형태로 먹진 않았다. 국내에서는 낙지가 비싸고 많이 나지 않기 때문에 중국 등에서 원료를 수입한다.

낙지젓은 무침젓갈 중에서 판매량이 높은 젓갈 중 하나이며, 명란젓, 창난젓과 함께 미국에 거주하는 한국인에게 보내는 젓갈의 추천 품목 중 하나이기도 하다.

『표준국어대사전』에 등재된 '낙지젓'은 "낙지에 소금을 많이 넣고 짜게 담근 젓갈"로 정의되어 있다. '소금을 많이 넣고 짜게 담근', 즉 고염 처리를 하는 젓갈 종류로 설명하고 있다. 그런데 제보자들은 낙지젓은 저염 처리를 하는 젓갈 종류로 설명한다는 점에서 차이가 있다.

6) 멍게젓

'멍게젓'은 멍게를 소금에 절인 후 양념으로 무친 젓이다. 여름에는 물이 생겨서 판매하지 않고 겨울에 주로 판매한다.

7) 소라젓

'소라젓'은 소라를 소금에 절여 양념으로 무친 젓이다. 소라젓은 느른한 점액이 생겨서 판매하기 어렵기 때문에 계절상으로 여름은 피해서 판매한다. 전량 수입되는 골뱅이젓과 달리 소라젓은 국내에서 제조된다.

8) 영양오징어젓

'영양오징어젓'은 일반 오징어젓에 해바라기씨, 호박씨, 땅콩, 잣, 검은깨 등을 섞어 재양념하여 무친 젓으로, 부재료를 첨가함으로써 영양가 높은 젓갈로 새로 개발한 젓갈 종류다.

젓갈업에 종사하는 제보자들은 젊은 세대로 갈수록 젓갈 소비가 줄고 있어 소비자층의 확대를 위해 '기능성 젓갈'의 개발 필요성을 절감하고 있고, 새로운 젓갈을 개발하기 위한 시도를 하는 것으로 보고한다. 예를 들어, 콩가루를 섞은 '콩젓갈', 함초가루를 섞은 '함초젓갈' 등 소비자의 건강에 대한 관심을 고려한 저염식 기능성 젓갈을 개발하려는 노력을 하고 있다. 따라서 새로운 젓갈의 종류나 명칭이 지속적으로 등장하며 변화가 있을 것으로 예측된다.

9) 오징어젓

'오징어젓'은 오징어를 소금에 절인 후 양념으로 무친 젓이다. 무침젓갈 중에서 판매량이 높은 젓갈 중 하나다. [오징에젓]으로 발음하기도 한다.

[사진 98] 낙지젓   [사진 99] 영양오징어젓

10) 주꾸미젓

'주꾸미젓'은 ① 주꾸미를 소금에 절여 담근 젓으로, 일반젓갈의 종류다. 또는 ② 숙성된 주꾸미젓을 양념으로 무친 젓으로, 무침젓갈의 종류다.

주꾸미젓은 곰소젓갈시장에서 판매되는 젓갈 종류는 아니며, 어촌 마을의 일반인 제보자로부터 수집된 젓갈 종류다. 보통 [쭈끼미젇], [쭈꾸미젇]으로 발음한다.

11) 한치젓

'한치젓'은 한치를 소금에 절여 양념으로 무친 젓이다. 한치가 제주도 쪽에서 나기 때문에 제주도에서 먹는 젓갈로 곰소젓갈시장에는 새로 들어온 젓갈 종류다.

이번 조사에서 수집된 61종류의 젓갈을 젓갈의 형태에 따라 5가지 범주로 구분하면 다음과 같다.
※참고: 아래 젓갈 이름 옆의 * 기호는 한 종류의 젓갈이 2범주에 포함됨을 의미한다.

(1) 일반젓갈
가자미젓, 갈치속젓(갈치창젓)*, 갈치젓*, 고노리젓*, 까나리젓, 꼴뚜기젓(꼬록젓)*, 되미젓, 등피리젓(디포리젓, 딘팽이젓)*, 멸치젓*, 바지락젓(반지락젓)*, 밴댕이젓(송어젓)*, 뱅어젓, 잡젓, 전어젓*, 조개젓*, 조기젓*, 주꾸미젓*, 풀치젓*, 해피젓(아사리젓)*, 황석어젓(황새기젓, 황숭어리젓, 깡달이젓)* (20종)

(2) 무침젓갈
가리비젓, 갈치속젓*, 갈치젓*, 개불젓, 고노리젓*, 골뱅이젓, 꼴뚜기젓*, 낙지젓, 등피리젓*, 멍게젓, 멸치젓*, 명란젓, 무젓^1*, 무젓^2*, 바지락젓*, 밴댕이젓*, 소라젓, 순태젓, 아가미젓, 어리굴젓(굴젓), 영양오징어젓, 오징어젓, 전어속젓(전어밤젓, 전어내장젓), 전어젓*, 조갯살젓, 조개젓*, 조기젓*, 주꾸미젓*, 창난젓, 청어알젓, 토하젓, 풀치젓*, 한치젓, 해피젓*, 황석어젓* (35종)

(3) 새우젓
곤쟁이젓(고개미젓), 꽃새우젓(북새우젓), 동백하젓, 무젓^1*, 백하젓, 세하젓, 오젓, 육젓, 자젓, 중하젓, 추젓 (11종)

(4) 액젓
가자미액젓, 갈치속액젓(갈치창액젓), 까나리액젓, 멸치액젓(멸치젓국), 잡젓

국, 전어젓국, 황새기젓국 (7종)

(5) 게젓
게알젓, 꽃게장(꽃게젓), 돌게장, 무젓^{2}*, 참게장 (5종)

정리하면, 일반젓갈류가 20종, 무침젓갈류가 35종, 새우젓류가 11종, 액젓류가 7종, 게젓류가 5종이다. 여기서 무침젓갈류는 일반젓갈류와 15종, 새우젓류와 1종, 게젓류와 1종이 중복된다. 즉 순수하게 각 범주의 젓갈로만 이용되는 것에는, 일반젓갈류가 5종, 무침젓갈류가 18종, 새우젓류가 11종, 게젓류가 3종이다. 따라서 총 17종의 젓갈이 2범주에 포함되는데 중복되는 교차 지점에 있는 범주가 무침젓갈류인 것이다. 단, 여기서 무젓^{1}, 자젓, 세하젓 등 몇 가지 젓갈 종류의 관계와 범주 구분에는 모호한 부분이 있는 것으로 보여 좀 더 체계적인 확인 조사와 분석이 요구된다.

이상으로 정리한 젓갈 종류 관련 명칭의 언어적 형태는 몇 가지 측면에서 그 구성적 특징을 살펴볼 수 있을 것 같다.

첫째, 대부분의 젓갈 이름은 젓갈의 주원료가 되는 생물의 이름에 음식 범주 명칭인 '젓'을 결합한 형태, 즉 <주재료명+젓>으로 구성되어 있다.

둘째, '젓'의 종류 중에 젓 원료의 형체가 있는 '젓'이 아닌 그 젓에서 우러난 국물을 걸러낸 젓국물인 경우에는 '젓 원료의 형체가 있는 젓'과 구분하기 위해서 '젓국' 또는 '액젓'이 원료명과 결합된 형태, 즉 <주재료명+젓국/액젓>으로 구성되어 있다. 그런데 상품화된 젓국물인 경우엔 주로 <주재료명+액젓>의 형태로 사용이 되고, 상품화되지 않고 일반 가정에서 이용하는 젓국물인 경우엔 주로 <주재료명+젓국>의 형태로 사용되는 경향을 보여준다. 멸치젓국의 경우, 여전히 일반 가정에서도 젓을 담가 사용하고 있기 때문인지, 젓갈 판매업자들의 경우는 '멸치액젓'이라는 말을, 일반인 제보자의 경우는 '멸치젓국'이라는 말을 각각 보다 높은 빈도로 사용하는 경향을 보여주었다.

셋째, 소금에 절인 기본 형태의 젓갈은 주재료명에 음식 범주 명칭인 '젓'이 결합된 구조를 보인다. 반면에, 젓갈 원료의 이용된 부위가 내장인 경우는 <주재료명+속젓>, 그리고 알인 경우는 <주재료명+알젓>의 결합 구조를 갖고 있다.

2.5. 젓갈 관련 기타 어휘

2.5.1. 젓갈 담그기

곰소 지역에서 젓갈 판매업에 종사하는 제보자들은 일 년에 두 번 봄과 가을에 젓갈을 담근다. 젓갈의 주원료인 생선이 봄에 거의 많이 나오기 때문에 3~5월 달에 밴댕이젓, 황석어젓, 고노리젓, 멸치젓, 까나리젓, 새우젓 등 젓의 80% 이상을 담근다. 가을에는 10월에 주로 젓을 담그는데 새우젓, 갈치젓 정도를 담근다. 젓의 원료인 갈치가 가을에 나오기 때문이다.

젓을 담글 때 소금 비율은 저장 방식에 따라 다르다. 저온창고에서 젓을 숙성시키는 경우에는 200kg 한 드럼에 소금 45kg을 배합한다. 그러나 저온창고에서 젓을 숙성시키지 않는 경우에는 소금을 75kg을 배합한다. 예전에는 저온 저장시설이 발달하지 않았기 때문에 고염 처리를 했다. 젓을 담가 상온에 놓아두면 젓이 '녹아' 버리거나 변질되기 때문에 소금질을 많이 해서, 즉 높은 염도로 젓을 담근 것이다. 지금은 저온창고 등 저장시설이 발달해서 저염 처리로 젓을 담근다.

젓갈의 숙성 기간은 젓갈의 종류에 따라 다르다. 황석어젓은 숙성 기간이 2년이 걸리고 밴댕이젓은 1년이 걸린다. 기본적으로 젓갈 숙성 시간은

2년 정도가 걸린다. 하지만 새우젓은 담근 지 2~3개월이면 먹을 수 있다. 새우젓은 긴 숙성 기간이 필요 없고, 영상 2~3℃에서 냉장 보관하여 숙성시키면 된다. 어느 정도 숙성되면(이것은 경험에 의해서 맛을 보고 색깔을 봄으로써 숙성 정도를 판단한다.) 영하 2~3℃에서 보관하여 더 이상 숙성되지 않도록 한다.

2.5.2. 젓거리

'젓거리'는 생선, 조개, 새우, 오징어 등 젓을 담그는 재료다. 조사지에서 젓을 담그는 데 사용된 '젓거리', 즉 젓갈의 재료는 30여 가지다. 즉 가리비, 가자미, 갈치, 개불, 게알, 고노리, 골뱅이, 굴, 까나리, 꼴뚜기(꼬록), 꽃게, 낙지, 돌게, 등피리(디포리, 딘팽이), 멍게, 멸치, 명란, 바지락, 밴댕이(송어), 뱅어, 소라, 대구 아가미, 오징어, 전어, 맛조개, 동죽, 조기, 주꾸미, 참게, 청어알, 토하, 풀치, 한치, 해피(아사리), 황석어(황새기) 등으로, 이 30여 가지의 젓갈 재료는 크게 어류, 조개류, 갑각류 그리고 연체류 4가지로 구별된다.

곰소 지역에서는 전통적으로 갈치젓, 갈치속젓, 황석어젓, 밴댕이젓, 멸치젓, 고노리젓, 등피리젓, 새우젓, 꼴뚜기젓, 어리굴젓 등을 주로 담가 먹었다. 그런데 어종과 어획량의 변화로 젓갈의 종류도 변화를 겪고 있다. 예를 들어, 예전에 흔하게 나던 등피리와 고노리가 잘 나오지 않아 상대적으로 고노리젓과 등피리젓을 담기 어려워졌다. 어획량이 적어 전남이나 경기도 지역에서 젓거리를 공급받기도 하는데, 갈치젓, 까나리젓, 밴댕이젓, 멸치젓, 고노리젓, 황석어젓, 꼴뚜기젓 등은 지금도 직접 제조·판매되고 있다. 무침젓갈류는 외부에서 공급받는 것이 대부분이다.

2.5.3. 재료

여기서는 조사된 젓갈의 재료 중에서 『표준국어대사전』에 등재되어 있지 않거나 조사 지역에서 사용되는 방언형을 중심으로 어휘를 정리하고자 한다. 그런데 젓갈의 재료가 되는 수산생물의 동물분류학상의 용어 및 분류 등에 관한 정보가 부족하기 때문에 어휘의 뜻풀이 제시가 매우 조심스럽다. 여기서는 개별 젓갈의 재료로서 생물 이름과 제보자들의 진술에 의존한 뜻풀이를 제시하고 있음을 밝힌다. 앞으로 젓갈의 재료인 수산생물 이름의 지역 방언형이 동물분류학적으로 어떤 생물 및 어휘에 부합하는지에 대한 체계적이고 정밀한 조사가 필요할 것이다.

1) 고개미

'고개미'는 곤쟁이젓을 담그는 재료인 새우의 한 종류다. 눈썹만 해서 개체 하나가 잘 식별되지 않을 정도로 작은 새우 종류다. 3, 4월 달에 나오는 새우다. '곤쟁이'의 전라도 방언형이다.

2) 고노리

'고노리'는 고노리젓을 담그는 재료인 어류다. 생김새는 밴댕이하고 비슷하나 크기가 더 작다. 고노리가 멸치의 일종(윤서석 1991, 289)으로 설명되기도 한다.

『표준국어대사전』에 '고노리'는 '올챙이'의 제주 방언으로 설명되어 있다. 하지만 곰소 지역에서 '고노리'는 어류를 지시하기 때문에 동음이의어로서 새로운 어휘로 추가할 필요가 있다.

3) 깡달이

'깡달이'는 황석어젓을 담그는 재료인 조기 새끼로서, '황석어'의 전라도 방언형이다. '황새기', '황숭어리'라고도 한다.

4) 꼬록

'꼬록'은 꼴뚜기젓을 담그는 재료인 연체동물로서, '꼴뚜기'의 전라도 방언형이다. [고록]으로 발음하기도 한다.

5) 돌게

'돌게'는 돌게장(독기젓)을 담그는 재료인 게다. [독기]로 발음하기도 한다.

6) 되미

'되미'는 되미젓을 담그는 재료인 전어 새끼다.

7) 등피리

'등피리'는 등피리젓(디포리젓, 딘팽이젓)을 담그는 재료인 어류로, 전어 같이 생긴 고기다. 고노리와 함께 그 어획량이 많이 감소한 어종이다.

'디포리', '딘팽이'라고도 하는데, 제보자들은 '등피리'가 표준어이고, '디포리' 또는 '딘팽이'는 지역 방언인 것으로 설명한다.

8) 디포리

'디포리'는 등피리젓(디포리젓, 딘팽이젓)을 담그는 재료인 어류로, 전어 같이 생긴 고기다. '등피리', '딘팽이'라고도 한다.

9) 딘팽이

'딘팽이'는 등피리젓(디포리젓, 딘팽이젓)을 담그는 재료인 어류로, 전어 같이 생긴 고기다. '등피리', '디포리'라고도 한다. [딘펭이]로 발음하기도 한다.

10) 반지락

'반지락'은 바지락젓을 담그는 재료인 조개로, '바지락'의 전라도 방언형이다.

『표준국어대사전』에 '반지락'은 경남, 전남 지역에서 사용되는 '바지락'의 방언으로 설명되어 있다. 하지만 전북 지역에서도 사용되고 있음이 확인된다. 따라서 '반지락'의 사용 지역에 '전북'이 추가되어야 할 것이다.

11) 북새우

'북새우'는 꽃새우젓(북새우젓)을 담그는 재료인 새우로, '꽃새우'의 전라도 방언형이다. 한 제보자의 설명에 따르면, '북새우'는 '붉은 새우'에서 온 말이다.

12) 송어

'송어'는 밴댕이젓(송어젓)을 담그는 재료인 어류로, '밴댕이'의 전라도 방언형이다. [송에]라고 발음하기도 한다.

13) 아사리

'아사리'는 해피젓(아사리젓)을 담그는 재료인 조개다. 바지락조개보다 크기가 작고, 부안과 김제 심포에서 난다. 한 제보자의 설명에 따르면, '재첩 사촌 간'이라고 생각하면 된다. '해피'라고도 한다. 해마다 그 어획량이 감소하고 있다.

한 제보자는 '해피'는 서울말이고 '아사리'는 지역말인 것으로 설명한다. 그런데 '아사리'가 바지락조개를 가리키는 일본어에서 유래한 것일 수도 있어 동물계통분류학과 언어대조적 측면에서 정밀한 조사가 요구된다.

14) 해피

'해피'는 해피젓(아시리젓)을 담그는 재료인 조개다. 바지락조개보다 크기가 작고, 부안과 김제 심포에서 난다. 한 제보자의 설명에 따르면, '재첩 사촌 간'이라고 생각하면 된다. '아사리'라고도 한다. 해마다 그 어획량이 감소하고 있다.

15) 황새기

'황새기'는 황석어젓을 담그는 재료인 조기 새끼로, '황석어'의 전라도 방언형이다. '황숭어리', '깡달이'라고도 한다.

16) 황숭어리

'황숭어리'는 황석어젓을 담그는 재료인 조기 새끼로, '황석어'의 전라도 방언형이다. '황새기', '깡달이'라고도 한다.

[사진 100] 젓밀다

[사진 101] 젓밀고 나온 어민

2.5.4. 행위 : 젓밀다

1) 젓밀다

여름에 '쪽대' 또는 '젓쪽대'라는 어구를 이용하여 새우를 잡는 것을 '젓 밀다'라고 한다. 사람이 썰물 때 갯가에서 어구를 밀고 다니면서 새우를 잡는다고 하여 '젓밀다'라고 한다. 배에 쪽대를 걸어 놓고 배로 밀기도 한 다. 음력으로 3, 4월부터 8, 9월까지 젓을 민다. '젓미는 거', '젓밀러 간다', '젓도 많이 밀었다' 등으로 표현한다.

이렇게 밀어서 잡은 새우로 담근 새우젓을 '밀젓' 또는 '세하젓'이라고 한다.

2) 젓쪽대

'젓쪽대'는 직사각형 나무틀에 모기장망을 삼각형으로 씌워 만든 새우 를 잡는 어구로, 젓밀 때 사용한다. '쪽대'라고도 한다.

[사진 102] (젓)쪽대-앞

[사진 103] (젓)쪽대-뒤

3) 쪽대

'쪽때'는 직사각형 나무틀에 모기장망을 삼각형으로 씌워 만든 새우를 잡는 어구로, 젓밀 때 사용한다. '젓쪽대'라고도 한다.

4) 밀젓

'밀젓'은 '(젓)쪽대'라는 어구를 밀어서 잡은 새우로 담근 새우젓이다. '밀어서 잡은 젓'이라고 해서 '밀젓'이라고 하고, 새우의 종류로는 '세하젓'[세화젓]이라고 한다. 백하가 잡히기도 한다.

한 제보자의 설명에 따르면, 충청도에서는 '자하젓'이라고 하고, 곰소 지역에서는 '자젓'이라고도 한다. 이것은 '밀어서 잡은 새우로 담근 새우젓'이기 때문에 '밀젓'은 잡히는 새우가 자하일 경우는 '자젓', 세하일 경우는 '세하젓'인 것으로 이해된다. 그런데 젓갈 판매업에 종사하는 제보자들은 '밀젓'을 '자젓'이라고 하고 '세하젓'도 밀젓의 종류라고 설명한다. 반면에, 근처 어촌마을에 사는 다른 제보자는 '밀젓'과 '세하젓'을 상호 교체적으로 사용하였지만, '자젓'이라는 말을 알지 못했다. "세화젓도 자디잔 것 새비{새우}있고 세화젓도 있고 그래"라는 제보자의 말은 밀젓인 세하젓이 크기에 따라 2종류로 구분될 수 있음을 보여준다. 또한 잡는 시기에 따라

[사진 104] 밀젓   [사진 105] 밀젓이 담긴 젓동이

밀젓인 세하젓은 '초사리젓'과 '끝사리젓'으로 구분된다.

5) 초사리젓

'초사리젓'은 젓밀기가 처음 시작될 무렵에 잡은 새우로 담근 새우젓이다. 젓이 처음에 조금 날 때 잡은 초사리젓이 맛있다. '끝사리젓'에 상대하여 이르는 말이다.

6) 끝사리젓

'끝사리젓'은 젓밀기가 끝나갈 무렵에 잡은 새우로 담근 새우젓이다. 초사리젓보다 덜 맛있다. '초사리젓'에 상대하여 이르는 말이다. '파사리젓'이라고도 한다.

7) 파사리젓

'파사리젓'은 젓밀기가 끝나갈 무렵에 잡은 새우로 담근 새우젓이다. 초사리젓보다 덜 맛있다. '초사리젓'에 상대하여 이르는 말이다. '끝사리젓'이라고도 한다.

2.5.5. 기타 관련 어휘

1) 간잽이

'간잽이'는 젓을 담글 때 비율에 맞게 소금을 뿌리고 버무려 간을 맞추는 사람이다. 표준어형으로는 '간잡이'에 해당할 것이다.

다음은 젓 담그기와 관련하여 지역 신문에 난 기사의 한 대목이다.

"젓갈을 담글 때 맛을 좌우하는 관건은 소위 '간잽이'에 달려 있다고 한다. 이 간잽이가 젓갈에 소금이 골고루 뿌려지게 하고 적당량이 들어갈 수 있도록 조절하는 일을 맡기 때문이다. 그래서 젓갈 '선수'들은 아직도 손수 간잽이를 하며 누구에게도 대신 맡기지 않는 것을 원칙으로 고집하고 있다"(『부안독립신문』2007. 6. 22일자).

2) 새비젓

'새비젓'은 새우를 소금에 절여 담근 젓으로, '새우젓'의 전라도 방언형이다. 젓의 원료인 '새우'를 '새비'라고도 한다. '새우'를 [새오]라고 발음하기도 한다.

3) 소금질

'소금질'은 젓을 담글 때 젓에 소금을 넣는 일로, 소금질을 많이 하는 것은 '고염' 처리고, 소금질을 적게 하는 것은 '저염' 처리다. 옛날에는 젓을 담글 때 고염 처리를 했는데 요즘은 저온창고, 냉장고 등 냉장시설이 좋아져서 저염 처리를 하고 저온에서 오래 숙성시킨다.

4) 인꼬리 장사

'인꼬리 장사'는 과거에 젓갈을 떼어다가 다라이(큰 대야)에 이고 돌아다니면서 팔던 여자 장사로, 다라이에 이고 다니는 장사라고 해서 '다라이 장사'라고도 한다. 지금은 인꼬리 장사가 사라졌다.

'인꼬리'가 일본어에서 유래한 것인지 확인이 필요한 것 같다.

5) 저온창고

'저온창고'는 담근 젓갈을 숙성시키고 보관하는 냉장시설로, 이런 시설이 있기 전 젓을 숙성시키고 보관하는 전통적 장소인 '토굴'과 흔히 대조적으로 이야기된다.

6) 젓독아지

'젓독아지'는 젓을 담가 보관하거나 담그는 독이다. 일반 가정에서는 여전히 사용하고 있지만, 젓갈 판매업자들은 지금은 일반 드럼통이나 스테인리스 드럼통을 사용한다. 예전에는 배에서 내린 '젓독아지'를 리어카나 지게로 운반하였는데 길이 포장되어 있지 않기 때문에 삐거덕 하면 떨어져 깨지기도 했다. '젓독'이라고도 한다.

7) 젓독

'젓독'은 젓을 담가 보관하거나 담그는 독으로, '젓독아지'라고도 한다.

2.6. '젓갈'의 다의어적 사용

지금까지 조사지에서 제보자들과의 인터뷰와 관찰된 바에 따르면, 음식 범주 명칭인 '젓갈'은 상황적 맥락에 따라 상이한 대조 단계에서 다의어 (polysemy)로 사용되는 것으로 보인다. 따라서 여기서는 마지막으로 '젓갈'의 다의어적 측면을 간략히 기술하고자 한다.

(1) 음식 범주 명칭으로서 '젓갈'을 의미
'젓갈'은 생선, 조개, 새우, 오징어 등을 소금에 절인 수산 발효식품으로서, 예를 들면, 농산물 발효식품인 '김치', '장아찌'와 구분된다.

(2) '무침젓갈'과 대조를 이루는 범주로서 '젓갈'을 의미
젓갈의 양념 여부에 따라 '젓갈'은 소금에 절인 기본적 형태로서 젓갈과 그 젓갈 재료의 형체를 양념으로 무친 젓갈로 구분된다. 이때 양념에 무친 젓갈은 '무침젓갈'로 명칭되는 반면에, 소금에 절인 기본적 형태로서 젓갈은 그냥 '젓갈' 또는 '일반젓갈'로 사용된다. 따라서 '젓갈'은 '무침젓갈'과 대조를 이루는 범주로서 기본 젓갈을 의미한다.

(3) '젓국'과 대조를 이루는 범주로서 '젓갈'을 의미
젓갈의 형태에 따라 '젓갈'은 젓갈 재료의 형체가 있는 '젓갈'과 젓갈에서 액을 뽑은 '젓국'으로 구분된다. 이때 '젓갈'은 '젓국'과 대조를 이루는 범주로서 '젓갈 재료의 형체가 있는 젓'을 의미한다.

(4) '속젓', '알젓', '아가미젓'과 대조를 이루는 범주로서 '젓갈'을 의미
젓갈은 사용된 재료의 부위에 따라 '몸체'를 이용한 젓갈, '내장'을 이용한 젓갈, '알'을 이용한 젓갈, '아가미'를 이용한 젓갈 등으로 구분된다. 이

때 내장을 이용한 젓갈은 '속젓', 알을 이용한 젓갈은 '알젓', 아가미를 이용한 젓갈은 '아가미젓'이라는 명칭이 사용된다. 그러나 '몸체를 이용한 젓갈'의 경우는 다른 명칭이 따로 없이 그냥 '젓갈'로 사용된다. 따라서 '젓갈'은 '속젓', '알젓', '아가미젓'과 대조를 이루는 범주를 또한 지시한다.

사실 이 장에서 기술된 내용만으로는 '젓갈'의 다의어적 측면을 기술하는 것은 한계가 있다. 어휘가 사용되고 구분되는 의미 차원과 사용 맥락이 좀 더 구체적으로 제시되어야 하기 때문이다. 그럼에도 불구하고 '젓갈'의 다의어적 사용을 간략하게라도 기술한 것은, '실제 일상생활에서 다양한 사용 맥락과 어휘들 간의 의미 관계에 따라' 사전적으로는 정의되지 않은 어휘의 실제 사용 양상이 있음을 보여주기 위함이다.

제5장 장아찌 관련 말

 이 장에서는 전북 순창군 농촌지역에서 조사된 '장아찌' 관련 어휘의 뜻풀이 및 그 실제 쓰임을 기술하고자 한다.

1. 생애구술

 다음은 순창군 풍산면 작은 농촌마을에 살고 있는 설봉례 할머니(73)의 생애 이야기를 구성한 것이다. 할머니의 전 생애사를 수집한 것은 아니고, 일반적인 생애 주기를 바탕으로 식생활 조사 주제에 맞추어 주로 음식과 관련된 이야기를 수집하였다.

 순창군 금과면이 고향인 설봉례 할머니는 이웃한 풍산면으로 열여덟 살에 시집을 와 슬하에 2남 2녀를 두었다. 자녀들은 모두 결혼하여 순창과 광주에 살고 있다. 20여년 전부터 순창고추장과 장아찌를 제조·판매하는 직장에 일을 다니고 있다. 할머니는 10년 전 남편과 사별하고 현재 혼자 살고 있다.

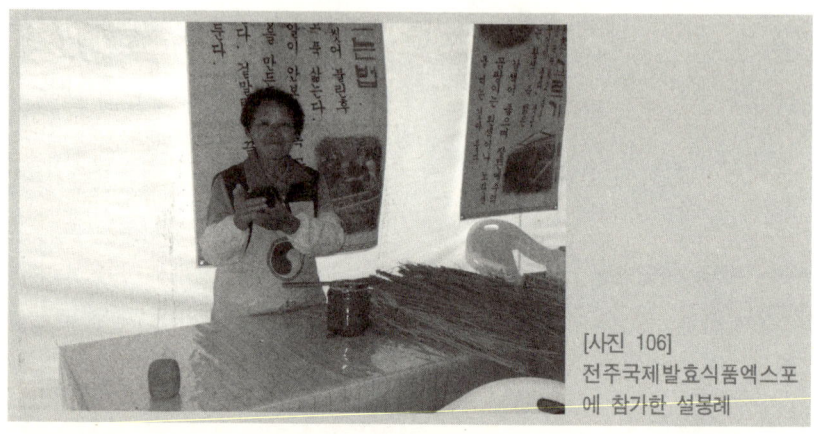
[사진 106] 전주국제발효식품엑스포에 참가한 설봉례

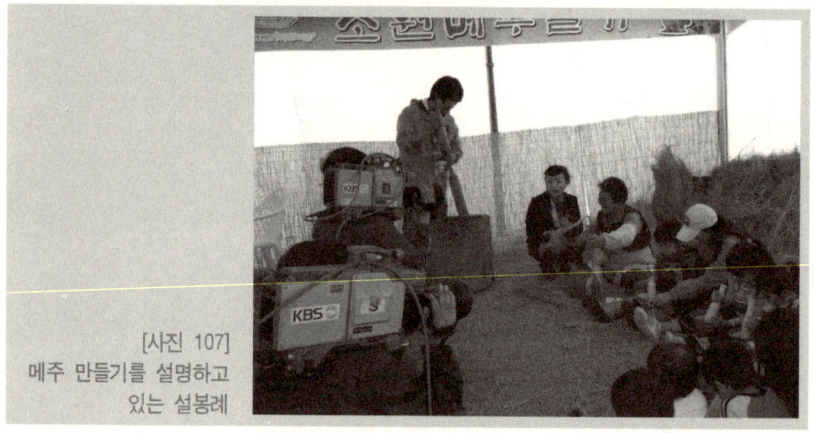
[사진 107] 메주 만들기를 설명하고 있는 설봉례

1.1. 결혼

1.1.1. 시집가먼 길쌈 잘 허고 바느질 잘 허야 얌전허고

문 친정이 어디세요?
답 친정은 저 금과 늑고. 금과서 여 풍산으로 시집 왔어.
문 거기도 농사짓는 마을이었어요?
답 항. 요런 촌 똑같앴지.
문 언제 시집 오셨어요?
답 열아덟에. 열여덟에 시집와 갖고…
문 시집올 때 할아버지는 몇 살이셨어요?
답 동갑이여. 영감허고 동갑인게 죽드락 둘이만 쌈만 하다 죽었어. (웃음) 뜻이 안 맞아 갖고 죽드락 쌈만 하다 죽었어. (웃음)
문 누가 중매하셨데? 연애하신 건 아닐 거 아녜요.
답 연애가 뭣여! 중매, 그전이는 우리 큰집이가 잘 살아 갖고 그전에 우리 친정서 잘 살았어. 근디 내가 우리가 부모 복을 못 타 갖고 일찍허니 돌아가셔 갖고 고상했제. 큰집은 잘 살고 우리도 그때는 잘 살고 있는디. 큰집이, 옛날에는 잘 사는 집에는 사랑방이 있어 갖고, 뭐 볼 줄 아는 사람들 뭐 풍수네 요런 소리는 집이는 모를 거이여. 풍수네 뭐 볼 지 아는 사람들 다 잘 오시거든. 오시면은 고런 사람이 왔다갔다 허더니 중신 히 갖고 시집 왔어. 근게로 중신도 어떤 영감이 헌지 언젠지도 몰라.
문 결혼하시기 전에 부모님이 돌아가셨어요?
답 응. 일찍이 돌아가셔 부써.
문 형제가 어떻게 되시는데요?
답 형제간도 많제. 아이고… 그때 옛날에 집이는 인공 시상이라는 것은 모리 것이여, 안 살아 봐서. 인공 시상일 때 그케 돌아가셔 부써, 어머니 아버지가 양. 젊었을 때 돌아가셔 불고 나도 인자 및{몇} 살 안 묵고{먹고}. 나는 그도 열세 살인가 열네 살 먹었은가 고케 헐 떡에 돌아가셨다 그 말여. 근디 밑에 동생들은 어리제. 갖고 고상 마치나 힜어.

[문] 할머니가 맏이예요?

[답] 내가 질로{제일}, 오빠가 있어. 그 담에 나. 밑으로 동생이 서이제{셋이지}. 남동생 하나, 여동생 둘.

[문] 부모님 안 계셔서 일을 많이 하셨겠네요?

[답] 일도 허도 안 힜제. 그때 열서너 살 먹은 것이 뭔 일을 힜겄어. 글도{그래도} 그런 것은 다 배와서 힜어. 부모 있을 떡에{적에} 다. 그전에는 대차나 밥도 히 먹고 바느질도 허고 옷 같은 것도 그전이는 다…

[문] 열 살 갓 넘었는데 이미 어머니에게 그렇게 일을 다 배우신 거예요?

[답] 응, 배와 갖고 인자 힜제 배와서 인자. 그때는 걍 옛날 사람들은 고렇게 일을 머든, 시집가먼 뭐 길쌈 잘 허고 바느질 잘 히야 얌전허고 그러제. 그란허먼 어디 가 살도 못 힜어 옛날에는. 근게로 어렸을 때부텀 배운게 양 따라선 헌단 것이 히 갖고 양 나이 묵은 게 인자 다 알아지제.

1.2.2. 가시네들 배와야 시집가먼 편지나 헌다고

[문] 야학이나 학교는 안 다니셨어요?

[답] 학교가 뭣이여.

[문] 부모님이 안 보내셨어요?

[답] 학교가 뭣이여. 학교가 그때 야간 글 조께 배울라고 미칠{며칠} 저녁 나갔더니 가시네들 배와야 시집가먼 시집살이 헌다고 편지{편지}나 헌다고 절대 가게나 했간이. 임병…

[문] 누가?

답 우리 잘난이 어머니가 그랬지. 어떨 때는 부애나{화가 나}. 똑똑히 잘 나 가지고 딸자식만 나 놓고 죽어 갖고 고상만 시켜 놓고 뭘 얼마나 똑똑 이… 그리도 시집와 갖고, 베도 짜고 대차 뭣이든 바느질도 잘 허고 헌 게로 시집와 갖고 칭찬 들었어. 부모 없이 커라도 아주 얌전하게 커 갖 고 다 뭣이든 잘 헌다고. 나 클 때부터 뭣이든 잘 힜소 잉. 내가 헐 말은 아니지만. 뭣이든 잘 힜어 하여튼. 넘 헌 것은 다 힜어 아조 근게 시집 와서 살기가 쉽디다{수월합디다}. 내가 다 헐 질 아니깐. 근게 시어마 이도 그전같이 모다 시집살이 시켰닥해도, 당신도 미느리 하난게 아조 당신 미느리 하나 딸보담 더 알고, 나도 대차나 부모 없이 와 갖고 시어 마이가 어찌 잘 해 준게 양 시어마이 *** 그케 잘 히 주고 살고 그랬어. 근게 뭣이든지 잘 헌게 시어마이가 걍 자랑도 히쌌고 어디 가면.

문 할머니 시집오셨을 때 신랑 얼굴은 언제 보셨어요?

답 아, 첫날밤에 처다 봤제. 눈에 안 들어 갖고는 공방 들었는가 아조 시상 에 좇 같이 살다가 걍 가 버렸어.

문 결혼식은 어디서 하셨어요? 혼례식은.

답 혼례식은 그때는 없이 산게로 내가 여그 시가집으로 와 갖고 시가집서 이듬해 힜어.

문 할아버지는 언제 돌아가셨어요?

답 시방 돌아간 지가 죽은 지가 십 년 된가? 한 십 년 되겄네.

문 일찍 돌아가셨네요?

답 에순닛{예순넷}에 죽었어. 근게 시방 칠십서인게로 고케 안 돼? 나랑 동 갑이니까. 그러제.

문 어디 편찮으셨어요?

답 응, 아파 갖고 돌아갔지. 아파서…

1.2. 자녀

1.2.1. 벌어먹고 산단다고 어찌케 키운지 어쩐지도 모르고

- 자녀가 2남 2녀라고 하셨죠?
- 응, 아들 둘, 딸 둘 그려. 첫딸 큰딸 고 낳고 밑으로 아들 둘 낳고 또 밑에 막내딸 낳고 그랬어.
- 첫딸은 언제 낳으셨어요?
- 스무 살에 났어.
- 애 처음 낳으셨을 때 어떠셨어요?
- 아이 몰라. 뽈로 모리고 차례도 모르고 났지메. 나서 키웠제. 뭐 얼마나 어찌게 그러겄어. 지금 시상같은면 거식 허지만은 옛날 시상에는 뭐. (한숨)
- 애들 키우실 때 힘드셨던 것은 뭐예요?
- 아, 없이 산게로 인자 벌어먹고 살랑게 심들었제. 거식이제 뭐 애들 갖고는 뭐 성가실 (일이 없었어.) 그전이는 애기들 뭐 우리 새끼들 키울 떡에는 밥만 배 배비게 믹이고{배부르게 먹이고}, 커먼 양 지그드 같이 크고 뭐, 또 시어마이가 일찍 돌아, 나 시집온 삼 년 만에 돌아가셨는가 사 년 만에 돌아가셨는가 모르겄다. 일찍 돌아가셔 분게 단손에 내가 벌어먹고 산단다고 어찌케 키운지 어쩐지도 모르고 걍 넘어가 부렀어.

1.2.2. 새끼들 배는 안 곯리고 키웠어

- 또 우리 영감 열아홉 살 묵어서 군대 가 불고. 군대 갔어. 그때는 만 오 년 만에 나온게로 육 년 만에 제대힜어. 육 년 만에. 그니 얼매나 내가

고상힜것소?

문 남편 군대 가 있는 동안 자식들과 어떻게 사셨어요?

답 한게 논 쬐게 있는 거 고놈 농사지어 갖고 어찌케 묵고 살았제. 그전에 우리 작은집이 여그 큰 집(옆집)이 우리 작은집이여. 부자로 잘 살았어. 갖고 내가 애초에 시집을 저그 소촌 소스랑골이다고 소촌으로 시집을 갔는디. 거그 살다가 우리 작은아부지가 요리 나를 당겼지{데려왔지}. 인자 나 혼자 있응게. 신랑은 군대 가 불고 혼자 있응게. 시어마이 없고 근게로 젊은 사람이 혼자 것다{거기다} 두먼 못 씬다고 작은아부지가 요리 당겼어. 그래 갖고 여기서 살지. 갖고 여기서 살게 된 것여. 작은집 잘 산게로 거그서 통 일해 주고 거그서 배는 안 곯고 살았어.

문 어디 다른 데로 일을 다니신 것은 아니고요?

답 하. 그때는 어디 갈 때{데}도 없어 옛날에는. 어디 벌 띠{데}나 있었간이. 시방맹이로 벌 띠 있으먼 이미 띠{떼}부자 됐거나 나 참말로!

문 주로 무슨 일 하셨어요?

답 아, 농사. 맨 농사제. 그때는 뭐 공장이 있어서 공장에 돈을 벌러가… 내 것 아니면 굶어 죽어 옛날에는. 옛날 사람들은 배를 무지 모다 곯았잖아. 새끼들도 배 곯리고. 근디 나는 작은집 잘 살고 영감이 제대하고 와서 또 암것도 없응게로 서울로 장사간다고 서울로 가 갖고는 영감이 그도 벌어서 쌀도 팔아서 주고 그런게로 새끼들 배는 안 곯리고 키웠어.

문 할아버지는 농사지은 게 아니에요?

답 암것도 없응게로! 전답이 없응게.

문 서울 어디로 가서 일했어요?

답 서울 가서 인자 가 갖고는 막 가서는 고생 많이 힜제. 인자 뭔 니아카{리어카} 갖고 대남선{다니면서} 역전에 짐 실어다 주고 어쩌고 그렇게 히 갖고, 낭중에는 꼬치{고추} 장사허고.

문 농사지은 거 올려 보내셨어요?

답 아니, 거그서. 거그서 꼬치 히다가 인자 어따가 믹인갑데. 믹였는갑여. 나는 장사를 안 히 봐서 모른다. 그먼은 인자 또 봄에는 인자 삼베. 내가 봄이면 길쌈히 갖고, 시안 내 삼 길쌈히 갖고 인자 봄에 히먼은 내가 베를 한 열한 필썩 그케 놔 노먼은 고놈 갖고 서울로 올라가. 올라가 갖고는 고놈 모시, 베도 어서 히다가 팔고 고놈 팜선 인자 근갑데. 외상도 놓고 고놈 깔고 거식 허고 꼬치 같은 것도 외상으로 험선 고놈 팜선 어찜선 그렇게…

그란이나 여하튼 영감이 벌어서 글도 논도 사고 거식 허고 배도 안 곯리고. 새끼들은 배를 안 곯리고 살았어. 이때까지 이케 없이 살아도 넘의 집이{집에} "돈 꿔 주쇼", 뭐… 쌀, 그전이는 새꺼리 없는 사람들은 새꺼리를 많이 얻어 갖다 먹었거든. 묵고 인자 가실에 농사짓고 가푸고{갚고} 옛날에 그랬어. 그먼은 고놈 인자… 새꺼리 인자 거식 허먼은 고런 거 도라고{달라고} 넘의 집이 가서 밥, "새꺼리 주쇼", "돈 주쇼" 이 날 평생에 넘의 빚이라고는 이날 이케 칠십 넘어 살아도 넘의 집이 아순 것은 *** 꾸러 갖고 그런 적은 없었어. 내가 뭐::든 열심히 벌어서 다 먹고 살았제. 아순 소리는 안 하고 살았어.

문 할아버지는 계속 서울에서 일을 하신 거예요?

답 인자 굿다가 논 조께 및{몇} 말 사고 히 갖고는 인자 집에서 들어가 부쎄.

문 다시 내려오셨어요?

답 하앙.

문 그래도 오래 떨어져 살았겠네요?

답 근게 많이 떨어져 살았제. 군대 육 년 히 불고 또 서울 가서 인자. 서울 가서 인자 거식 허먼은 인자 봄이면 인자 가실이면 허고 시안이는 집으로 와. 집에 와 있어. 시안에 와 갖고 인자 봄에 또 설 쇠면 인자 봄 인자 삼베 걸어 놓고 고런거 허 노먼 또 갖고 올라가. 올라가 갖고는 고놈 싹 외상으로 놓고 인자 또 가실 돌아오면 꼬치 장사험선 고놈 외상 걷고 긋는갑도만. 나는 몰라. 말 들어 보면 말헌데 보면 긋는갑여. 이래 갖고 저래 갖고 양 고케…

1.2.3. 그때 서울로 갔으먼은 자식들이라도

문 할머니도 서울도 가고 그러셨어요?
답 안 갔어! 옛날에 서울이 뭣이여! 서울이 뭐여. 글고 좋게 안 산게 가작헌 놈도 내가 마대고{마다고 했어}. 시방은 애 서럽소 그때 가자고 헐 떽에{적에} 서울로 갔으먼 그도 여보다는 더 잘 됐는가 못됐는가도 모른…
문 영감님이 서울 가서 살자고 그러셨어요?
답 응. 살자고 헙디다. 그놈 내가 마댔어.
문 왜 싫다고 하셨어요?
답 몰라. 죽어도 가기가 싫데 어째서. 그래서 내가 마댔어. 근게 미련 곰이제. 시방서 애 서럽고 어찌 때는 애 서러 죽겄어. 서울로 갔으먼은 자식들이라도 그도 (혀를 참) 대학이라도 갈치고 긋을 틴디{그랬을 텐데}. 그저 임병 했다 싶으고 애 닳더라고… (혀를 참) 자식들 대차나 그케 거식 허고…
문 자녀분들은 어디서 뭐하고 살아요?
답 다 광주 가 있어. 작은 아들도 광주에서 (면사무소로) 출퇴근 혀. 큰아들은 또 광주에서 또 직장에 대니고.
문 따님들도 다 광주로 시집가고?
답 막내도 광주에 살고. 우리 큰딸만 여기 금과서 살고 그려. 농사짓고, 닭 키우고, 하우스 허고 애써. 애써…
문 공부는 어디서 시키셨어요?

답 여기서 힜제. 고등학교밲에 못 갈쳤당게. 큰딸은 갈치도 못허고 큰딸은 국민핵교밲에 못 갈치고 그맀어. 고등학교 못 갈쳤어…
문 자녀분들과 떨어져 살기 시작한 것은 언제예요?
답 아, 인자 장개가{장가가} 갖고는 인자 떨어져 살았지. 장개가 갖고는 지그들 인자, 애초에는 다 순창에다 방 얻어 갖고 줬어. 순창서 살다가 인자 지그들이 광주로 갔지. 애초에 큰아들이나 작은아들이나 순창다 방 얻어 갖고 다 내놨어. 거그서 살다가 인자…
문 영감님이랑 두 분이서만 사신 것은 언제부터예요?
답 근게… 솔찬히 되았제. 아들네들 결혼허고… 둘이 살았응게. 우리 큰아들이나 작은아들이나 결혼헌 지 한 이십 년 그작 됐았, 넘었을 것여. 이십 년 넘었을 것여. 근게로 결혼허고 한두 해 있다 영감 할매 둘이 이케 살았지. 아들네들은 인자 광주로 가고…

1.3. 직업 : 벌러 대니다 본게로 인자 나이는 묵고

문 왕실고추장에서는 언제부터 일하셨어요?
답 올해 시방 이십일 년 되았는가 몰라.

[사진 108] 감장아찌 감을 써는 설봉례

[사진 109] 청국장 메주콩을 삶는 설봉례

문 그러면 자녀분들 다 커서 시집장가 보내고 일 다니시기 시작한 거예요?
답 잉, 그케 대넜제. 그땍에 인자…
문 어떻게 해서 거기 일하러 다니시게 된 거예요?
답 거그? 몰라. 인연이 그케 되았어.
문 원래 아시던 분이예요?
답 아녀. 누가 아는 사람이 소개히 주 갖고. 돈 벌러, 그때만 히도 어디 돈 안 번게 돈 벌러 가기만 원허고, 그리 갖고는 마침 그케 있응게로 와서 히 봐라고. 옛날에는 처음에 갈 때는 무시 무시장아찌헐 땍에 무시 일허러 가 갖고 한번 가서 헌 게로 일 잘 헌다고 걍 서로 모다 우리 야{것, 일} 히 주쇼 히 갖고. 히 주 갖고 댕기다가 인자 이케 되았제.
문 왜 일하러 가시게 되셨어요?
답 응. 돈 벌러 갔제. 가기는…
문 자녀분들도 다 크고 공부시킬 자녀도 없었잖아요?
답 그리도 갔어. 돈 벌러. 없응게. 돈 벌어 내가 쓸라고. 아이고… 참말로 요런 소리허면 거식이지만은… 돈을 많이 모으기는 모았제. 농사도 많이, 그때는 또 넘의 농사, 작은집 농사라도 많이 지어 갖고 한 이십 마지기 남짓 짓고 긌는디… 돈 조께 인자 통장에 모아 놨는디… 우리 아들이 빚 보증 서 갖고… 사네 못 사네… 울고불고 난리디, 어쩔 것여. 갖고 통장 털어서 갚으라고 줘 불고… 아들네들이 돈을 많이 갖다 썼어. 그리 히 갖고는 내가 벌어 쓴게.
내가 농사도 시방 영감 죽은 뒤에도 농사를 한 이십 마지기 짓고 밭 짓고 그거 대님서 일허고 그랬어. 어찌게 힜는가 몰라. 아이고, 내가 생각 해도 징그라워라우. 그도 농사지을 때는 조께 넘의 기계로 농사를 진게, 돈도 많이 들어가. 넘의 손이로 헌게. 근게 벌어서 인자 고런 데다 놓고, 인자 가실이면 나락 사면은{수매하면은} 그저 돈 몇 백썩 통장에 넣고, 넣고. 그리 갖고는 통장에 들어 갖고 요케 어찍, 어찍 히 갖고 거식허제.

갖고 인자는 자식들이 안 가져간게. 내가 인자 벌어서 히라도, 인자 일은 그전이 같이 일도 허도 안 허고, 농사도 인자 시방 농사 안 진 지가 시방 한 사 년 되네. 농사 묵을 놈만 한 두어 마지기 우리 식량헐 놈만 쬐께만 지어 지금은. 근게로 통장에다 돈 늘 것이 없어. 근게 이케 버러 대니고, 인자 벌러 대니다 본게로 인자 나이는 묵고 이케 되았는디, 인자는 또 된 게로 그만 둬 부러얀다. 또 고것이 고렇게 안 돼요. 인자 그만 두야 혀. 근게 딸네들은 지라 다 혀. 그만저만 대니라고… 나 올해만 걍 어찌게 인자 대니고는 인자 그만 헐란다 그랬는디. 인자 한번 번게 또 요케 되드만…

문 20년 전에 처음에 고추장집 가서 일할 때도 여기가 이렇게 고추장이 유명했어요?

답 그때 돈 벌었당게. 유명허고 장사도 그때 잘되고. 짱아치고 고추장이고 걍 그때는 아조… 시방은 짱아치 참말로 아조, 아조 짠 것을 안 먹응게 얼매나 아조 재료도 많이 들어가고 좋게 허네. 그전에는 뭐 재료나 얼매 있간이? 짜디 짠 거 소금 히서 고추장만 묻혀 갖고 그서 팔아도, 그때는 팔어라도 장사가 잘 되았어, 그때만이도 옛날 시상이라 근가. 근디 지금은 누가 짱아치 인자 묵도 안 해. 인자 묵는다는 것이 고추장이나 허고 된장이나 먹지, 짱아치는 잘 안 나가도만. 우리만 그런 것이 아니라 다 근다고 허대. 짱아치는 잘 안 나가.

문 그면 장아찌는 옛날에 비해서 잘 안 나가는 편이예요?

답 하. 그리지. 안 나가지.

문 그러면 장아찌도 옛날부터 고추장집에서 장사를 많이 했어요?

답 항. 나 갈 때만 히도 그때. 그 갖고는 고추장 장시들이 그리 갖고 시작히 갖고는 고케 돈 벌었제.

문 그럼 할머니 장아찌 담그신 지도 오래되셨어요?

답 오래됐제. 오래되았제. 가서부터 이타까{여태까지} 힜은게.

1.4. 음식

1.4.1. 다 집이서 히 먹었제

🗣 그럼 할머니는 시집오시기 전에 이미 살림하는 것은 다 배워 가지고 오신 거예요?

🗣 응, 그제. 다 배와 갖고 왔제. 인자 다 식은 알았제. 인자 아조 똑 부러지게는 모르지만은. 인자 시집와 갖고 시어마이 허는 대로 또 허고 살아 분게로{버리니까} 또 다 알아 불지.

🗣 시집오시기 전에 배운 거랑 시댁에서 하는 거랑 다른 것도 있었어요? 음식 만들고 이런 거.

🗣 다른 것은 없제. 거그서 거그 것제. 다 고케 옛날에는 다 거그서 그거 것제 뭐… 음석도{음식도} 뭐… 옛날에는 뭣여… 음석도 뭐 히 먹을 것이 나 있었냐? 뭐 짐치나 조께 담고 뭣이나 조께 히서 그러고 살았제. 시방은 요케 시상이 거식 헌게 글제 옛날에는 뭐… 인자 큰일이나 돌아오면 인자 뭔 만들고 뭔 만들고 산자 만들고 박산 만들고 고런 거 저런 거 인자 히 갖고 다 옛날에는 그러고 살았제. 그지만 시방은 고런 것도 안 허고 근게로 인자 그러제… 고런 것도 다 집이서 히 먹었제. 아들… 우리 큰아들 여울 때만 히도 고런 거 다 힜네. 박산 같은 거 산자 같은 거 집이서 다 힜어. 다 힜어 아조 산자도 나 잘 허요 잉. 산자 같은 것도 잘 혀. 히 놓면 징그럽게 좋아 아조 잘 혀. 잘 힜어. 근디 인자는 그케∷ 늙어 분게로 허기도 싫고… 고런 것도 인자 안 허고.

1.4.2. 술: 밍절 돌아오먼은 집이서 다 술을 힜거든

@ 술도 집이서 술허먼 또 술맛이 얼마나 맛있고 좋다고.
@ 집에서 술도 하시고?
@ 항. 근게 우리 작은 아들이 "어머니, 술 조께 허시오. 허시오." 술 조께 히 노먼은 아들이 직장(근처 면사무소)에 다니고 근게로… 직장에 고케 다니고 헌게로 술 조께 히 노먼 걍 직원들이 오먼 양 환장들 혀 아조 쪼께 히 노먼 걍 담아 노먼 양 천신도 못 혀. 막 이 사람이 가져가고 저 사람이 가져가고 근게로 근게로 술 맛있다고 아조 호가 나부러 갖고는… 근게로 술은 일 대니고 헌 뒤로는 내가 귀찮은게로 안 히 부렀어. 술 허기도 고것도 귀찮혀. 귀찮허고 안 히 부떠니 술 안 헌다고… 올 적에도(?) 글도만, 어찌케 집에서 허먼 허지만은, "아이고, 못 혀 인자는. 술 얘기 그만저마 혀." 내가. 근디 한번썩 (아들이) 어서{어디서} 술을 갖고 오더라고. 오먼은 술이 시고 그케 술도 안 맛난고::. 갖고먼은 사 갖고 누가 주먼은 갖고 와 인자. 제상에 상에 채려 노려고 갖고먼 내부러. 못 먹겄어. 술을 어찌케 허가니 시고 안 맛나도만. "아이, 술들을 어찌게 허가니 시고 안 맛나다냐" 근게 "근게 어머니가 조께 허시란게 안 허고는" 그려.
@ 술 하시는 것은 또 어디서 배우셨어요?
@ 배왔어 양 그케.
@ 집에서?
@ 응. 집이서 헌디 배왔어. 배와 갖고 힜어. 근디 그전이는… 우리 젊었을 떡에는… 설 밍절 돌아오먼은 집이서 다:: 술을 힜거든. 다 헌게로 집집마다 술 다:: 집이서 헌게로 술맛이 다 거식 허제 인자. 거먼은 동네 사람들이 그려. 술 묵어 보먼 우리 술이 질로 맛있디야. 술도 잘 힜어 아조
@ 뭘 갖고 술을 담가요?
@ 술 쌀. 쌀 담가 갖고 누룩은 인자, 누룩이 좋아야 혀. 누룩은 인자 밀을

씨쳐 갖고 반시가 둘 타(?). 타 갖고 인자 집에 갖과 갖고는 술작(?) 조께 넣고 물 조께 히서 막:: 치대. 막:: 누룩을 치대 갖고 인자 물을 알맞게 부서. 막 치대 갖고 인자 어디 가마니나 어따가 히서 뇗아서{밟아서} 딱 히서 양 놔두먼 고놈이 웅크려져{엉클어져} 갖고 딴딴혀. 갖고는 인자 한 일주일 아랫목에다 띄워. 띄우먼 걍 누룩이 놀작지근 히 갖고 참:: 잘 뜨네 잉. 술이 첫째는 누룩이 좋아야 술이 맛있어. 잘못허먼 꺼머게 뜨먼 술도 꺼매 갖고 양 뭐 썩은 내가 나고 술도 안 맛나고 *** 뭔 냄새 나고 안 맛나. 첫째는 누룩을 잘 띄워야 혀.

해년마다 그케 누룩 및 말씩 타다가 통 잤어. 그케 히 갖고는 지사 돌아오면 허고 뭣 돌아오면 허고 술 안 떨어지게 힜제. 또 영감이 술 잘 먹응게로… 그떠니 대차 어떨 때 조께 히 보끄나 힜다가도 아고매 귀찮혀. 내가 뭣 허게 인자사 그 술허냐. 그리 인자 허기도 싫어. 술도 참 잘 힜어 아조 맛있게 아조 술 빛깔도 놀작 놀롬 히 갖고는 맬짝히{말쩡해} 갖고는 고놈을 떠서 술 다 되먼은 물을 부서. 물을 부서 갖고 용식이다고{용수라고} 있어. 술 이케 이케 동그러니. 용수다고 저 소쿠리맹이로 만드란 거 있어. 그놈을 탁 술 오가리다 이케 딱 질러 놓먼 맬::짱허니 욱에서만{위에서만} 차꾸 떠. 뜨고 뜨고 히 갖고 싹 뜨먼 또 물 조께 부서 갖고 또 한 이틀 하루나 두먼 또 우러나먼 또 섞고 인자 연해지. 앞첨에 뜬 놈은 독허거든 술이. 여놈 떠 갖고 섞어. 섞어 갖고 인자 큰 오가리다가 떠서 딱 담아 노면 및 번 서너 번 너댓 번 섞어 갖고 딱 섞어서 히 노면은 그렇게 술이 좋아.

1.4.3. 김치: 시방은 짐치냉장고가 있응게 몽땅 담아갑디다

🔳 김치 담그는 것도 얘기해 주세요.

답 짐치 담은 것은 다 모다 담아 먹은 것인디 뭐. 짐치 담은 것도 옛날에 담어 먹어. 시방도 옛날 사람이라 시방도 옛날식이로 담아 먹제. 근게 지금은 모다 젊은 사람들은 짐치 담은 것도…

문 옛날식으로 얘기 좀 해 주세요.

답 아, 옛날식으로 헐 것도 못 헐 것도 없어. 배추 뽑아서 간 쳐 갖고 씨쳐 갖고 인자 대체로 양념해서 담지 뭐. 마늘 넣고, 밀치젓{멸치젓} 조께 넣고.

문 젓갈은 뭐 넣으세요?

답 밀치젓.

문 젓국은 안 넣으세요?

답 근게 젓국. 고것이 밀치젓. 밀치{멸치} 집이서 봄이먼 사다가 밀치젓을 담아.

문 집에서 직접 멸치젓을 담그세요?

답 하. 집이서 담아서 먹은 것이 좋아. 사 먹으먼은 잘못 사먼 냄새나고 짐치 못 묵어. 안 맛나. 통 나는 사서 담아. 작년에 두 하꼬{궤짝} 담아 갖고 작년에 한 하꼬 거식 허고 또 올해 한 하꼬 *** 올해 안 헀고만. 고놈 담아 갖고 인자 봄에 두 하꼬 또 담아야제.

문 멸치를 사다가 직접 멸치젓을 담그셔 갖고…

답 담아.

문 김치 담그실 때 멸치젓국을 넣어서…

답 젓국은 인자 낄여{끓여}. 낄여서 딱 밭쳐서 히 노먼은 맬::짱허니 좋아. 인자 베 딱 밭쳐서 히서 낄여서 딱 퍼 노먼은 고놈 젓국 좀 쳐서 짐치 담고 새비젓{새우젓} 조께 넣고.

문 새비젓도 좀 넣으세요?

답 아, 새비젓 너야제. 새비젓 너야 조께 개안, 시원한 맛이 있어 짐치가.

문 새비젓은 사다 쓰시고?

답 하. 새비젓 요참에 또 하나 사 왔고만. 근디 단{다른} 때는 많이써{많이 씩} 산디 올해는 하나 샀더니 오 키로 나가네 떠 본게. 어저께 사 왔어. 어제 왕실서 거그서 왔기레 (주인)할매랑 둘이 하나씩 샀는디. 오 키로 나가고만 떠 본게. 근디 고것 갖고 작을랑가 모르것어. 해년마다 고것도 한 통썩 산디 올해는 걍…

문 김장은 얼마나 하세요?

답 김장도 많이 혀. 미느리들도 고렇게 가져가고 동서도 담아 주고 그런 게… 시방은 미느리들도 걍 짐치냉장고가 있응게 걍 고놈 언제까지 묵을라고 양 짐치들도 몽땅 담어갑디다. 나는 손이 커 갖고 뭣이든 많이 해 준게.

문 김장을 몇 포기씩이나 해요?

답 몇 포기도 없어. 많이 해 준게 걍 있는 대로 담아 갖고 가 그케. 짐치를.

문 김장의 양이 옛날과 비교했을 때 지금 더 많이 담가요?

답 많이 담제. 옛날에는 그케 많이 담았간이. 시방 짐칫통 있응게 짐치냉장 고가 있응게로 많이 담지라우. 옛날에는 뭐 담기는 담아도 인자 얼마 씩 담간이. 인자 시고 거식 헌게로 근디 지금은 짐칫통이 있은게 아조 짐치냉장고 통에다 담아 가고 요놈 묵을 놈 담아 가고 뭣 담아 가고 겁 나게 담아 가.

문 옛날에는 김치 어디에 보관하셨어요?

답 옛날에는 저 오가리 묻었제 땅에다가.

문 김장 한번 담그면 언제까지 먹어요?

답 인자 없드라 묵제. 언제까지 고거 묵을 뭐 날짜가 어디 있간디. 나는 또 성질이 참:: 망힜어. 신 것도 못 묵고. 설만 쇠었다허먼 묵은지라는 것은 입에 대기가 싫어. 설만 쇠었다먼.

문 그럼 할머니는 생지를 좋아하세요?

답 잉, 생지를 좋아하제. 근게로… 설만 쇠었다먼 어찌 묵은지가 그케 안 묵

[사진 110]
김장용 무를 뽑는 설봉례

[사진 111]
싱건지를 담기 위해 무를 손질하는 설봉례

고 싶어. 묵은지가 짚은{깊은} 맛이 있고 맛나닥 헜쌴디 안 묵고자{안 먹고 싶어}. 참:: 망혔소 잉. 신 것도 안 묵고 짐치도 조께 시먼 절대 입에 대기도 싫어.

문 신 김치 안 드시고?

답 응, 안 묵고자.

문 그럼 할머니는 맨날 생김치 담가 드셔야겠네?

답 그지. 그전에는 그치만은, 지금은 누가 얼매나 담겄소 조께 담아 노먼…

여참에 영감 제사 때 조께 및 포기 담아 갖고 미느리 싹 가져가고… 좋은 놈은 싹 가져가고 인자 나 묵을란 놈 찌깐 놈 내가 따로 담아 놓아 놓고 인자… 한 쪼가리나 남았는가… 냉장고는 그케 시들 안 헌게.

문 요즘은 김치냉장고가 있으니까 김치를 많이 담가서 오래 두고 먹는고만요.

답 (나는 김치냉장고 있지만) 짐치냉장고도 쓰도 안 혀. 냉장고 혼자 있는디 냉장고가 크단헌디{큰데} 짐치냉장고 필요 있어? 인자 (김장)짐치 담으면 인자 냉장고 써야지.

1.4.4. 장아찌 : 옛날에 아들네들 다 도시락헐 때 싸줬제

문 원래 집에서도 장아찌 많이 담가 드셨어요?

답 안 담았어. 그전에는 (집에서는) 장아찌 (순창고추장민속마을처럼 많이) 안 담았제! 그전에는 뭣이냐 된장. 된장에다가 인자 조께 박아 갖고 조께 묵고 그랬제. 이케 장아찌 힜간디.

문 된장에다 주로 뭐 박아서 드셨어요?

답 된장 인자 무짱아치도 넣고 뭐… 뭐이냐 꼬치 같은 것도 넣고. 너서 묵고. 긌제.

문 그러면 옛날에는 주로 된장에 장아찌를 박아 먹었어요?

답 응, 옛날에는 장아찌 된장에다가…

문 근데 순창 민속마을은 대부분이 고추장에다 박았던데요?

답 순창 사람들은 거그는 인자 팔란게… 팔란게로 많이 헌게 그러제. 고추에다 허제. 그전에는…

문 장아찌를 고추장에다만 해서 팔아요? 아니면… 거기는 주로 고추장이던데.

답 고추장여. 고추장으다 너야, 물엿허고 고추장 섞어서 자꾸 빼야 장아찌가 빨근히 좋은 것여. 그란허먼 속이 흐거고 뭣허고 안 좋아.
- 문 된장에다는 안 해요?
- 답 된장에는 안 혀. 된장으다 허먼 쓰간이. (고추장민속마을에서) 짱아치는 된장 안 허제.
- 문 아까는 집에서는 고추, 깻잎은 된장에 박아서 먹었다면서요?
- 답 그전에 옛날에는 긎지만은, 시방 고런 디는 파는 놈이라 안 혀. 그전에는 그맀지만, 고추장도 귀허고 뭣도 귀헌디 거식헌게로 힜지만은…
- 문 옛날에 집에서 해 드시는 장아찌는 많지 않았어요?
- 답 않제. 인자… 짱아치를 안 힜제. 옛날에는 된장 밑이다 뭣 쪼께 늫고, 그케 쬐께썩 히서 먹었지. 누가 짱아치 힜간이. 근게로 짜고 안 맛나. 된장이 맛난게로 맛난 놈은 맛난다… 옛날에는 징허게 짜 갖고… 근게 된장이 고케 짱아치 느면 된장이 맛도 빈히 부러{변해 버려}. 맛이 빈허지, 좋것소 어디? 고런 거 넌게…
- 문 그럼 된장이나 고추장을 따로 떠내서 장아찌를 담그셨어요?
- 답 그케도 히서 묵고, 저케도 히서 묵고. 얼매 안 묵은게 양, 히서 묵다 말다 그맀어. 판 것도 아니고 양, 집이서 묵은 것인게. 짠 것이라 얼매 묵어, 누가? 집이서는 그케 (많이) 안 힜는디, 짱아치 민속마을 같은 저 짱아치 장시라 다 많이 힜다고 그래. 몇 가지 것 힜다고. 아, 집이서는 누가 얼매 히 먹간디. 요샌 누가 얼매나 히 묵어, 짠 것을. 시방 사람들은 오이짱아치도 고런 것도 집이서 헌게 삼삼허니 히 갖고 삼삼히 히 갖고 그냥 건져 갖고 양 어찌게 히서 양 묵은갑도만. 안 짜게.
- 문 장아찌를 그냥 소금물에만 담가서 하는 장아찌는 안 담가 보셨어요?
- 답 아, 근게 다 소금이 들어가제. 일단 소금에다 간은 히야제. 소금물에다 간 안 허먼 어찌게 장아찌가 되간이.
- 문 간장에다만 담그는 것도 장아찌예요?
- 답 근게 소금물에 들어가 갖고 간장에 너야 한다고. 간장에만 허는 것이 아

니라. 간장에다 허먼은 묽혀져 버린당게. 묽혀져 버러. 소금이다 히 갖고 간장에 너야 혀.

문 감장아찌를 집에서 담궈 본 적은 없으세요?

답 집이서 아 왜 담궈본 적, 옛날에는 많이 집이서 담어서 애기들 아들네들 다 도시락헐 때 싸줬제. 그전이는 우리는 감나무가 없어 갖고 감 저 앞에가 동네 가먼은 감나무가 많이 있어. 근게 거기서 초가실에 감 두 접 썩 사다가 물을 팔팔 낄여. 낄여 갖고 식은 년에 것다 소금 풀고 소금으로 간을 맞추야 혀. 소금 풀고 인자 시방은 사탕가리 있지만 옛날에는 사카리를 많이 썼거든 사카리. 고것을 것다 타갖고 조께. 아주 달면 못 씨고{쓰고} 조께 달게 쬐게 달다 하게 히 갖고는 그놈 물에다 감을 담가놔. 담가서 딱 눌러놔. 그먼 가슬에 히노먼은 내 두먼은 인자 떠른{떫은} 기가 우러나 갖고 묵으먼 다디달고 맛있어. 인자 고놈 썰어서… 그전이는 그렇게 짜게 안 담고 삼삼허게 담은게 참 맛있당게.

문 그러면 고추장이나 된장에다 박지는 않고요?

답 응. 박지는 않고…

문 소금물에만 담가 놔요?

답 응응. 박진 않고… 박은게 안 맛납고 못 쓰것더랑게. 박은게 짜고 안 맛나 못 쓰것더라고.

문 양념은 뭘 넣어요?

답 양념장 뭐 감이라 뭐 양념헐 것도 없어. 인자 마늘 조께 쪼사 넣고 깨소금 넣고. 그양 그야코는 인자 거식헐라면 고치장 고칫가리에다 무쳐서 주던가 그란허면 흐거니 히서 주먼 참지름 조께 무치먼 참 맛있어. 통 그래 갖고 도시락 반찬 시안에는 내주고 그랬어.

문 옛날 다꽝있잖아요. 단무지라고 허는 거.

답 그려. 다꽝 억수로 옛날에 담아 먹었제, 애기들 도시락 반찬 헐라고. 그때는 우리 헐 떡에는 노랑 노란물 사고 방애 찌먼 왕저{왕겨} 몽근저{고운 겨} 있어. 방애 찌면 몽글게 나오는 시방 저(마당에 있는 광에) 몽글저 가마니 거 몽근제거든. 쪄 쪄. 쌀가리 매니{처럼} 푸 허니 그려. 고놈을 섞어서 무시를 왜무시 이케 지다란 놈 있어. 다꽝지 담을 놈 무시 종자가 또 있어. 왜무시 사다가 고놈 따로 숭궈{심어}. 숭궈 갖고는 고놈 뽑아다가 널어 놔. 빼득빼득 허니 몰라{말라}. 무시가. 무시가 모리먼은{마르면} 고놈을 싹 걷어다가 꼬랑지 짜르고 대그빡 짜러 갖고는 깨깟이 따듬어 갖고는 시치지 말고 깨깟이 따듬어 갖고 인자 노란물 사서 노란물 허고 소금허고 저 왕저 몽근저허고 섞어 갖고는 고놈이다 히서 버무러서 딱딱 쟁있어. 쟁여 갖고 그전이는 다꽝지 히 갖고 애들 도시락 반찬 히 줬어.

問 그러먼 다꽝도 장아찌예요?

答 장아찌 아니제. 장아찌 아니제. 다꽝이란게. 다꽝이라고 허지 뭐여. 장아치는 아니지. 장아치 종류는 들어가들 안 허지.

問 실제로 집에서 담그실 때는 이 많은 장아찌 종류를 다 하시는 건 아니죠?

答 아, 누가 장아치를 히 먹어. 시방 말이 거식 허제 요것도 재료가 많이 들어가라우. 집이서 히 먹는 사람들도 쪼께썩 히 먹은게 글제 집에서는 많이 잘 히 먹도 못 혀.

問 옛날에는 얼마나 해 드셨어요?

答 옛날에는 우리 짱아치를 히 먹었간이. 안 히 묵어제. 인자 뭐 된장 밑에다 뭐 쪼께 넣고 넣서 무쳐 먹다 말다가 어찌다가 그치. 쬐께썩 된장에다 너 갖고.

問 고추나 깻잎은 된장에다 박아서 잡수기는 했다고 하셨잖아요.

答 응.

問 도시락으로 감짱아치 해보시고?

答 응.

문 된장에다 박아서 빼면 그 된장을 긁어 내버리고 또 양념을 해서 먹어요?
답 앙. 시쳐 갖고 양념 히서 묵어야제. 그먼 그대로 어찌케 묵어.
문 고칫가리하고…
답 응, 고칫가리허고 마늘 하나 넣고. 그전이는 양념도 얼매{나 있었간이}. 고칫가리, 마늘 넣고 깨소금 넣고 글지 뭐. 그케 히서 먹었지 뭐.
문 깨소금이 뭐예요?
답 깨. 깨. 깨소금. 고것 보고.
문 깨를 빻아서 가루 만들어 논 거요?
답 볶아서 묵은 거 있잖아. 깨소금.
문 깨소금에 소금은 안 들어가죠?
답 소금은 안 들어가제. 뭔 소금이 들어가. 말이 깨소금이라고 허제 소금은 안 들어가지. *** 놈 볶아 갖고는 왼{온, 통} 깨로 묵을라면 왼 깨로 묵고 또 찧어서 묵고 그랬잖아. 시방도 그러제. 시방도 짐치 담은 디는 왼 놈 넣는 보단 볶아 갖고 뽀사{빻아} 갖고 넣는 놈이 더 김치가 더 꼬숩고{고소하고} 맛있데. 나는 근게 짐치 담으면 뽀사 갖고 담어.

1.4.5. 고추장: 옛날에는 고칫가리 얼마나 많아서 많이 담아 먹나

(설봉례 할머니를 댁으로 방문하였을 때 며칠 전 담근 고추장을 자녀들과 형제들에게 주기 위해서 여러 용기에 나누어 담고 계셨다.)
문 이 고추장이 다 어디로 가요?
답 고치장 인자 미느리{며느리} 주고. 미느리들 둘이 하나썩 주고, 요것은 우리 동생 주고, 요것은 우리 동서 주고, 요것 또 우리 시, 두 집이 시아제들 또 동서 하나썩 주고 그래야제.
문 동서는 몇 명인데요? 네 명이나 돼요?

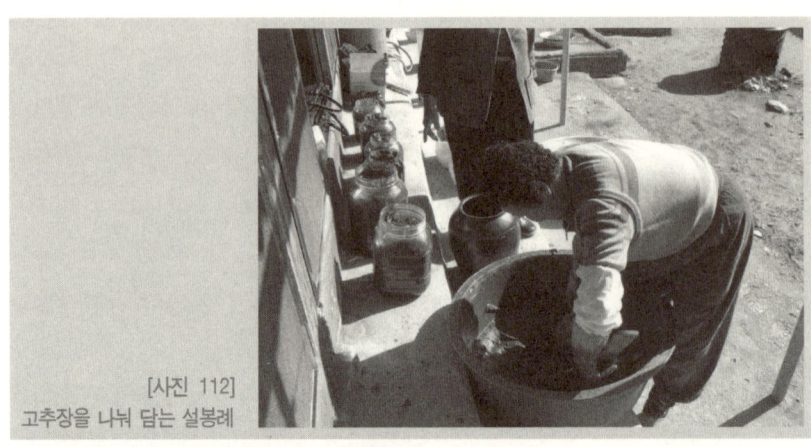

[사진 112]
고추장을 나눠 담는 설봉례

[사진 113]
여러 용기에 담긴 고추장

답 동서는, 나는 성제간{형제간}이… 성제간은 나 하나뺵이{하나밖에} 독신이라 거식 헌디, 사춘 동생 시아제들. 근게로 시{세} 집이 이렇게 주야 혀.

문 나눠 줄 집이 세 집이예요?

답 응, 세 집.

문 며느리 둘 주고, 시아제 세 집 주고?

답 응, 딸은 인자 작은딸이나 쬐께 주고. 작은딸도 시가집서 갖다 먹고, 큰딸은 또 촌에서 산게 지가 또 담아 먹고. 작년이는 내가 담아서 줬는디 바빠서 못 담는다고 전화히서. 올해는… 나도 귀찮은게 안 담아 주고.
문 이 독에 든 것만 할머니가 드시는 거예요?
답 요거? 틈틈이 인자 또 서운한 사람 있으먼 조께 주고 그리야지.
문 해마다 이렇게 담가 주세요?
답 항. 해마다 담아. 해마다 이렇게 많이 담아.
문 이번에 얼마나 담그셨어요?
답 시방 요것이 찹쌀 말갓{말가웃}. 찹쌀 한 말하고 반. 한 말 반 담았어.
문 고추는요?
답 스물두 근. 한 근 저기 남았당게. 한 근이나 남았어.
문 고추장은 보통 언제 담그셔요?
답 고추장? 근게 고추장은 때가 없어 인자. 가슬{가을} 돌아오먼 담응게. 인자 담았잖아.
문 보통 11월 이 무렵에 담그세요?
답 응, 요때 담아. 요때 담아야 혀. 너무나 일찍 담아도 거식 허고 요때 담으먼 좋아.
문 일찍 담으면 어때서요?
답 아이 좋기는 허지만은 그도 요때 담으먼 좋다고. 미주도{메주도} 요때 쑤고.
문 저거(처마 밑에 걸어 놓은 메주를 가리킴) 장 담그실 거예요?
답 응, 장 담글 거 인자. 인자… 이달 한 달은 한… 저달이나 저달 말일이나 몰리면은{마르면} 띠어서 띄워. (다음 달에) 띄워 갖고 인자 정월달 장 담아.
문 고추장도 메주 쑤셨을 거 아녜요?
답 요거? 요것은 고치장…
문 메줏가루 안 넣었어요?
답 메줏가리 왜 안 넣어! 메줏가루 안 넣으면 고치장이 되간이! 메줏가리는 칠월 달에 히야 혀. 메줏가리는 칠월 달에. 메줏가리 인자 나는 바쁜게 못 만드라. 샀어. 언제 만들 시간이 없어. 고것도 방앳간에서{방앗간에서} 뽀사다가{빻아다가} 콩 삶아 거식 히 갖고는… 삶은 것이 아니라 콩을 담가 갖고 쌀가리허고, 밀을 팔아다 허거든가 쌀을 넣든가 인자 히 갖고는, 방앳실이서{방앗간에서} 갈아. 갈아 갖고 푹 찌어{쪄}. 찌다가 찧어. 찧어 갖고 고놈 따순 놈 인자 한 짐{김} 나가면은 어디 저 가마니다가 탁 부서 갖고 뜨뜻헐 때 탁 한 일주일 뜨라고 둬. 그먼 떠. 뜨먼 인자 고놈 몰려{말려} 갖고 인자 방앳간에 가서 몽글허게{곱게} 뽀사 갖고 인자 넣지.

🔲 장 담그는 메주처럼 모양 안 만들고요?

🔲 응, 모양 안 만드라.

🔲 옛날에도 다 그렇게 하셨어요?

🔲 옛날에는 또 다 똥글똥글허게 만들었어. 이렇게 똥글똥글허게… 옛날에는 고치장 옛날에는 뭐 고칫가리 얼마나 많아서 많이 담아 먹나. 시방은 하도 거식 있산게 많이 담제. 옛날에는 인자 미주 쑬 떡에 쌀가리 찹쌀 담과 갖고 도굿대에 바사 갖고 미쥬(콩) 막 삶을 때 초벌 넣고 두벌 삶고 시벌서{세벌} 넘선 고놈 솥단지다가 가리를 부서 갖고 근게 미주 솥에 다 부서 갖고 콩을 덮어 갖고 양 푹 찌어 푹. 푹 나먼 다 익거든. 익으면은 그 쌀가리조차 콩조차 섞어서 도굿대 찧어 갖고는 이만썩 허게(조그마 하게) 만들아. 만들아 갖고 인자 짚으로 영거돌아{엮어} 갖고 몰리제. 그케 몰리 갖고 옛날에는 고렇게 담아 먹었어. 근디 지금은 누가 고케 안 담고.

🔲 지금은 메주 직접 안 만들고 그냥 메줏가리 사다가 해요?

🔲 응. 인자 나는 집이서 다 혀! 근디 나는 언제 헐 시간이 없응게 (올해는) 샀지. 다 집이서 고케 헌당게. 콩허고 쌀가리허고 담과 갖고 방앳실에서 뽀사다가 푹 찌어 시루다가. 찌야 익지. 익혀 노먼 고놈 한 짐 꽉 따순

놈 말고 조께 식은 년에 고놈 딱 푸대다{포대에다} 히서 딱 히서 야물게
히서 띄워. 메줏가리가 많아야 고치장이 맛있어. 메줏가리 잘못 떠 갖고
뭔 냄새 나고 허먼 안 좋지. 첫째는 메줏가리가 좋아야 고치장이 좋아.
- 문 메줏가루 만드는 콩은 뭔 콩이에요?
- 답 요런 콩. 메주 쑤는 콩이로 혀.
- 문 메주콩 저 걸로?
- 답 응, 메주콩… 쑤는 콩이로

1.4.6. 장 담그기 : 그전이는 밭을 많이 진게 메주를 많이 쑨게

- 문 저기 밖에 메주 걸어 놓은 거 언제 하셨어요?
- 답 저것도 쑨 지가 시방 한 열흘 남짓 된망.
- 문 저렇게 걸어 노셨다가?
- 답 응, 걸어 노먼 바싹 모리먼은 띄워.
- 문 띄운다는 게 뭐예요?
- 답 인자 거시기 가마니다가 이렇게 담아 갖고 짚 조께 너서 양 이렇게 히서 가마니에 딱 꽉 묶어서 딱 덮어놔.
- 문 어디다 두어요?
- 답 배깥에다 너서 띄울 때도 있고 방에다 (띄울 때도 있고). 따땃헌 데 허먼 기양 잘 떠. 근디 인자 누가 방에다 얼마 미주를 띄워. 배깥에 따순 데다 히 놓아서 나두먼은, 맨 나두야 혀. 나두먼은 시안에{겨울에} 뜸선 어찜선 그러도만.
갖고는 정월에 설 쇠고 장을 담아. 설 쇠고 정월달 인자… 고것도 장도 날 받아 담아. 몰{말}날. 말날 담고, 말날 아니먼 또 호랭이날, 토끼날 그 시, 시 거시기가 좋다요. 근게 통 그렇게 히서 담고 그려. 날 받아서 장

은 담아. 아무케나 담은 것이 아니라 몰날허고 토끼날허고 호랭이날허고 시, 시… 다 있잖아 뭔날 뭔날 정월달에. 시 거시기 시… 허먼 좋아 괜찮혀. 그케 날 받아 갖고.

문 날 안 받고 담으면 장이 안 좋데요?

답 옛날식으로 그렇게 담아. 나는 통 고케 담은게. 다 그려. 시골 사람들은. 인자 (순창)고치장민속마을 같은 고런 데는 겁나게 담은게 양 날도 안 받고 양 무조건 히 불제. 그치만 여그는 조까썩 묵을{먹을} 놈 쪼께썩 담은게로 옛날식으로 날 받아 갖고.

문 옛날부터 날을 받아서 담으면 좋다고 해서…

답 하. 응. 옛날에는 다 날 받아. 옛날에는 장 담글라먼 또 상 놓고 물 한 종발 떠 놓고 숯뎅이, 고치 놔서 채려 놓고 소금 한 접시 채려 놓고 고케 통 옛날에는 담았어. 장 맛있으라고.

문 그게 고사 지내는 거예요?

답 응. 벌써 장 담글라먼은 깨깟이 상 놓고 물 한 종발 딱 떠서 놓고, 고치, 숯뎅이 오가리에{항아리에} 널라는{넣으려는} 놈 씨쳐서 딱 접시다 담아서 놓고, 소금 또 한 접시 딱 놓고 글고 장 담아. 옛날에는 그맀어.

문 그 고사상에 뭐라고 비는 거예요?

답 빌도 안 허고 옛날에 그케 상만 놓고, 옛날에 그케 어른들이 담웅게로 옛날에 허는 식으로 그케 혀. 근게 지금은 상도 안 놔 부러. (웃음) 지금은 상 안 놔 부러. 옛날에는 나 젊은 때부터 통 상 놓고 담았어. 근디 시방 상 안 놓고 담은 지가 솔찬히 몇 년 된망 인자. 상도 안 놓고 담아 부러. 옛날식으로 옛날에는 다 그맀어요.

문 장을 정월에 담그시면 소금물에 메주를 넣는 거죠?

답 그제. 근게로 시방은 거식 헌디 그전에는 동우, 물동우 있었어. 동이. 고놈 한 동우, 한 동우에 소금 서 되썩 풀었어. 한 동우에 소금 서 되썩. 나도 시방도 서 되썩 부서 갖고 장을 담아. 그전에 물동이 이고 대니는 동이라고 있었어. 우리도 시방 있어. 글로 대종{대중} 헐란게.
문 간이 맞는지는 어떻게 알아요?
답 고게 짜제. 미주{메주} 오가리다 넣어 놓고 장물을 소금물을 부서. 부스
면 미주가 싱거면 소금이 다 가라앙거 부러. 아니 미주가 다 가라앙거
부러. 근게로 어느 정도 그것도 짭짤허니 간이 맞이야 미주가 둥둥 떠
불제. 그란허면 미주가 다 가라앙거 부러. 소금이 저 싱거우면. 소금물
이 싱거면.
문 메주가 뜨는 걸 보고 이게 간이 맞구나 아시는 거예요?
답 응, 근게 거식 허먼은 인자 근게로 나는 시방도 동이로, 동우로 물 대 갖
고 장을 담는다니까. 대종을 모르니까.
문 이제 뭘 넣어요? 고추···
답 고추허고 인자 숯뎅이.
문 대추도 넣어요?
답 대추 같은 거 안 넣고. 고추하고 숯만 놔아.
문 고추와 숯은 왜 넣어요?
답 옛날부터 그케 넣데. 근게 옛날식으로 기양 그케 혀 지금도
문 혹시 지푸락 같은 걸로···
답 고케 허는 사람은 옛날에 있는디 지금은 안 혀. 옛날에 우리도 젊었을 떡
에는 했제 모다. 그치만 누가 사래끼{새끼} 꼬아서 고런 짓을 허것어. 안
혀 지금은.
문 옛날에는 왜 지푸락 꼬아서 했어요?
답 몰라. 그렇게 허데.
문 어른들이 다 하니까?
답 응, 그렇게 헌게로 근갑다 허지 뭐 좋은지 단진지(?) 내가 어찌 알어.
문 그래도 어른들이 왜 해야 하는지 얘기 하셨을 거 아녜요?
답 몰라. 뻘로{건성으로} 양 어른들이 헌게 따러서 양 했제. 근게로 장 맛나

라고 그런갑다 허제. 헸제.

문 장을 얼마나 담가 놔야 해요?

답 정월달 담으면 정월 한 달, 이월, 삼월 달 그도 서너 달 되아야 미주께가 물에서 탁 삭아야 된장이 맛있소 잉. 시방 뭐던{어떤} 사람들은 뭐 오래 두먼은 된장이 안 맛나다고 한 달도 못 돼서 장 뜨고 헌 사람 못 써. 그러면 미주끼가… 그러덜 안 혀. 장에서 미주께가 팍 삭아야 된장이 장에서 미주께가 바그르르 해 갖고는 된장이 노리고 맛있제. 그케 후딱 한 달도 못 돼 갖고는 건드러 불먼은 미주께도 부시부실 히 갖고 안 좋아. 근디 뭐던 사람들은 그랬데. 나는 그래 보덜 안 힜어. 서너 달 두먼 잉. (정월에 장 담그면) 한 삼월 인자… 고것도 때대가 없어. 조까 거식 허먼은 한가허먼은 삼월 그믐즉에도 떠 불고 안 그라면은 사월 달 음력으로 사월 달에 떠 불고. 나는 통 사월 달에 많이 떴네. 그러면 양 된장이 장에서 팍 삭아 갖고 바그르르 히 갖고 노린허니 좋아.

문 메주 건져 갖고 그 액이 간장 되는 거죠?

답 응, 고놈 가는 인자 간장 되제. 미주는 건져 갖고 오가리다{항아리에다} 탁 히서 넣어 갖고 딱딱 히 놔야 좋제.

문 간장은 대려요?

답 대려{달여}. 솥에다 팍팍 대려. 대리 갖고 인자 고놈 오가리다 딱 떠 부서. 야물게 거 모그장, 모그장으로 딱 씌워서 덮어놔 버러. 그러면 좋아.

문 된장은 건진 메주로 담잖아요?

답 항.

문 그때 건진 메주만으로 된장을 담가요?

답 인자 거시기 혀. 암만도 버그르르 허먼은 거식 헌디 쬐께… 그란히나 건질 떡에 장물 그 장 없어? 고놈 조께 쳐 갖고 조께 날쌍허게{물기가 충분히 있게} 히서 딱 눌러놔야제. 그리야… 그리서 히 노먼 좋아.

문 된장 담글 때는 건진 메주로만 담가요?

답 하앙.

문 장물 섞어서?

답 인자 히 봐 갖고 미주끼가 벌커덕 허먼은 장 안 치도 허것데. 근디 암만도 버큰헌 놈도 있고 조께 *** 딴딴헌 놈도 있고 그려 장 떠보먼. 딴딴허먼 장 조께 치 갖고 팍 치대 갖고 양 오가리다 히서 딱딱 눌러놔 버러. 눌러놨다가 인자 내두었다가 인자 된장 없으먼 기양 묵어도 허기도 허고 내두었다 삭은 년에 묵으먼은 인자 팍 삭아 갖고 노::러니 좋아.

문 된장 담그면 삭는 기간은 얼마나 걸려요?

답 삭는 기간은 고것은 상관없어. 된장 없으먼 바로 묵제. 된장이 있으먼은 그놈 삭드라 두고 떨어지면 묵고 그려. 고것은 묵은 거시기가 없어. 인자 묵든 놈 묵고 인자 다 묵어 없으먼 고놈 떠다 먹고 그러제. 새 놈 먹고 그러제.

문 된장 담그실 때 콩을 새로 삶아서 넣어서 안 하시고요?

답 그케 허도 좋아. 그케 허도 좋은디. 나도 작년에 나도 인자 된장이 작을 썽 싶으먼은 장 뜰 떡에 메주 건질 떡에 콩을 서너 되 삶아. 팍 삶아 갖고 고놈 소금 쬐께 넣고 히서 막 찧어. 메주맹이로 막 찧어 갖고 고놈 된장 치댈 떡에 다 섞어서 히 노먼은 된장을 고렇게 히 노먼은 된장이 더 맛있고 좋제.

문 콩을 섞어서 된장을 담으면 더 맛있어요?

답 응응, 맛있제. 근디 통 나도 긎는디 올히는 안, 작년에 안 히 부렀어. 콩도 없고…

문 장이랑 된장 담그시면 며느리, 딸네, 시아제 또 나눠 줘요?

답 다 갖다 먹지. 인자 내가 그전이는 밭을 많이 진게 콩을 메주를 많이 쑨게 많이 주는디. 지금은 밭도 얼매 찌꾸(안 짓고) 내가 이케 돌아다닝게 양 것도 거식허도 못허고 그런게로 미주 두 말 남짓 밖에 안 쑤어. 그먼은 우리 미누리허고 우리 동서 하나허고 줘. 올히는 그도 더 갖다 먹은

가 된장이 조게 거식 허그레 시방 미주 안 쒔 부써. 시방 이 미주 우리 거 아녀. 넘{남}의 것여. 달 데가 없다고 우리 집에다 달아당만. (된장이) 있더라고 조게 있어. 있어 갖고 그놈 묵고 작으면 인자 왕실(구술자가 근무하는 고추장업체)서 사다 먹던지 글라고 올해는.

問 그래서 올해는 장 안 담그실 거예요?

答 안 담아. 안 담아 버렀어. 안 담을라고 미주도 안 쒔당게. 긎더니 또 신찮 ::허고마{시원찮고만}. 껄쩍지근허다고. 통 이케 담다가 안 담은게 이날 평생 담은디. 팔어서도 담은디. 팔어서 올해도 콩이 없어. 콩 헌 것이 일곱 되 밖에 안 힜네.

問 할머니도 콩 심으셨어요?

答 심궜는디 콩이 하나 안 일어{열어} 부써. 그래 갖고는 뽑도 안 히 부렀어. 대만 이케 섰어.

問 왜 그랬데요?

答 몰라. 어찌서 근가. 그리서 콩 또 팔아야제 뭣 히야제 귀찮으서 아이고 잡을 놈. 된장 고놈 묵어 불고 작으면은 왕실서 갖다 묵고 사다 묵고 양 그리야겄다 허고, 안 담아. 안 히 버렀어.

問 옛날부터 장 담그는 콩은 집에서 심어서 길러 했어요?

答 항. 농촌은 다 숭궈{심어} 갖고 허지요.

問 그러면 콩을 상당히 많이 심겠네요?

答 항. 숭구는 사람들은 인자 논두럭에다 숭고 인자 모지르면 또… 그전이는 밭도 많이 짓지만 지금은 모다 늘어 갖고 밭들도 안 짓고 묵은{묵힌} 밭 겁나. 안 짓고 근게로 양. 쬐께썩 담아 먹는 사람 담아 먹고 거식 헌 사람은 거식 허고 그려. 우리도 통 쑤어서 집에서 이태까 미주 쒔제. 근디 올해는 콩이 그케 한자리도 뽑아 보도 안 힜당게. 콩이 안 일어 갖고. 한나도 안 열었어.

問 옛날에 자녀들 기를 때 메주콩만 심었어요, 아니면?

답 글 떡에는 밭도 많으고 긍게 글제. 메주콩 양 겁나게 했제. 두 가마니썩 서너 가마니썩 콩 허먼은 사묵고 우리 미주 쑤고. 미주도 한 너댓 말썩 쑤어 갖고 된장도 허고 긋지. 근게 그때는 걍 지글지글 힜제. 된장도 양 거식 허먼 먹고… 지금은 밭도 안 히서 없고 밭도 짓도 못허고. 논을 또 밭을 논을 쳐 불고 어떻게 히 갖고. 그도 시방도 밭도 한 두 마지기나 남 짓 되네. 두 말 가치나 된디 고놈도 인자 못 벌어 먹겄어. (웃음)

문 거기에 뭐 심구세요?

답 고치 숭고 인자 깨 숭고 고치 숭고. 요런 텃밭에는 모다 마늘 조께 숭고 모다 저 *** 같은 거 갈아 묵고 그러제. 저 문아께{문 앞에} 막 들온데 그 마늘도 우리 꺼. 올해도 마늘도 쬐께 밖에 안 숭궜어. 귀찮히서. 고놈도 파서 헐랑게 귀찮허더라고. 밭이 째간헌게 어따 뭐 기계도 못 들오고.

1.4.7. 큰애기 때부터 고런 거만 배와 갖고 시집 왔는디

문 할머니는 이렇게 장도 담그고 고추장도 담그고 콩나물도 길러 드시고…

답 아, 옛날 사람이라 그러제. 옛날 사람이라. 큰애기 때부터 클 때부텀 고런 거만 배와 갖고 시집 왔는디. 인자 시상이 요렇게 거식 히서 글지 옛날에는 다:: 설에 히 먹었잖아.

문 큰애기 때부터 배우신 거에요?

답 항. 큰애기 때부터 히 봤지. 질쌈허고{김쌈하고} 베 짜고 삼 삶고 미영{목화} 잣고 질쌈허고 그맀어요. 아이고, 징그란 거…

문 할머니는 시집오시기 전부터 여러 가지 음식을 하셨잖아요.

답 응, 했제.

문 시집오셔 갖고도 다 하셨을 거 아녜요?

답 다 힜제.

문 할머니 따님들은 음식 만드는 것 다 배우고 시집갔어요?

답 우리 큰딸은 그랬제. 우리 큰딸은 다 배와 갖고. 우리 큰딸도 징그럽게 일도 잘 혀 아조 저 금과 발산서 산다. 일도 많이 혀. 하우스 허제 닭 키우제. 일이 많혀. 아조 일 호랭이여 우리 딸도 근디 우리 막둥이 딸은 고등학교 졸업허고… 대학을 못 갈치고 고등학교 졸업허고 직장히 갖고 직장에서 거식 허다 시집간게 밥 한 끄니도 안 해 먹고 우리 막둥이 딸은 시집을 갔어. 그도 잘 살, 그도 그리도 삽디다. (웃음)

내가 어찔 때는 부에 나고 걍. 뭐 쪼께 일 쪼께 시키면은 공무원 헐라고 아조 책만 들아보고{들여다보고} 안거서{앉아서} 안 헐라고 혀. 그면 마루 조께 닦아라, 뭐 쪼께 히라 그면 막:: 안 나와. 그면 막 고함치면 나오면은 인자 요지랄{건성으로 걸레질을} 허요 이. "걸레 빨다 마루 조께 닦아라" 그면, 요리요리 허고는 닦았다고 고지랄 허면 양 속에서 천불나 죽었어 걍. 멀킹이도{머리끄덩이도} 나한테 및 번 쥐어뜯겼소 (웃음) "저런 년이 시집가서 어찌케 살까 잉." 및 번 뜯기고 힜더이 고런 놈이 가서 잘 살데. (웃음) 나이가 시방 마흔니 살이냐 여섯 및 살이냐. 막내가.

*** 딸도 대학 대니고 그려 지금. 아들도 고등학교 대니고.

문 며느님들은 시집왔을 때 음식 할 줄 알았어요?

답 우리 큰미느리는 그도 시집와 갖고는, 큰미느리가 아부지가 일찍 돌아가셔 갖고는 오빠들 모다 갈치느라고 친정어메가 통 살림은 모리고 장사히서 아들 오빠들을 모다 갈쳤는갑데. 아들네들을 갈쳐 갖고. 인자 할머니하고 둘이 인자 시골서 삼선 어디 고등학교 졸업허고 돈도 벌러 안 가고 집이서 밥이나 히 먹고 그케 농사도 안 짓고 양 할매허고 둘이 양. 근게 우리 큰미느리는 음석 잘 히 먹었데. 시집와서 잘 히 먹읍디다. 근데 우리 작은미느리라는 사람은 또 암것도 헐지 몰라. 갖고는 그래 갖고 우리 작은아들이, 갖고는 내가 한 삼 년 통 다 짐치고 반찬 다 히서 댔어.

문 처음에 시집와 갖고?

🅣 항. 못 히 먹은게. 아들이 못 묵겄다고 헌디 어쩌. 근게 아들 주안게로, 근게로 그놈 묵고 인자 미느리가 통이랑 그륵{그릇} 갖과. 갖과서 또 어머이 헌 것 조께 배운다고 또 배우고. 그도 인자는 잘 히 묵어. 인자는 살림도 잘 허고 다 잘 히 묵어. 그때는 걍 밥도 안 히 묵고 시집가 갖고 그러제. 인자 가 갖고는 밥히 묵을랑게 음석을 히 묵을 줄을 알아 뭣 헐 줄 알아. 그러지. 우리 큰미느리는 잘 혀 지금도

🅠 할머니 세월이 어때요? 할머니 시집올 때와 달리 음식 못 하고도 시집가서 살고…

🅣 하. 그려. 글도 그리야지 어쩌. 시방 고런 사람들이 더 잘 살고. 지금은 시대가 요리 갖고 암것도, 돈만 있으면 살아. 다 사다 먹고 그란합디여 지금은. 근디 우리 막둥이 딸은 지금도 음석 같은 것은 별로여 지금도 직장에 댕이고 돈 번다고 댕이고 어찌곤게로

🅠 지금 할머니가 장도 담가서 보내 주시고?

🅣 항. 다 갖다 묵제.

🅠 고추장도, 김치도…

🅣 항. 된장, 짐치고 뭣이고 지름{기름}이고 뭣이고. 고칫가리고 뭣이고 집이서 헌 것은 쌀이고 뭣이고 다 갖다 묵지. 다 갖다 묵어 아조 우리 미느리들도 광주 산게. 가직이{가까이} 산게 없으면 드르륵 와서 싣고 가고 들어 없으면 가져가고 양. 내가 이러고 돌아다니면 지들이 양 뒤에서 또 가져가고 그려. 우리 미느리들은 인제 나 죽고 없으면 아숩첨어{아쉬울 거야}. 나(내가) 못 히 주면 아숩제. 고 다 히 주다가. 고것 또 내가 손이 커 갖고 뭣도 작게 허간다. 뭣이던지 양 히서 히 노면 양…

2. 조사된 어휘

2.1. 음식 범주 명칭으로서 '장아찌'

'장아찌'는 김치와 함께 한국의 전통 채소절임 저장식품으로, 100여종 이상이 보고되고 있다(윤서석 1991; 임희수 2002 등).

『표준국어대사전』에 따르면, '장아찌'는 "오이, 무, 마늘 따위의 야채를 간장이나 소금물에 담가 놓거나 된장, 고추장에 박았다가 조금씩 꺼내 양념하여서 오래 두고 먹는 음식"으로 정의된다. 다시 말해서, 장아찌는 '채소류'를 간장이나 소금물에 '담가' 놓거나 된장이나 고추장에 '박아' 놓았다가 꺼내 양념으로 무쳐 먹는 저장식품으로 정의된다.

그런데 이번 조사에서 수집된 장아찌의 종류를 보면, 채소류 중에서도 오이, 감, 고추, 참외, 동아 같은 '열매채소'나 무, 마늘, 양파, 더덕, 도라지 등 '뿌리채소'뿐 아니라 고들빼기, 머윗대, 깻잎, 고춧잎 같은 '잎줄기채소'까지 주재료로 사용되었고, 더 나아가 굴비장아찌나 김장아찌와 같이 채소류가 아닌 '어류'나 '해조류' 또한 장아찌의 주재료로 사용되고 있다. 이러한 장아찌 재료의 다양성에 대해서는 많은 보고가 이미 있었다(이영란 1991; 임희수 2002; 이미화·김국 2004; 추정임 2004 등). 제보자들의 말처럼, 거의 모든 생물이 장아찌 제조의 원료가 될 수 있는 것이다.

> 짱아치{장아찌} 종류는 실질적으로 종류는 시중에 할 수 있는 것들은 짱아치를 만들 수 있다고 보시면 되요 심지어 모든 생물들 있잖아요? 다 짱아치로 만들 수 있다고 보시면 되거든요. 농산물들은 마늘부터 해서 마늘쫑{마늘종}, 심지어 지금 김까지. 저희는 김짱아치는 않고 있는데, 다른 데는 김까지 짱아치를 만들고 있어요.
>
> 장아치{장아찌} 종류는 다 만들어요 근게 한 열여섯 가지됩니다. 만드는 거는

(종류를 더 많이) 만들 수는 있어요 짱아치는 별의 별개 다 짱아치가 되니까요

그리고 대부분 장아찌는 소금물이나 간장에 '담가' 놓거나 저장성의 문제 때문에 소금에 담가 절임을 한 후에 된장이나 고추장에 '박아' 놓거나 '버무리'는 것으로 보고된다. 즉 장아찌를 단순히 '된장이나 고추장에 박는다'는 개념만으로 정의하기는 어려운 것 같다. 순창고추장민속마을의 경우 장아찌를 판매를 목적으로 제조하기 때문에 생산 비용과 저장성의 문제로 원료를 직접 고추장이나 된장에 박아서 장아찌를 만드는 데 어려움이 있는 것 같다.

그럼에도 불구하고 장아찌로 분류할 수 있는 기준은 장아찌의 주재료보다도 주재료를 담그거나 박거나 버무리는 절임원인 장류의 사용이 기본이 되는 것 같다. 즉 장류가 들어갔느냐의 여부가 장아찌를 분류하는 중요한 기준인 것으로 인식되는 것 같다.

학술적으로는 '장아찌'는 "무, 오이, 깻잎 등의 채소류나 굴비, 전복 등의 어패류, 김, 파래 등의 해조류를 간장, 된장, 고추장, 젓갈, 식초, 술지게미 등 절임원에 담가 침장액의 삼투와 효소의 작용으로 독특한 풍미를 내게 하는 저장 발효식품"으로 정의된다(임희수 2002; 추정임 2004 등).

위의 장아찌 정의는 매우 다양한 재료와 절임원을 언급하고 있다. 장아찌의 주재료의 측면에서는 조사 자료에 일치한다. 그런데 순창군 조사지에서는 절임원으로 젓갈을 쓰는 경우는 없었으며 제보자들은 절임원으로 젓갈을 쓰는 경우는 장아찌가 아닌 것으로 인식하는 것으로 나타났다.

식초의 경우는 식초 자체가 절임원으로 사용되는 경우는 없는 것으로 보인다. 즉 식초에만 절임을 한 장아찌는 없는 것 같다. 그리고 울외장아찌 같이 술지게미를 이용한 장아찌의 종류가 있으나 이것은 일제시대 일본 사람들에 의해서 전파된 음식인 것으로 보고된다. 물론 술지게미를 이용한 장아찌가 일본 음식으로서 전파된 것인지 아니면 전래 음식인지에

대해서는 이견이 있는 것으로 보여 앞으로 좀 더 체계적인 조사가 필요할 것 같다.

따라서 순창군 지역에서 조사된 '장아찌'는 채소류를 비롯한 매우 다양한 재료를 소금에 담가 놓거나 또는 소금에 절이거나 말린 후 간장, 된장, 고추장 등 장류에 넣어 만든 음식으로 오래 두고 먹을 수 있는 저장성 식품을 의미하는 것으로 정리할 수 있을 것 같다.

그런데 이 범주의 음식을 가리키는 명칭으로서 '장아찌'는 실제로 음운적 측면에서는 [짱아치] 또는 [장아치]로 발음된다.

2.2. 절임원

순창에서 조사된 장아찌의 대부분은 기본적으로 식염 절임을 거친다. 그리고 난 후 고추장, 된장, 간장 등에 넣어지거나 버무려져 간이 밴 후 소비되는데, 개별 장아찌들은 이렇게 이용된 절임원에 따라서 4가지로 구분이 된다. 즉 '고추장장아찌', '된장장아찌', '간장장아찌' 및 '술지게미장아찌'다.

여기서 장류 절임원을 기본으로 한 '고추장장아찌', '된장장아찌', '간장장아찌' 관련 용어의 사용은 기본적으로 순창군장류연구사업소에서 발간한 책자에서 순창전통장아찌를 설명하는 방식에 부합한다. 순창군장류연구사업소(2007)에서 발간한 소책자에서 순창전통장아찌를 설명하는 방식을 참고하면 다음과 같다.

순창 장아찌 : 채소, 과일을 소금에 절이거나 말려서 순창전통장류(고추장, 된장, 간장)에 박거나 담그는 저장식품으로, 간을 하는 방식에 따라 고추장아찌, 간장장아찌, 된장장아찌로 나눌 수 있다. 궁중에서는 장아찌를 '장과'라고 하였는데, 오래

저장하기 위해 만든 '숙장과'와 즉석에서 만드는 '갑장과'가 있었다.

2.2.1. 고추장장아찌

'고추장장아찌'는 장아찌의 재료를 고추장에 넣어 만든 장아찌다. 만드는 데 손이 많이 가고 오래 걸린다. 옛날에 고추장장아찌는 고추장이 귀했기 때문에 장아찌 중에서 귀한 장아찌였고, 그래서 '큰 손님'이나 오셔야 내 놓는 장아찌였다고 한다.

설동순(2004)에 따르면, 고추장장아찌는 두고두고 꺼내 먹는 밑반찬으로, 초가을 무렵에 가장 많이 담그는 장아찌로 매콤달콤, 쫀득거리는 맛이 일품이다. 맨밥에 그냥 먹어도 맛이 있지만, 찬물에 말아서 장아찌를 올려서 먹으면 밥 한 그릇이 언제 사라졌는지도 모른다. 고추장장아찌는 다른 장아찌에 비해서 손이 많이 가는 게 단점이라면 단점이다. 하지만 잘 삭혀 두면 곰삭은 맛을 두고두고 몇 년 동안이라도 즐길 수 있으므로 이만한 반찬이 없다. 고추장장아찌를 담기 위해서는 어떤 재료로 장아찌를 담건 간에 일단 소금물에 절여서 짭짤한 맛이 배어들게 하는 게 중요하다. 하지만 소금의 농도를 너무 짙게 하면 고추장에 삭혀지면서 짠맛이 배가될 수 있으므로 농도를 약하게 하는 게 중요하다. 약간 짭짤하다 싶은 게 적당하다.

조사된 '고추장장아찌'는 감장아찌, 고들빼기장아찌, 고추장아찌, 고춧잎장아찌, 굴비장아찌(굴비포장아지, 통굴비장아찌), 더덕장아찌, 도라지장아찌, 동외장아찌, 두릅장아찌, 마늘장아찌, 마늘종장아찌, 매실장아찌, 머웃대장아찌, 무말랭이장아찌, 무장아찌, 밤장아찌, 뽕잎장아찌, 양파장아찌, 오이장아찌, 죽순장아찌, 참외장아찌, 취나물장아찌 등 22종이다.

[사진 114] 무장아찌

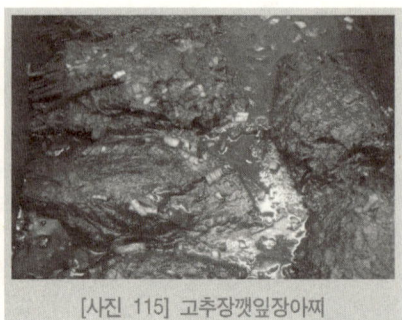
[사진 115] 고추장깻잎장아찌

2.2.2. 된장장아찌

'된장장아찌'는 장아찌의 재료를 된장에 넣어 만든 장아찌다. 옛날에 가정에서는 장아찌를 주로 된장에 넣어 담가 먹었다고 한다. 깻잎, 고추가 대표적인 된장장아찌의 재료다.

제보자들로부터 '고추장장아찌'라는 말의 사용은 어렵지 않게 들을 수 있었지만, '된장장아찌'라는 말의 사용은 직접 들을 수 없었고, 제보자들

[사진 116] 된장고추장아찌와 된장깻잎장아찌

[사진 117] 간장깻잎장아찌 [사진 118] 통마늘장아찌

은 실제 발화에서 '된장에다 넌 것' 정도로 표현하였다.

조사된 '된장장아찌'는 된장고추장아찌, 된장고춧잎장아찌, 된장깻잎장아찌, 된장무장아찌, 된장콩잎장아찌 등 5종이다.

2.2.3. 간장장아찌

'간장장아찌'는 장아찌의 재료를 간장에 담가 만든 장아찌다.

제보자들로부터 '고추장장아찌'라는 말의 사용은 어렵지 않게 들을 수 있었지만, '간장장아찌'라는 말의 사용은 직접 들을 수 없었고, 제보자들은 실제 발화에서 '간장에다 넌 것' 정도로 표현하였다.

조사된 '간장장아찌'는 간장고추장아찌, 간장김장아찌(김장아찌), 간장깻잎장아찌, 간장마늘종장아찌, 간장모듬장아찌, 마늘짱아치, 통마늘짱아치 등 7종이다.

[사진 119] 울외장아찌(1)

[사진 120] 울외장아찌(2)

2.2.4. 술지게미장아찌

'술지게미장아찌'는 장아찌의 재료를 술지게미(주박)에 넣어 만든 장아찌다. 울외장아찌가 대표적이다.

조사된 '술지게미장아찌'는 울외장아찌(청외장아찌), 주박모듬장아찌, 참외주박장아찌 등 3종이다.

절임원에 따른 장아찌의 종류를 살펴보면, 고추장장아찌의 종류가 압도적으로 많은 것을 알 수 있다. 여기서 흥미로운 점은 제보자들이 옛날에 가정에서 담가 먹었던 장아찌는 주로 소금물에 담가 삭은 후 양념으로 무쳐 먹는 장아찌나 간장이나 된장에 넣은 장아찌를 보고한다는 점이다.

제보자들이 장아찌의 절임원인 장류의 종류에 따라 장아찌의 종류를 이렇게 구분하는 방식은 발화 사용에서도 나타나지만, 특히 장아찌 선전물에서 '장아찌류'를 소개하는 것에서 확인된다. 그런데 실제 발화에서 명확한 어휘 형태로 사용되는 것은 주로 '고추장장아찌'인 것 같다. 그리고 절임원에 따라 구분된 4개의 장아찌 범주 중에 '고추장장아찌'의 종류가 월등히 많은 것으로 조사되었다. 다시 말해서, 순창고추장민속마을에서는

'고추장장아찌'가 장아찌 범주에서 가장 중심에 있는 것으로 보인다.

여기서 '술지게미장아찌'에 대한 부연 설명이 필요할 것이다. 제보자들은 실제 발화에서는 '주박(酒粕)'이라는 말보다 술지게미를 의미하는 전라도 방언형 '술찌겡이'를 사용하였고, '주박'이라는 표현은 장아찌를 상품화했을 때 상품명에 붙이는 경우가 있었다. 그리고 '고추장장아찌', '된장장아찌', '간장장아찌'와 같은 어휘로서 '술지게미장아찌' 또는 '주박장아찌'라는 명칭을 사용하지는 않았다. '술찌겡이(에) 담은 놈' 또는 '정종찌겡이(에) 담은 거'라고 표현하였다. 그리고 '술찌겡이에 담은 장아찌'는 구체적으로는 '울외장아찌'를 일차적으로 의미하는 것으로 사용하였다. 순창군장류연구사업소에서 발간한 책자에는 고추장장아찌, 된장장아찌, 간장장아찌 외에 또 하나의 분류 범주로서 울외장아찌와 같은 나머지 장아찌들, 즉 '술찌겡이에 담은 거'를 '기타 장아찌'로 구분한다.

술지게미, 즉 주박을 이용한 장아찌의 종류가 계속 개발된다면 이 범주의 장아찌들을 지칭하는 상위 범주의 명칭 또한 필요할 것이다. 그렇다면 '술지게미에 담은 장아찌'를 고추장장아찌나 된장장아찌, 간장장아찌의 명명법에 평행하게 '술지게미장아찌'나 '주박장아찌'로 조어하는 것도 고려해 볼 일이다.

마지막으로, 소금을 주절임원으로 한 장아찌와 관련하여 설명이 필요할 것 같다. 제보자들은 모든 장아찌가 기본적으로 식염 절임을 거친다고 보고한다. 즉 소금 절임은 장아찌를 담그는 한 단계로 언급된다. 그리고 소금물에만 담가 삭힌 장아찌는 제조·판매되고 있지 않다. 그런데 일반 가정에서는 소금물에 오이나 감 같은 재료를 담가 삭힌 후 꺼내어 갖은 양념으로 무쳐 먹는 장아찌에 대한 보고가 있다. '술지게미에 담근 장아찌'처럼 직접적으로 장류와 관계는 없지만 '소금물에 담근 장아찌'로 인식되는 장아찌 종류가 있다. 따라서 이번 조사에서 '절임원'에 따라 장아찌를 구분하는 방식에서 '소금물에 담근 장아찌'를 포함시키지 않은 것은 순창 고추장민속마을에서 수집된 자료가 중심이 되고 있기 때문이다.

2.3. 주재료별 장아찌의 종류

'별의 별개 다 장아찌가 된다'는 한 제보자의 말이 시사하는 바와 같이, 장아찌의 종류는 매우 다양하다. 이번 조사에서 수집된 장아찌의 종류는 39가지이며, 개별 장아찌를 지시하는 데 교체적으로 사용되는 형태적 또는 음운적 변이형을 합하면 47가지의 명칭이 조사되었다.

참고로, 인터뷰 과정에서 제보자들은 장아찌의 종류를 열거하거나 장아찌의 담그는 방법을 설명할 때 장아찌의 이름을 전체로 말하기보다는 음식 범주명을 생략한 채 재료명 위주로, 즉 예를 들어 마늘종장아찌는 '마늘종', 깻잎장아찌는 '깻잎', 고들빼기장아찌는 '고들빼기'로 말하는 경향이 많았다. 따라서 제보자들의 구술발화 속에는 때때로 장아찌 이름과 장아찌의 재료명이 같은 어휘로 사용된다. 물론 이러한 어휘 사용의 의미 구분은 사용 맥락에 의해서 충분히 이해 가능하다.

그리고 장아찌의 이름을 전체 형태로 발화해 줄 것을 요청한 경우에도 제보자들은 이야기를 진행하다 보면 어느새 다시 축소형의 장아찌 이름을 사용하고 있었다. 그러나 이것은 자연 발화 상황에서 제보자들이 실제로 사용하는 언어 형태이기 때문에 이 또한 의미 있는 자료일 것이다.

아래에 열거할 장아찌의 종류 명칭은 제보자들과의 인터뷰를 통하여 수집되었지만, 제보자들이 운영하는 매장의 선전물에 제시된 명칭들, 진열대의 이름표를 또한 참고하였음을 밝힌다.

여기서는 주재료별로 장아찌의 종류와 명칭을 정리하고자 한다. 장아찌의 주재료는 '농산물'과 '수산물' 2가지로 대분되는데, 구체적으로는 6가지로 구분될 수 있다. 즉 '열매채소', '뿌리채소', '잎줄기채소', '어류', '해조류' 및 '기타'다.

'열매채소' 장아찌에 쓰인 재료는 감, 고추, 동아, 매실, 밤, 오이, 울외, 참외 등 8종이다. '뿌리채소' 장아찌에 쓰인 재료는 더덕, 도라지, 마늘, 무, 양파 등 5종이다. '잎줄기채소' 장아찌에 쓰인 재료는 고들빼기, 고춧잎, 깻잎, 두릅, 마늘종, 머윗대, 뽕잎, 죽순, 취나물, 콩잎 등 10종이다. '어류' 장아찌에 쓰인 재료는 굴비 1종이다. '해조류' 장아찌에 쓰인 재료는 김 1종이다. 그리고 마지막으로, '기타'는 여러 종류의 재료를 섞은 것을 의미한다.

이러한 재료의 특성에 따라 장아찌를 구분하면 다음과 같다.

2.3.1. 열매채소

이번 조사에서 '열매채소'를 재료로 한 장아찌의 종류로는, 간장고추장아찌, 간장울외장아찌, 감장아찌, 고추장아찌(풋고추장아찌), 동외장아찌, 된장고추장아찌, 매실장아찌, 밤장아찌, 오이장아찌, 울외장아찌(청외장아찌), 참외장아찌, 참외주박장아찌 등 모두 12가지가 조사되었다.

1) 간장고추장아찌

'간장고추장아찌'는 풋고추를 간장에 담가 만든 장아찌다. 줄여서 '간장고추'라고도 한다.

『표준국어대사전』에 등재된 '풋고추장아찌'는 "풋고추를 맹물에 넣어 무엇으로 꼭 눌러 두었다가 가을에 건져 내어 짜서 간장에 넣고 고명을 한 음식"으로 정의되어 있어, 조사지에서 '간장고추장아찌'로 조사된 것과 같은 음식으로 보인다.

2) 간장울외장아찌

'간장울외장아찌'는 울외를 간장에 담가 만든 장아찌다. 줄여서 '간장울외'라고도 한다.

[사진 121] 통으로 된 감장아찌   [사진 122] 썰은 감장아찌

3) 감장아찌

'감장아찌'는 땡감 상태의 먹감을 고추장에 넣어 만든 장아찌다. 또는 소금물에 담가 삭힌 후 양념으로 무쳐 먹기도 한다.

4) 고추장아찌

'고추장아찌'는 풋고추를 고추장에 넣어 만든 장아찌다. '풋고추장아찌'라고도 한다.

5) 동외장아찌

'동외장아찌'는 꼬막가루에 넣었던 동아를 고추장에 넣어 만든 장아찌다. 표준어형으로는 '동아장아찌'에 해당할 것이다. 재료를 구하기가 어려워 잘 담그지 않고 있다.

6) 된장고추장아찌

'된장고추장아찌'는 풋고추를 소금에 삭힌 후 된장에 넣어 만든 장아찌다. 고추를 썰어서 양념으로 무쳐 먹기도 한다. 줄여서 '된장고추'라고도 한다.

7) 매실장아찌

'매실장아찌'는 매실을 고추장에 넣어 만든 장아찌다. 만들기가 수월한 장아찌 중 하나다. 건강에 대한 관심이 높아지면서 많이 판매되는 장아찌 종류다.

[사진 123] 매실장아찌

8) 밤장아찌

'밤장아찌'는 밤을 고추장에 넣어 만든 장아찌다. 순창군에서 많이 나는 밤을 이용하여 새로 개발된 장아찌의 종류다.

9) 오이장아찌

'오이장아찌'는 오이를 고추장에 넣어 만든 장아찌다. 또는 소금물에 담가 삭힌 후 양념으로 무쳐서 먹기도 한다.

『표준국어대사전』에 등재된 '오이장아찌'는 "오이를 소금에 절였다가 기름에 볶아 만들거나 날오이를 진장에 넣어 만든 반찬"으로 정의되고 있어, '숙장아찌'에 해당한다. 즉 조사된 어휘와 상당한 의미의 차이를 보인다. 따라서 식염 절임 후 고추

[사진 124] 오이장아찌

장에 버무리는 고추장장아찌로서 '오이장아찌'의 의미 추가가 필요한 것으로 보인다. 또한 소금물에 담가 삭힌 후 썰어 갖은 양념으로 무쳐 먹는 장아찌로서 '오이장아찌'도 있음을 고려해야 할 것이다.

10) 울외장아찌

'울외장아찌'는 울외를 술지게미에 담가 만든 장아찌다. 한 제보자는 제품명인 '울외장아찌'가 이 범주의 장아찌를 지칭하는 일반 명칭으로 사용되고 있는 것으로 진술하였다.

제보자에 따르면, 울외장아찌는 일제시대 일인들에 의해서 전래된 음식으로 '나나스키' 또는 '나라스키'라고 한다. 그런데 전통적으로 술지게미를 이용한 장아찌가 한국에도 있었다는 이견이 있는 것 같다. 따라서 술지게미를 이용한 장아찌가 전파된 외래 음식인지 전래된 토착 음식인지에 대한 정밀한 확인이 필요할 것으로 보인다.

또 다른 제보자는 '울외'의 정확한 학명이 '백가지'라고 설명하였는데 식물학적 확인이 필요하다. '백과(白瓜)', '월과(越瓜)'라는 명칭과의 정확한 관계도 확인할 필요가 있다.

11) 참외장아찌

'참외장아찌'는 참외를 고추장에 넣어 만든 장아찌다.

『표준국어대사전』에 등재된 '참외장아찌'는 "참외로 만든 장아찌. 참외를 썰어서 간장을 치고 고명을 두른다"고 정의되어 있다. 구체적인 정보가 부족하기는 하지만 간장장아찌에 해당하는 것으로 보인다. 그러나 조사된 어휘는 고추장에 넣는 고추장장아찌로서 의미의 차이가 있다. 또한 부안에서는 참외를 간장에 담그거나 된장에 넣어 장아찌를 담그기도 한다는 보고가 있었다. 따라서 의미의 추가가 필요할 것이다.

12) 참외주박장아찌

'참외주박장아찌'는 참외를 술지게미에 넣어 만든 장아찌다.

13) 청외장아찌

'청외장아찌'는 울외를 술지게미에 넣어 만든 장아찌다. '울외장아찌'를 가리키는 다른 표현형으로 제품명이다.

14) 풋고추장아찌

'풋고추장아찌'는 풋고추를 고추장에 넣어 만든 장아찌다. '고추장아찌'라고도 한다.

『표준국어대사전』에 등재된 '풋고추장아찌'는 "풋고추를 맹물에 넣어 무엇으로 꼭 눌러 두었다가 가을에 건져 내어 짜서 간장에 넣고 고명을 한 음식"으로 정의되어 있어, 조사지에서 '간장고추장아찌'로 조사된 것과 같은 음식으로 보인다. 조사된 풋고추장아찌는 '소금물에 절인 후 고추장에 넣어' 만든 고추장장아찌로, 절임원인 장의 종류에서 차이가 있다.

2.3.2. 뿌리채소

이번 조사에서 '뿌리채소'를 재료로 한 장아찌의 종류로는, 더덕장아찌, 도라지장아찌, 된장무장아찌, 마늘장아찌, 무말랭이장아찌, 무장아찌(무시장아찌), 양파장아찌, 통마늘장아찌 등 모두 8가지가 조사되었다.

1) 더덕장아찌

'더덕장아찌'는 더덕을 고추장에 넣어 만든 장아찌다.

한 제보자에 따르면, 옛날에도 더덕장아찌는 고추장에 넣어 먹었는데 부자들이나 먹던 음식이었다고 한다. 한마디로 더덕장아찌는 '고추장장아찌의 귀족'이라고 할

[사진 125] 더덕장아찌

수 있다(설동순 2004). 매실장아찌와 함께 많이 판매되는 장아찌 종류다.

『표준국어대사전』에 등재되어 있는 '더덕장아찌'는 "더덕과 쇠고기를 한 조각씩 맞붙여 양념하여 구운 뒤에 간장에 담근 반찬"으로 정의되어 있다. 쇠고기와 함께 간장에 담근 간장장아찌로서 숙장아찌에 해당하는 것 같다. 즉 조사된 어휘와 의미의 측면에서 차이가 있다. 따라서 고추장에 넣어 만든 장아찌로서의 의미 추가가 필요할 것이다.

2) 도라지장아찌

'도라지장아찌'는 도라지를 고추장에 넣어 만든 장아찌다.

『표준국어대사전』에 등재된 '도라지장아찌'는 "도라지 뿌리를 우려서 쓴 맛을 빼고 말린 다음, 고추장이나 된장에 담가 만든 음식"으로 정의되어 있는데, 제보자들은 도라지를 식염 절임을 한 후 탈염공정을 거쳐 고추장에 넣는다고 보고한다. 즉 '말리는 과정'을 하지 않는다는 점에서 차이가 있다.

3) 된장마늘장아찌

'된장마늘장아찌'는 마늘을 된장에 넣어 만든 장아찌다. 줄여서 '된장마

늘'이라고도 한다.

　이 장아찌 종류는 제보자들의 직접 발화에서 수집한 것이 아니라 순창 군장류연구소에서 발간한 자료용 팸플릿에서 수집한 것이다.

4) 된장무장아찌

　'된장무장아찌'는 무를 된장에 넣어 만든 장아찌다. 줄여서 '된장무'라고도 한다.

5) 마늘장아찌

　'마늘장아찌'는 마늘을 간장이나 고추장에 넣어 만든 장아찌다.

　『표준국어대사전』에 등재된 '마늘장아찌'는 "마늘이나 마늘종, 마늘잎을 식초와 설탕에 절여 진간장에 넣어 두었다가 간이 밴 다음에 먹는 반찬"으로 정의되어

[사진 126] 마늘장아찌

있어 간장에 넣은 장아찌만을 의미하고 있다. 반면에, 조사된 마늘장아찌는 간장뿐만 아니라 고추장에 넣은 장아찌도 포함된다. 따라서 '마늘장아찌'의 의미 추가가 필요한 것으로 보인다. 그리고 등재된 '마늘장아찌'는 마늘뿐 아니라 마늘종, 마늘잎을 모두 포함하는 상위 범주 명칭으로서 '마늘장아찌'로 넓게 정의하고 있는 반면, 제보자들은 마늘 자체만으로 담근 장아찌를 '마늘장아찌'로 보며 '마늘종'으로 담근 장아찌는 '마늘종장아찌'로 구분하여 사용하고 있다는 점 또한 주목된다.

6) 무말랭이장아찌

'무말랭이장아찌'는 말린 무를 간장이나 고추장에 넣어 만든 장아찌다. 『표준국어대사전』에 등재된 '무말랭이장아찌'는 "썰어서 말린 무를 물에 살짝 씻어서 물기가 없이 꼭 짠 뒤에 간장에 담가 두었다가 갖은 양념에 무친 것"으로 정의되어 있어, 간장장아찌에 해당한다. 그런데 조사된 '무말랭이장아찌'는 고추장에 넣어 만든 고추장장아찌에 해당한다는 차이점이 있어 의미의 추가가 필요할 것이다.

7) 무시장아찌

'무시장아찌'는 무를 간장과 고추장에 넣어 만든 장아찌로, '무장아찌'의 전라도 방언형이다.

8) 무장아찌

'무장아찌'는 무를 간장과 고추장에 넣어 만든 장아찌다. 순창고추장민속마을 판매장들의 선전물이나 장아찌 명패에 '무우장아찌'로 표기된 경우가 있다.

『표준국어대사전』에 등재된 '무장아찌'는 "간장에 불린 무말랭이나 썰어 절여서 물을 뺀 무를 기름에 볶아서 고명을 한 반찬"으로 정의하고 있어, 조사된 어휘와 상당한 의미 차이를 보이고 있다. 따라서 식염 절임과 간장 절임 후 고추장에 버무리는 장아찌인 고추장장아찌의 의미 추가가 필요한 것으로 보인다.

9) 양파장아찌

'양파장아찌'는 양파를 고추장에 넣어 만든 장아찌다.

10) 통마늘장아찌

'통마늘장아찌'는 통마늘을 간장에 담가 만든 장아찌다. 일반 가정에서는 깐 마늘을 간장에 담가 만든 장아찌나 통마늘을 간장에 담가 만든 장아찌나 모두 '마늘장아찌'라고 한다. 반면에, 순창고추장민속마을에서는 깐 마늘을 고추장에 담가 만든 '마늘장아찌'와 구별하여 통마늘을 간장에 담근 장아찌를 '통마늘장아찌'라고 명명하여 사용하는 것으로 나타났다.

2.3.3. 잎줄기채소

이번 조사에서 '잎줄기채소'를 재료로 한 장아찌의 종류로는, 간장깻잎장아찌, 간장마늘종장아찌, 고들빼기장아찌, 고춧잎장아찌, 깻잎장아찌(고추장깻잎장아찌), 된장깻잎장아찌, 된장고춧잎장아찌, 된장콩잎장아찌, 두릅장아찌, 마늘종장아찌, 머웃대장아찌, 뽕잎장아찌, 죽순장아찌, 취나물장아찌 등 모두 14가지가 조사되었다.

1) 간장깻잎장아찌

'간장깻잎장아찌'는 들깻잎을 간장에 담가 만든 장아찌다. 줄여서 '간장깻잎'이라고도 한다.

2) 간장마늘종장아찌

'간장마늘종장아찌'는 마늘종을 간장에 담가 만든 장아찌다. 줄여서 '간장마늘종'이라고도 한다. 원재료인 '마늘종'은 실제로는 [마늘쫑]으로 발음된다. 따라서 보통 [간장마늘쫑짱아치]로 발음된다.

3) 고들빼기장아찌

'고들빼기장아찌'는 고들빼기를 고추장에 넣어 만든 장아찌다. 주원료인 '고들빼기'는 실제로는 [꼬들빼기]로 발음된다. 따라서 [꼬들빼기짱아치]로 보통 발음된다.

4) 고추장깻잎장아찌

'고추장깻잎장아찌'는 들깻잎을 고추장에 넣어 만든 장아찌다. 줄여서 '고추장깻잎'이라고도 한다.

5) 고춧잎장아찌

'고춧잎장아찌'는 ① 고춧잎을 고추장에 넣어 만든 장아찌, ② 고춧잎과 무말랭이를 섞어 고추장에 넣어 만든 장아찌, ③ 고춧잎을 소금물에 삭힌 후 갖은 양념으로 무친 장아찌다. 줄여서 '고춧잎'이라고도 한다.

순창고추장민속마을에서 조사된 고춧잎장아찌는 소금물에 삭힌 후 고추장에 넣는 고추장장아찌인데, 집에서 해 먹는 경우 고춧잎을 소금물에 삭힌 후 꺼내 갖은 양념으로 무쳐 먹는 장아찌도 있다.

『표준국어대사전』에 등재된 '고춧잎장아찌'는 "삶아서 말린 고춧잎과 말린 무장아찌를 섞어서 장을 치고 양념을 한 반찬"으로 정의되어 있다. '장'을 친 간장장아찌 종류로 무말랭이와 고춧잎을 섞은 장아찌인 듯하다. 조사된 고춧잎장아찌는 고춧잎만을 담근 고추장장아찌나 고춧잎과 무말랭이를 섞은 장아찌지만 간장이 아니라 고추장에 넣은 장아찌로 사전상의 지시물과 차이가 있다.

6) 깻잎장아찌

'깻잎장아찌'는 들깻잎을 고추장에 넣어 만든 장아찌다. '고추장깻잎장아찌'라고도 한다.

7) 된장고춧잎장아찌

'된장고춧잎장아찌'는 고춧잎을 된장에 넣어 만든 장아찌다. 줄여서 '된장고춧잎'이라고 한다.

8) 된장깻잎장아찌

'된장깻잎장아찌'는 들깻잎을 된장에 담가 만든 장아찌다. 줄여서 '된장깻잎'이라고도 한다.

9) 된장콩잎장아찌

'된장콩잎장아찌'는 콩잎을 된장에 넣어 만든 장아찌다. 줄여서 '된장콩잎'이라고도 한다. 경상도 소비자를 겨냥하여 새로 개발한 장아찌의 종류다.

10) 두릅장아찌

'두릅장아찌'는 두릅을 고추장에 넣어 만든 장아찌다.

11) 마늘종장아찌

'마늘종장아찌'는 마늘종을 고

[사진 127] 두릅장아찌

추장에 넣어 만든 장아찌다. 원재료인 '마늘종'은 [마늘쫑]으로 발음된다. 따라서 보통 [마늘쫑짱아치]로 발음된다.

『표준국어대사전』은 마늘종을 포함하여 마늘, 마늘잎을 간장에 담가 만든 장아찌를 '마늘장아찌'로 정의하고 있다. 그러나 이번 조사에서 마늘만으로 만든 '마늘장아찌'와 마늘종으로 만든 '마늘종장아찌'가 지시물과 함께 어휘상으로 구분되고 있음이 확인된다. 또한 간장이 아니라 고추장에 넣은 마늘종장아찌의 의미로 명칭이 사용되고 있다.

12) 머웃대장아찌

'머웃대장아찌'는 머위의 대를 고추장에 넣어 만든 장아찌다. 표준어형으로는 '머윗대장아찌'에 해당할 것이다. '머위장아찌'의 전라도 방언형이다. 원재료인 '머위'의 대를 [머웃대]로 발음한다.

『표준국어대사전』에 등재된 '머위장아찌'는 "껍질을 벗긴 머위의 잎과 줄기를 적당한 크기로 잘라서 설탕을 탄 장물에 조린 음식"으로 정의되어 있어, 담금법으로 볼 때 조사지에서 '간장장아찌'에 해당하는 숙장아찌다. 그러나 조사지에서 '머웃대장아찌'는 고추장에 넣어 만든 고추장장아찌로 의미상의 차이가 있다.

[사진 128] 마늘종장아찌(1)

[사진 129] 마늘종장아찌(2)

13) 뽕잎장아찌

'뽕잎장아찌'는 뽕잎을 고추장에 넣어 만든 장아찌다. 순창군에서 많이 나는 뽕잎을 이용하여 새로 개발된 장아찌의 종류다.

14) 죽순장아찌

'죽순장아찌'는 죽순을 고추장에 넣어 만든 장아찌다.

15) 취나물장아찌

'취나물장아찌'는 취나물을 고추장에 넣어 만든 장아찌다.

[사진 130] 취나물장아찌

2.3.4. 어류

이번 조사에서 '어류'를 재료로 한 장아찌의 종류로는, 굴비장아찌(굴비포장아찌, 통굴비장아찌) 1가지가 조사되었다.

1) 굴비장아찌

'굴비장아찌'는 굴비를 고추장에 넣어 만든 장아찌다. 굴비장아찌는 귀한 재료로 담그는 만큼 정성이 참 많이 들어간다. 판매되는 장아찌 중 가장 고가의 장아찌 종류다.

[사진 131] 굴비장아찌

2) 굴비포장아찌

'굴비포장아찌'는 말린 굴비를 찢어서 살만을 고추장에 박은 장아찌로, '통굴비장아찌'에 상대하여 이르는 말이다. '찢은 굴비장아찌'라고도 한다.

3) 통굴비장아찌

'통굴비장아찌'는 굴비를 통째로 고추장에 담가 만든 장아찌로, '굴비포장아찌' 또는 '찢은 굴비장아찌'에 상대하여 이르는 말이다.

2.3.5. 해조류

이번 조사에서 '해조류'를 재료로 한 장아찌의 종류로는 김장아찌(간장김장아찌) 1가지가 조사되었다.

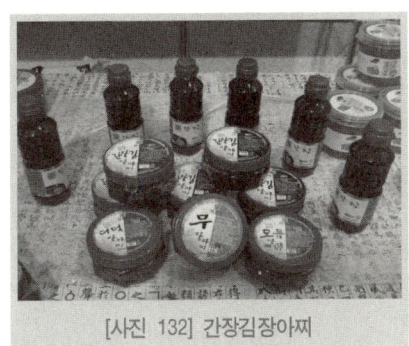 [사진 132] 간장김장아찌
 [사진 133] 김장아찌

1) 간장김장아찌

'간장김장아찌'는 김을 간장에 담가 만든 장아찌다. 그냥 '김장아찌'라고도 한다.

2) 김장아찌

'김장아찌'는 김을 간장에 담가 만든 장아찌다. 절임원인 간장을 명시하여 '간장김장아찌'라고도 한다.

2.3.6. 기타

이번 조사에서 여러 재료가 섞인 장아찌 종류로는 간장모듬장아찌, 모듬장아찌, 주박모듬장아찌 등 모두 3가지가 조사되었다.

1) 간장모듬장아찌

'간장모듬장아찌'는 고추, 울외, 마늘 등을 섞어 간장에 담가 만든 장아찌다. 줄여서 '간장모듬'이라고도 한다.

[사진 134] 간장모듬장아찌 [사진 135] 모듬장아찌

2) 모듬장아찌

'모듬장아찌'는 무, 오이, 감, 마늘, 마늘종, 더덕, 도라지, 죽순, 연근 등을 섞어 고추장에 넣어 만든 장아찌다. 여러 가지 재료를 모아 섞어서 만든 장아찌라고 해서 붙여진 명칭으로 '종합장아찌'라고도 한다.

모듬장아찌는 한 10여년 전부터 판매되고 있다. 옛날에는 이렇게 여러 가지 재료가 섞여진 장아찌는 없었고, 재료별로 만들어진 장아찌만 먹었다. 모듬장아찌는 여러 가지 재료가 섞여져서 한번에 여러 가지 맛을 볼 수 있고 먹기 편하기 때문에 판매가 잘 되는 장아찌의 종류다.

3) 주박모듬장아찌

'주박모듬장아찌'는 모듬장아찌를 술지게미에 넣어 만든 장아찌다.

이상 장아찌 종류를 지시하는 47개 어휘 중에서 동일한 지시물(referent)을 가리키는 중복 어휘, 즉 간장김장아찌 / 감장아찌, 고추장깻잎장아찌 / 깻잎고추장, 고추장아찌 / 풋고추장아찌, 무시장아찌 / 무장아찌, 울외장아찌 / 청외장아찌, 굴비장아찌 / 통굴비장아찌, 굴비포장아찌를 제외하면 주재료별 장아찌의 종류는 모두 39개다.

재료와 재료별 장아찌의 종류를 살펴보면, 재료별로 적게는 1종 많게는 3종의 장아찌가 만들어지고 있다. 한 재료에서 3종의 장아찌가 나오는 경우는 '고추'와 '깻잎'을 재료로 한 장아찌인데, 절임원 장류를 달리함으로써 3종류의 장아찌가 만들어지고 있다. 즉 고추장아찌, 된장고추장아찌, 간장고추장아찌, 깻잎장아찌, 된장깻잎장아찌, 간장깻잎장아찌 등이다. 이렇듯 하나의 재료에 2종 또는 3종의 장아찌가 나오는 경우는 절임원인 장류의 종류에 따른 구분이다. 결국 장아찌의 종류를 구분할 때 재료의 종류와 절임원의 종류의 결합이 중요한 것으로 보인다.

재료의 특성에 따라 장아찌의 종류를 구분하였을 때, '열매채소' 장아찌, '잎줄기채소' 장아찌, '뿌리채소' 장아찌가 재료 및 장아찌의 종류가 가장 많은 것으로 나타났다. 그리고 '어패류' 장아찌와 '해조류' 장아찌는 각각 1종인 것으로 나타났다. 여기서 열매채소, 뿌리채소, 잎줄기채소는 모두 식물성으로 농산물에 해당하고, 어패류와 해조류는 모두 수산물에 해당한다는 측면에서 볼 때, 장아찌의 주재료는 수산물보다는 농산물임을 알 수 있다. 따라서 이러한 측면에서 장아찌를 '채소 절임 저장식품'으로 일반화할 수 있을 것이고, 수산물을 이용한 장아찌는 장아찌의 음식 범주에서 가장 주변적인 장아찌 종류로 볼 수 있을 것이다.

여기서 굴비와 무를 주재료로 한 장아찌의 구분에 대해서는 잠깐 부연 설명을 덧붙이고자 한다.

'굴비'를 재료로 한 '굴비장아찌', '통굴비장아찌', '굴비포장아찌'의 경우, '굴비장아찌'는 통굴비장아찌와 굴비포장아찌를 모두 포함하는 상위 범주(superordinate category)의 명칭으로 사용된다. 제보자들에 따르면, 원래 굴비를 통째로 장아찌를 담가 왔으나 소비에 불편함이 있어서 말린 굴비의 찢은 살만으로도 굴비를 담게 되었다. 따라서 '통굴비장아찌'와 '굴비포장아찌'는 하위 범주(subordinate category)로서 상위 범주인 '굴비장아찌'에 포함되며, '통굴비장아찌'와 '굴비포장아찌'는 주재료가 처리된 형태, 즉 '통째 / 포'라는 의미 차원에 따라 서로 구분된다.

'무'를 재료로 한 '된장무장아찌', '무말랭이장아찌', '무장아찌'의 경우, 주재료인 무가 처리된 상태, 즉 '생 무/말린 무'라는 의미 차원에 따라 '무말랭이장아찌'를 '된장무장아찌', '무장아찌'와 구분할 수 있다.

이상으로 정리한 장아찌의 종류 관련 명칭의 언어적 형태는 몇 가지 측면에서 그 구성적 특징을 살펴볼 수 있을 것 같다.

첫째, 장아찌의 명칭은 주로 주재료명에 음식 범주 명칭인 '장아찌'를 결합한 형태, 즉 <주재료명+장아찌>로 구성되고, 이것이 장아찌 명칭의 기본형을 이루고 있다. 그런데 장아찌 명칭의 기본형인 <주재료명+장아찌>로 명명된 장아찌는 절임원 장류가 기본적으로 '고추장'인 점이 주목된다. 즉 '고추장장아찌'에 해당하는 장아찌의 종류들에 이러한 명칭 형태가 사용된다.

둘째, 여러 가지 재료를 섞어 만든 장아찌의 경우는 '여러 가지 재료를 모아 놓은 장아찌'라는 의미에서 '장아찌' 앞에 '모듬'을 붙인 형태, 즉 <모듬+장아찌>의 형태로 어휘를 구성하고 있다.

셋째, 절임원인 장류가 특히 간장이나 된장인 경우 장류의 이름이 맨 앞에 붙은 형태, 즉 <장류명+주재료명+장아찌>의 형태로 장아찌의 명칭이 구성된다. 이것은 기존의 가장 전형적인 장아찌의 형태를 변형하거나 새로 개발된 장아찌에 명칭을 붙일 때 이러한 경향을 보이는 것으로 이해된다. 예를 들어, '간장김장아찌', '간장깻잎장아찌', '된장깻잎장아찌', '주박모듬장아찌' 등과 같다. 그런데 이런 경우 음식 범주 명칭인 '장아찌'를 발화나 표기에서 생략하는 경우가 있다. 언어 사용의 경제성 원리에 의거해 볼 때 아마도 명칭이 너무 길어지기 때문에 축소 형태를 사용하는 경향을 보이는 것으로 추론된다.

그런데 여기서 흥미로운 점은, 앞에서도 언급하였지만, 고추장에 넣는 장아찌의 종류에는 굳이 장아찌의 이름 앞에 절임원의 종류를 밝히지 않는다는 점이다. 즉 '고추장깻잎장아찌'의 경우를 제외하면, 절임원의 장류명을 밝힌 장아찌는 간장, 된장을 이용한 것이다. 그리고 '울외장아찌'의 경우는 기본적으로 술지게미, 즉 주박을 이용한 장아찌의 기본형이기 때문에 장아찌 이름에 굳이 '주박'을 붙이지 않는다. 하지만 주박을 이용해 새로 개발된 참외장아찌, 모듬장아찌의 경우는 장아찌 이름에 '주박'을 붙임으로써 기본적으로 고추장에 넣은 장아찌와 구분하고 있다. 예를 들어, '참외주박장아찌', '주박모듬장아찌' 등과 같다.

그리고 장아찌 종류의 변화를 살펴보면, 장아찌의 종류가 새롭게 개발되고 있음이 관찰된다. 제보자들에 따르면, 과거에는 무장아찌, 오이장아찌, 동외장아찌, 더덕장아찌, 감장아찌, 고추장아찌, 깻잎장아찌 정도가 가장 기본 형태의 장아찌였던 것 같다. 반면에, 순창군에서 많이 나는 지역 산물을 이용한 밤장아찌나 뽕잎장아찌, 또는 해조류를 이용한 김장아찌 등이 새롭게 개발되어 소개되고 있다.

2.4. 장아찌 관련 기타 어휘

2.4.1. 장아찌 담그기

장아찌를 담그는 방법은 매우 다양하다. 한 연구는 35종류의 장아찌를 담그는 방법이 무려 88가지가 있는 것으로 보고하기도 하였다(추정임 2004). 개인마다 가정에서 필요에 따라, 상황에 따라, 또는 기호에 따라 한 재료로 여러 가지 방법으로 장아찌를 담그기 때문으로 추정된다. 물론 이번 조사의 제보자들은 상품화를 목적으로 장아찌를 생산하고 있기 때문에 어느 정도 규격화된 일정한 공정이 있는 것으로 파악되었다. 그러나 또한 재료에 따라 공정 단계에 차이가 있는 것으로 보고된다. 그런데 기본적인 맥락은 모든 장아찌가 유사한 것 같다.

따라서 여기서는 장아찌를 담그는 과정에 대한 제보자들의 구술발화를 제시함으로써 장아찌를 담그는 기본적인 과정을 살펴보고자 한다.

1) 무장아찌 담그기

무짱아치는 처음에 무시를{무를} 갖다가 다 긁어서 긁기만 혀. 그리 갖고는 무시가 요만썩 허니 큰게. 큰:: 무시로 혀. 요런 것(둥글고 작은 조선무)은 히도 돼도 않여. 큰 무시로 허먼은, 고놈이 그도 물 빠지먼 요만빼끼{이만밖에} 않여. 작아져. 갖고는 다듬어 갖고 안 씻고, …… 여그 따르고(자르고) 여그 따 갖고는 극기만{긁기만} 혀. 히 갖고는 가운데를 뽀개{빠개}. 무시가 하도 큰게. 뽀개 갖고 인자 소금이다 간혀. 간히 노먼은 고놈이 한 댓새 …… 두먼은 팍 안 가랑글 거{가라앉을 것} 아녀? 고놈을 또 다른 데다 앵겨{옮겨}. 앵겨 갖고 또 양 소금을 막 흐쳐서 양, 히서 딱 눌러놔 부러. 갖고는 작년이 요때(11월) 헌 무시가 시방도 간물에 가 자빠져 있어. …… 고케 히 갖고 인자 고놈을 내다가 왜간장에다 담과. 왜간장 겁나게 사다가 고놈을 양 통에다 붓고 왜간장 히서 딱 눌러놔 부러. 그먼 왜간장에서 일 년 남짓 내 두먼은, 일 년도 뒤도 좋고 인자. 근게 무시는 시방 및 년 된 놈여 모다{모두}. 한 일 년, 이 년 있어서는 무시가 좋들 아녀. 속이 안 삘여{빨개}. 근게 고케 오래 두야야 속이 걍 빨::글허이 까마이 빨::글허니(검붉게) 좋제. 그렇게 히 갖고 인자 왜간장에다 내 담과 놨다가 일 년 두던지 이 년 두먼은 인자 고놈을 싹 내. …… 싹 내 갖고 인자 납작허게 썰어 갖고 인자 또 엿허고, 물엿. 물엿허고 고치장허고 양 막:: 이케 섞어. 히서 딱딱 눌러놓고 딱딱 히 놓고. 물도 암::것도 붓지 말고 물엿만 히 갖고 고치장허고 득득 묻혀 갖고, 통에다가 담고, 담고 히 갖고 탁 눌러놔. 눌러노먼 인자 및 달 그냥 돼서, 냅놔둬{내버려둬}. 그먼은 거 그서 또 고놈을 또 빼. 왜냐면 무시에서 물이 나온게, 물이 출렁 히 부러. 출렁 히 부러, 무시에서 물이 나온게로 그먼은 빼 갖고는 고놈을 인자 또 썰어 갖고 인자 또 고추장에다 버무리고. 고추장 물에다가 서너 번 고케 히야 혀. 히서 인자 딱 눌러놔 부러. 눌러노먼 인자 일 년이고 이 년이고 걍 냅둬 버러. 글면 인자 팔라고 헐 때, …… 팔면 또 내서 또 (고추장에) 되백이를{되박이를} 혀. 그먼 무시가 그렇게 까만고롬 히 갖고는 속이 빨글허니 좋아. 사그락사그락 허니 좋아. …… 더덕 같은 것도 글고. 다른 오이 같은 것도 글고 그려.

2) 감장아찌 담그기

감짱아치는 (그렇게) 안 허제. 감짱아치는 또 틀려{달라}. 어서 그랬냐 믄 감은 시방 안 써요{썰어요?}? (조사 당시 순창고추장민속마을에서는 소금물에 담가 삭힌 감을 꺼내 썰고 있었다.) 쓰{썰어} 갖고 사탕가리를 막 묻혀 갖고 양 놓고 사탕가리를 흩치고, 사탕가리가 많이 들어가, 고것은. 돌로 탁 눌러놓고, 인자 또 이케 물 빼 갖고 또 사탕가리를 히서 탁 히서 눌러노먼, 꼬득꾸득 허니 참 좋아. …… 원{온, 통} 놈을 썰어 갖고, 사탕가리로 버무러 갖고 사탕가리를 흩쳐서 탁 재 놔야 헌단게. 고추장

[사진 136] 감장아찌 감 썰기

[사진 137] 설탕에 재어 놓은 감

는{넣은} 것은 인자 팔라고 헐 때 늫제{넣지}. 감은 또 고케 사탕가리로 만 조미를 혀.

(장아찌를 만드는 감은) 감, 먹감. 짱아치는 고것이 제일이도만 히 본게. 먹감이라고 감이 몸둥아리가 꺼먹꺼먹 안 허던갑네. 고것 보고 먹감이다고 혀. 땡감은 인자 생 놈이 땡감이제. 감 이름이 아니라 생 놈. 땡감 때 시펄{시퍼럴} 때 히야지 익으면 또 고것도 다 뭉혀져{물러져} 버러. 시펄 적에 히야 혀. 익은 년에 허면 안 된당게. 푸른 깃이 있으야 좋아. 익은 놈으로 허먼은 뭉혀져 버러, 또 감이.

3) 고들빼기장아찌 담그기

고들빼기로 장아찌 담어. 잘 나가, 고들빼기짱아치. 꼬들빼기 사다가 흙만 떨어{털어} 갖고 인자 소금에다 짜게 간히 놔. 간히 갖고 인자 고것도 익어야 혀. 고것도 익으먼 씨쳐 갖고… 인자 곧 시방 꼬들빼기 나오 것 고만. 요때 사다가 히 놨다가 인자 시안{겨울}에 두었다가 익으면은 건져 내. 놀놀혀. 고때 따듬어{다듬어} 갖고 깨깟이 씨쳐 갖고 따듬아. 흙이 겁난게. 흙이 겁나고 아무래도 깨깟이 안 씨치고 흙만 털어서 헌게. 건져 갖고 따듬아. 따듬아 갖고 깨깟이 씨쳐 갖고 인자 거시기 히 갖고는 물 쪽::뺀 년은 왜간장에 담가. 왜간장에 담가야 맛있응게. 잎삭 종류라. 담가 놨다가 인자 팔 떡에{적에} 인자 물 쪽 빼 갖고 인자 물 빠지라고 독{돌} 큰 놈 탁 눌러노면 나중 가보면 물 쪽 빠져 부요. 그먼 그놈 갖다가 인자 고치장에다가 버물러서 팔어. 고치장에다가 인자 버물러 갖고 인자 버물 떡에 미원 쬐께 넣고 히서 엿물 조께 치고 히서 고치장에다가 막 이겨 갖고 인자 고로고(골고루) 양념 히 갖고 나중에 *** 쳐. 요새 잘 나가데. 잘 나가. 맛있어. 맛있다고 사 갖사. 고치장에다 히 갖고 빨그러니 좋아.

4) 굴비장아찌 담그기

  굴비, 영광 굴비 말른 거. 그걸 사다가 집에서 바싹 말랴. 봄에 잉. 인자 정월달에나 사 갖고 삼사월에 말랴. 엮어서 그늘에다 말려야지 빛에다 말리먼 안되고. 그늘에다가 말리먼은 바싹 말라요. 그먼 껍질 빗기고{벗기고} 찢어. 이렇게 찢어. 먹게고롬{먹을 수 있게}. 찢어 가지고, 껍딱 빗기고 머리 띠고{떼고} 까시{가시} 빼내고, 그래 갖고 알(살)만 히서 고추장에다, 이거는 짠 게. 굴비는 짭짤하잖아요. 근게 소금 칠 것이 없이 고추장에다가. 이것도 한 댓 번 갈아야 돼. 이것도 한 삼 년 걸려야 먹어요. 제일 비싸 근게 이것이. 굴비는 비싸. 통이로{통째로} 말렸다가 찢어. 근게 손이 얼::마나 간지 몰라. 그래 가지고는 고추장에다 했다가, 또 인자 간들먼은 빼 갖고 또 한 번 허고 또 한 번 허고. 요것도 댓 번 갈아줘야 돼. 그리야 지{제} 맛이 나와요. (옛날에) 집에서도 혔지. 옛날에는 이렇게 짚으로 마당에다가 이렇게 덕을 매 갖고 그 안에다가 말랬어. 지금은 말리는 데가 좋은게.

  정리하자면, 장아찌의 재료를 일차 소금에 절인 후(식염 절임) 재료 내 염기와 물기를 빼기 위해서 그리고 색깔과 맛을 들이기 위해서 설탕, 물엿 같은 당에 담가 놓거나 간장, 고추장이나 된장 등에 박아 놓는다(탈염, 탈수 공정). 이때 물에 담가서 탈염을 할 경우 재료의 조직감이 상하기 때문에 물로 빼지는 않는다. 그리고 이때 고추장에 담근 장아찌의 경우 물기가 나오기 때문에 적게는 2~3번에서 많게는 6번까지 고추장을 갈아 주어야 한다. 그리고 마지막으로 완제품 단계에서 고추장이나 된장과 다시 버무린다(양념 작업). 완제품 장아찌가 나오는데 2~3년이 소요된다.

2.4.2. 기타 관련 어휘

1) 간 치다

소금물에 담가 간하다. 식염 절임하다. 모든 장아찌 재료는 일차적으로 소금에 절이는 과정을 거친다.

2) 독 간하다

짜게 간하다.

3) 약간 간 치다

약하게 간하다.

4) 간물

소금물을 가리킨다. 장아찌의 주재료를 전처리하는 과정에서 간물에 담가 간 친다(간한다).

5) 물 빼다

식염 절임한 재료에서 물기와 염기를 빼다. 물로 염기를 빼면 재료의 조직감이 물러지기 때문에 설탕이나 물엿에 넣어 염기를 뺀다. 이때 물기도 함께 빠진다.

6) 되백이를 하다

되박다. 장아찌의 주재료를 소금이나 고추장에 넣었다가 물이 생기면 고추장을 갈고 다른 고추장에 다시 넣는다. 표준어형으로는 '되박기를 하다'에 해당할 것이다.

7) 갈다

식염 절임한 장아찌의 주재료를 고추장에 박았다가 물기가 생기면 고추장을 바꿔주다. 최대 6번까지 고추장을 갈아준다. 그래서 고추장장아찌를 만들 때 2~3년이라는 시간이 걸리고 많은 정성과 손길을 필요로 한다.

8) 초벌

'초벌'은 소금에 처음 간하는 것, 또는 식염 절임한 장아찌의 주재료를 고추장에 처음으로 넣는 것을 의미한다.

9) 박다

장아찌의 주재료를 고추장, 된장 속에 넣다.

10) 술찌겡이

'술지게미'의 전라도 방언형이다. 고추장, 된장, 간장과 함께 장아찌를 담그는 절임원이 되는 재료다.

『표준국어대사전』에 '술찌겡이'는 경상 지역에서 사용되는 '지게미'의 방언으로 설명되어 있다. 그런데 이번 조사에서 '술찌겡이'는 전북 지역에서도 사용되는 것이 확인된다. 따라서 사용 지역에 '전북'을 추가해야 할 것이다.

11) 찌갱이

'찌꺼기'의 전라도 방언형이다.

『표준국어대사전』에 전남, 제주 지역에서 사용되는 '찌꺼기'의 방언으로 설명되어 있다. 그런데 이번 조사에서 '찌갱이'는 전북 지역에서도 사용되는 것이 확인된다. 따라서 사용 지역에 '전북'을 추가해야 할 것이다.

2.5. 장아찌의 변화

마지막으로, 전통 채소절임 저장식품인 '장아찌'의 변화에 대해서 몇 가지 기술하고자 한다.

앞에서도 잠깐 언급하였지만, 흥미로운 것은 고추장장아찌와 된장장아찌의 관계다. 제보자들의 진술에 따르면, 장아찌는 된장과 고추장에 박아서 먹던 음식이었다. 하지만 과거에는 고추장보다는 된장에 박는 것이 더 흔했던 것 같다.

> 옛날에는 우리 짱아치를 (많이) 히 먹었간이. 안 히 묵어제{먹었지}. 인자 뭐 된장 밑에다 뭐 쪼께 넣고 너서 무쳐 먹다 말다가 어찌다가 그치. 쬐께썩 된장에다 너 갖고

> 각시 때는 주로 인자 된장에다 는{넌} 거 먹고 옛날에. 인자 잘히야 저 고추장장아찌 헌다면은 인자 더덕. 더덕하고 도라지 같은 거. 감. 그것은 잘 먹었죠.

옛날부터 가정에서 고추장장아찌와 된장장아찌를 담가 먹었으나 고추장장아찌보다는 된장장아찌를 주로 먹었다는 것이다. 모든 것이 귀하던

시절이라 된장에 박는 장아찌 종류도 지금처럼 그렇게 다양하거나 많지 않았던 것 같다. 그리고 '고추장장아찌'는 귀한 장아찌 종류였던 것 같다.

> (옛날에 집에서 장아찌를) 된장에 많이 박은 것도 있고, 고치장에다 인자. 고치장은 아조 큰 손님이 오시야 인자 고치장장아찌 줬지. …… (옛날에는 고추장이) 귀했제. 귀했제! 지금인게 막 몇 백 가마니고 이렇게 찹쌀 담지. 그때는… 많이 담는 사람이야… 인자 머슴들 있고 놉 부리고 막 그런 사람이야 한 가마니 담고 닷 말{다섯 말} 담고 그러제. 보통 사람들은 다섯 되, 많이 담은 사람이 한 말. 그렇게 담았지. 우리는 조께 먹고 산게, 한 서 말도 담고 그랬어. 어머니 때.

된장장아찌보다 고추장장아찌가 더 귀했다. 된장보다 고추장이 상대적으로 귀한 식품이었기 때문이다. 찹쌀이 귀했기 때문에 고추장도 귀했던 것이다. 그래서 고추장장아찌는 집에 '큰 손님'이 오셨을 때 내놓는 귀한 음식이었던 것이다.

쌀이나 보리와 같은 곡류를 주식으로 하는 한국인의 밥상에서 장아찌는 김치와 함께 중요한 밑반찬이 되었지만 그만큼 귀한 음식으로 취급되지는 않았던 것 같다. 오히려 풍족하지 않던 가난한 시절을 연상시키는 음식이었던 것 같다.

> (장아찌는) 봄에 많이 먹지. 김치 같은 거 어중간 하고 그럴 때 물 말아서 먹고 옛날에는 보리밥이잖아. 보리밥에다 물 말아서 먹고 비벼 먹고 그랬지. 지금인게 그냥 고급 요리가 되어 갖고 밥상에 다 올리고 그러지. 옛날에는…

하지만 오늘날 한국사회의 전체적인 경제성장에 따른 생활수준의 향상으로 '장아찌'도 기호식품이나 고급 요리로 변화하고 있는 것 같다. 오이장아찌, 무장아찌, 마늘종장아찌, 모듬장아찌 등 일반 소비용 장아찌와 구분하여 굴비장아찌, 매실장아찌, 더덕장아찌처럼 고가 선물용 품목에 이르기까지 변화를 꾀하고 있는 것으로 보인다.

  그리고 장아찌의 종류가 매우 다양하고 새로운 장아찌 종류가 계속 개발되고 있다는 점도 주목된다. 이것은 일반 가정에서 담가 먹는 것과 달리, 순창의 장류, 특히 고추장과 함께 지역 특산품으로 장아찌의 '상품화'가 진행된 결과인 것으로 보인다.

  이번 조사에서 보이는 순창 지역, 특히 순창고추장민속마을의 장아찌는 고추장장아찌 중심의 장아찌 종류, 장아찌의 고가화, 장아찌 종류의 다양화, 지역 특산품을 활용한 장아찌 종류의 개발 등의 특징을 보여준다. 이것은 예전부터 일반 가정에서 담가 먹어온 장아찌의 종류나 담금법, 소비 방식 등과 어느 정도 차이가 있음을 보여준다. 이러한 변화의 특징은 아마도 이번 조사가 장류 산업을 활성화시키고 있는 순창의 지역적 특성과 함께 장아찌 판매업에 종사하는 제보자들을 중심으로 이루어졌기 때문인 것으로 이해된다.

제3부

연구 결과

제6장 마무리

제6장 마무리

　본 조사의 목적은 한국의 전통 발효식품을 대표하는 '김치', '젓갈', '장아찌' 관련 생활 어휘를 조사하여 그 뜻풀이와 실제 사용상을 제시하는 것이었다. 일차적으로는 조사 대상인 김치, 젓갈 그리고 장아찌의 종류와 명칭의 목록을 작성하는 것에 초점을 맞추었다. 그리고 조사된 생활 어휘를 기술할 때 제보자들의 진술을 바탕으로 가능한 한 어휘들 간의 의미 관계를 고려하고 문화적 측면을 함께 기술하려고 노력하였다. 또한 각 음식 범주와 관련된 기타 관련 어휘를 수집하여 기술하였다. 마지막으로,『표준국어대사전』에 미등재된 어휘뿐만 아니라 등재된 어휘들의 실제 쓰임을 비교·검토하여 조사된 어휘들이 사전상의 정의와 달리 일상생활 속에서 실제로 어떻게 사용되고 있는지 그 차이점을 또한 기술하였다.
　자료 수집을 위한 현지조사는 전라북도 부안군과 순창군에서 이루어졌다. '김치'와 '젓갈' 관련 조사는 부안군 어촌지역에서, 그리고 '장아찌' 관련 조사는 순창군 농촌지역에서 중점적으로 수행되었다.
　'김치'와 달리 '젓갈'과 '장아찌' 관련 어휘는 그 식품을 제조 및 판매하는 직업 종사자로서의 제보자들을 중심으로 조사가 이루어졌다. 관련 직업인 제보자로부터 일반인 제보자보다 더 많은 관련 어휘가 조사되기는 하였지만, 일부 어휘를 제외하고는 직업 집단만이 알고 사용하는 특수한 말은 거의 발견되지 않았다. 이것은 아마도 조사 대상인 '김치', '젓갈', '장아찌'가 우리의 일상생활과 매우 밀접히 관련된 '음식'이라는 특수성 때문인 것으로 이해된다. 게다가 조사 항목과 관련하여 일반인 제보자에 대한 조사가 함께 이루어졌다. 관련 직업인 제보자와 일반인 제보자의 진술에는 공통점도 있고 차이점도 있었다. 물론 차이점에 대해서는 관련 어휘 항목에 함께 기술하였다.

여기서 지금까지 살펴본 조사 대상별로 음식의 종류와 명칭의 사용에서 나타나는 몇 가지 특징을 간략히 정리하면 다음과 같다.

(1) 김치 관련 어휘 조사에서 특징적인 것은 음식 범주 명칭으로서 '김치'에 대하여 '지' 또는 '짐치'가 주로 사용된다는 것이다. 그리고 '주재료명+음식 범주 명칭'으로 구성되는 개별 김치 명칭에 대해서도 '주재료명'에 결합되는 형태가 '김치'보다는 '지' 또는 '짐치'가 주로 사용되었다. 이러한 경향은 50대 제보자보다는 70대 제보자에게서 주로 나타났다. 그리고 도시지역인 전주시에서보다는(조숙정 2007 참조) 부안군 어촌지역 제보자들에게서 보다 높은 빈도로 사용되는 것으로 나타났다.

김치의 개별 명칭은 주로 '주재료명+음식 범주 명칭'으로 구성되는데, 이러한 경향은 특히 '배추김치' 종류와 '기타 채소김치' 종류에서 두드러지게 나타난다. '무김치' 종류에서는 열무나 알타리와 같은 무 종류의 김치를 제외하고 주로 통무를 이용한 '무김치'에서는 무를 조리하는 형태나 행위와 관련된 의성어나 의태어적 어휘가 결합되는 특징을 보여주었다.

김치의 종류나 재료에서 어촌지역이라는 생태적 환경의 특징이 특별히 나타나지는 않았다. 김치를 담글 때 물고추와 찹쌀죽을 사용하는 것은 전라도 김치의 특징인 것으로 보이고, 젓갈로는 새우젓과 멸치젓, 황석어젓 등을 주로 사용하는 것으로 나타났다.

(2) 젓갈 관련 어휘에서 나타난 특징은, 음식 범주 명칭으로서 '젓'과 '젓갈'이 상호 교체적으로 사용되는데, 일반인 제보자는 '젓갈'보다 '젓'을 주로 사용하는 반면에, 젓갈업에 종사하는 제보자들은 '젓'보다는 '젓갈'을 주로 사용하는 경향을 보였다. 그리고 개별 젓갈의 명칭은 '주재료명+젓'으로 구성되는 반면에, 개별 젓갈을 범주화하는 상위 범주의 명칭이나 젓갈업 관련 어휘에는 주로 '젓갈'이 결합되었다.

삭은 젓갈에서 받쳐낸 액을 지시하는 데 '젓국'이라는 토착 명칭보다는 '액젓'이라는 상품화된 명칭이 주로 사용되었다. 이러한 경향은 일반인 제보자보다는 젓갈업에 종사하는 제보자들에게서 주로 나타났다.

'젓갈'은 소금에 절여 삭힌 것이 기본 형태를 구성한다. 그런데 이러한 젓갈을 양념으로 무친 '무침젓갈'의 종류가 매우 다양하게 조사되고 언급되었다.

젓갈의 종류는 크게 염해법에 의한 '젓'과 식해법에 의한 '식해'로 구분될 수 있을 것 같다(서혜경 1987a, 90). 그런데 이번 조사에서 수집된 젓갈의 종류는 모두 소금에 절인 '젓갈'로, '식해'와 관련된 젓갈의 종류나 조리법에 대한 보고는 전혀 없었다.

(3) 장아찌의 명칭은 기본적으로 '주재료명+음식 범주 명칭'으로 구성되었다. 그런데 '주재료명+장아찌'로 명칭되는 장아찌는 기본적으로 고추장을 절임원으로 사용한 것이다. 반면에, 절임원을 간장이나 된장을 사용한 경우에는 장아찌의 기본 명칭 형태 앞에 절임원이 결합되는 구성, 즉 '절임원+주재료명+장아찌' 형태를 보여주었다. 새로운 장아찌의 종류가 개발될 때 이러한 규칙이 장아찌의 명칭을 부여하는 데 기본적으로 작동하는 것으로 보인다.

제보자들이 과거에 가정에서 장아찌를 주로 된장에 넣거나 소금에 절여 먹었다고 보고한 것과 달리, 순창고추장민속마을에서 조사된 장아찌의 종류는 대부분 '고추장장아찌'였다. 이것은 조사 지역과 제보자들이 고추장을 중심으로 한 장류산업과 관련되어 있기 때문에 나타난 상품화의 결과인 것으로 이해된다.

장아찌의 경우, 조리법에 따라 '절임 장아찌'와 '숙장아찌'로 분류한다. 절임 장아찌는 재료를 소금에 절이거나 햇볕에 건조시키는 등 전처리를 하여 장류, 젓국, 식초, 술지게미를 이용하여 만든다. 숙장아찌는 채소류 등을 절여서 볶거나 간장에 조려 만들며 절임류 장아찌에 비해 저장 기간이 짧으며, 갑자기 만들었다 해서 갑장과 또는 갑장아찌라고도 한다(임희수 2002, 46). 그런데 이번 조사에서 수집된 장아찌의 종류는 모두 절임 장아찌에 해당하며, 숙장아찌와 관련된 장아찌의 종류나 조리법에 대한 보고는 전혀 없었다. 또한 순창군 조사지에서는 절임원으로 젓갈을 쓰는 경우는 없었으며 제보자들은 절임원으로 젓갈을 쓰는 경우는 장아찌가 아닌 것으로 인식하는 것으로 나타났다.

이번 조사 과정에서 일부 음식 관련 어휘나 음식 범주의 구분에서 모호성이 있음이 발견되었다. 이러한 모호성 때문에 본 보고서에서 구체적으로 기술되지 못한 것들이 있다. 여기에서 몇 가지 예를 들어 문제의식을 간략히 논함으로써 앞으로의 과제를 제시하고자 한다.

첫째, 부안군에서 조사된 '고추젓'과 '깻잎젓'이 젓갈인가 장아찌인가 하는 문제다. 부안군 곰소 지역에서 '고추젓', '깻잎젓'이라는 명칭이 사용되고 있는 것으로 조사되었다. 고추젓은 고노리젓이나 밴댕이젓에 고추를 버무려서 삭힌 음식이고, 깻잎젓은 액젓에 담가 삭힌 음식이다. 모두 젓갈을 절임원으로 이용한 음식이다. 제보자들은 일차적으로 이것을 '젓갈'로 분류하였다. 일종의 '장아찌'로 볼 수도 있으나, '젓갈에 담았으니까 젓갈'이라고 규정하였다. '젓'을 결합한 어휘 형태에서도 제보자들이 이러한 음식을 '젓갈'로 분류하고 있음을 알 수 있다.

반면에, 내륙 농촌지역인 순창에서는 액젓이나 젓갈에 고추나 깻잎 등을 담근 음식을 잘 안 해 먹으며, 이것은 '장아찌'가 아니며 젓갈을 이용했기 때문에 '김치'의 종류로 볼 수 있는 것으로 진술되었다.

그런데 학술 연구에서는 채소류를 젓갈에 담근 발효식품을 '장아찌'로 규정하고 있다(임희수 2002; 추정임 2004 등). 예를 들어, 부안에서 장아찌 조사를 수행한 추정임의 경우, 동일한 지시물을 지시하는 데 '고추장아찌', '깻잎장아찌'를 사용하고 있다(추정임 2004, 12, 16).

둘째, 소금에 절인 '오이지'와 '무짠지'는 김치인가 장아찌인가의 문제다. 순창의 제보자들은 소금에 절인 무를 채 썰어 양념으로 무쳐 먹거나 여름에 냉국을 타먹기도 하는 '무짠지'는 '김치'의 일종으로 보고한다. 이것은 『표준국어대사전』에 김치로 정의된 것과 일치한다. 그런데 소금에 절인 오이를 썰어 양념으로 무쳐 먹거나 여름에 냉국을 타먹기도 하는 '오이지'는 '장아찌'의 종류인 것으로 진술한다. 학술서에서도 이러한 '오이지'는 '오이장아찌'로 명칭되는 장아찌의 종류다. 채소류를 소금에 절인 것인데 하나는 김치로, 다른 하나는 장아찌로 범주화되고 있다.

셋째, '단무지'는 장아찌인가의 문제다. 울외장아찌와 함께 단무지는 일본에서 전파된 음식으로 알려져 있다. 울외장아찌는 술지게미를 이용하고, 단무지는 쌀겨를 이용하는 것으로 학술서는 이것을 모두 '장아찌'의 종류로 분류한다. 그런데 제보자들은 울외장아찌는 '장아찌'로 구분하지만, 단무지는 장아찌가 아닌 것으로 진술하였다. '단무지'는 일본어 '다꽝'을 고유어로 순화한 어휘로 『표준국어대사전』에 '무를 시들시들하게 말려 소금에 절여서, 쌀의 속겨로 격지를 지어 담가 만드는 일본식 짠지'로 정의되어 있다.

넷째, '짠지', '지' 등 김치 및 장아찌 관련 용어의 사용 문제다. '무짠지'처럼 '짠지'는 소금에 짜게 절인 김치 종류를 지시하는 데 사용된다. 그러나 '무짠지' 외에는 '짠지'는 김치를 지시하는 데 거의 사용되지 않는다. 또

한 '콩짠지', '멸치짠지' 또는 '콩나물짠지'처럼 조림이나 볶음류의 밑반찬 음식에도 '짠지'라는 명칭이 사용된다. 그런데 이번에 경상도 지역에서 수행된 음식 관련 민족생활어 조사의 한 보고에 따르면, 경상도 지역에서는 '짠지'가 물김치를 가리키는 '짐치'와 구분되어 김치를 지시하는 데 일반적으로 사용된다. 예를 들어, 김장김치를 '배차짠지'라고 부르고 김장김치 안에 무를 박아서 먹는 것을 '무꾸짠지'라고 부른다. 그리고 전라도에서는 '김치'의 방언형으로 일반적으로 사용되는 '지'가 경상도 안동, 예천 지역에서는 '장아찌'를 지시하는 방언형으로 사용되는 것으로 보고된다(안귀남 2007 참조).

정리하면, 음식과 관련된 명칭이 지역별로 어휘 차이가 있을 뿐만 아니라 음식 범주를 구분하는 데 있어서도 문화적 차이가 있는 것으로 이해된다. 그리고 특히 음식 범주에 대한 학술 연구와 민간지식(folk knowledge) 사이에 차이가 있음도 알 수 있다. 이러한 차이는 『표준국어대사전』에 등재된 어휘들의 정의에서도 일부 확인이 된다. 이것은 지역 언어의 차이일 뿐만 아니라 생태적인 생활환경과 문화의 차이가 반영된 것으로 이해된다.

그러므로 앞으로 전체 한국사회를 대상으로 한국인의 식생활에서 기본적이면서도 중요한 위치를 차지하고 있는 '김치', '젓갈', '장아찌'의 음식 범주 및 명칭 사용에 대한 체계적인 조사 및 비교 연구가 이루어져 이러한 범주적 모호성과 차이점들이 문화적으로 그리고 학술적으로 설명되어야 할 것이다.

이번 '민족생활어 조사'는 '해당 지역 문화와 어우러져서 일상에서 흔히 사용되는 생활 어휘를 조사하여 뜻풀이와 함께 용례를 제공하고, 또한 기존의 사전에 올라 있다고 하더라도 그 실제 쓰임을 조사'(국립국어원 2007)하는 것을 목적으로 한다. 다시 말해서, 사람들이 일상생활 속에서 실제로 사용하는 어휘와 그 실제 사용상을 찾아내어 기록하고자 하는 것이다. 따

찾아보기

ㄱ

가닥김치 …………………109
가닥지 ……………………109
가리비젓 …………………195
가을무 ……………………139
가을무시 …………………139
가자미액젓 ………………183
가자미젓 …………………183
간 치다 ……………………292
간물 ………………………292
간장고추장아찌 …………269
간장김장아찌 ……………283
간장깻잎장아찌 …………277
간장마늘종장아찌 ………277
간장모듬장아찌 …………283
간장울외장아찌 …………269
간장장아찌 …………262, 265
간잽이 ……………………221

갈다 ………………………293
갈치속액젓 ………………184
갈치속젓 …………………184
갈치액젓 …………………184
갈치젓 ……………………185
갈치창액젓 …………184, 185
갈치창젓 …………………185
감장아찌 ……………270, 289
갑각류 ………………182, 199
갓김치 ……………………126
갓지 ………………………126
개불젓 ……………………206
건틀지 ……………………116
검들김치 …………………117
검들지 ……………………117
겉대 ………………………151
겉절이 ………………105, 155
게알젓 ……………………199
게장 ………………………177

게젓 ················171, 177, 178, 211
고개미 ·······························214
고개미젓 ···························200
고구마순김치 ····················127
고구마순지 ·······················127
고구마순짐치 ····················127
고노리 ······························214
고노리젓 ···························186
고들빼기김치 ····················129
고들빼기장아찌 ·········278, 290
고들빼기지 ·······················129
고들빼기짐치 ····················129
고추 가는 기계 ·················147
고추장깻잎장아찌 ·············278
고추장아찌 ·······················270
고추장장아찌 ·······262, 263, 294
고추젓 ·······························302
고춧잎김치 ·······················129
고춧잎장아찌 ····················278
고춧잎짐치 ·······················129
곤쟁이젓 ···························200
골뱅이젓 ···························206
곰소 ···································24
구분법(classification) ···········305
국물김치 ···························107
군둥내 ·······························151
굴비장아찌 ···············281, 291
굴비포장아찌 ····················282
굴젓 ·································196
금치 ···································99
기본젓갈 ···························172
김장 ·································101

김장김치 ···························102
김장아찌 ···························283
김치 ·····················32, 97, 154, 300
(김치, 젓, 장아찌를) 담다 ····151
(김치를) 절구다 ···············153
김칫거리 ···························139
까나리액젓 ·······················186
까나리젓 ···························186
깍대기 ·······························117
깍두기 ·······························117
깡달이 ·······························215
깡달이젓 ···························186
깨소금 ·······························140
깻잎김치 ···························130
깻잎장아찌 ·······················279
깻잎젓 ·······························302
깻잎지 ·······························130
깻잎짐치 ···························130
꼬록 ·································215
꼬록젓 ·······························206
꼴뚜기젓 ···························207
꽃게장 ·······························200
꽃게젓 ·······························200
꽃새우젓 ···························200
끝사리젓 ···························220

ㄴ

나박김치 ···························118
나박물김치 ·······················119
나박지 ·······························119
낙지젓 ·······························207

날김치 ·····································104

ㄷ

다발배추 ·································140
다의어(polysemy) ············154, 223
단무지 ·····································303
달랑무 ·····································140
담그다 ·····································151
대구아가미젓 ························181
대파 ···141
더덕장아찌 ····························274
도구통 ·····································148
도굿대 ·····································148
도라지장아찌 ························274
독 간하다 ·······························292
독기젓 ·····································201
돌게 ···215
돌게장 ·····································201
돌나물김치 ····························130
돌나물물김치 ························130
돌확 ·······························147, 150
돗나물싱건지 ························130
돗나물짐치 ····························130
동백하젓 ·································201
동아장아찌 ····························270
동외장아찌 ····························270
동우 ···148
동치미 ·····································119
되미 ···215
되미젓 ·····································187
되백이를 하다 ·····················293

된장고추장아찌 ····················270
된장고춧잎장아찌 ················279
된장깻잎장아찌 ····················279
된장마늘장아찌 ····················274
된장무장아찌 ························275
된장장아찌 ···················262, 294
된장콩잎장아찌 ····················279
된장항 ·····································151
두릅장아찌 ····························279
둘금 ···152
둥걸 ···152
등피리 ·····································215
등피리젓 ·································187
디포리 ·····································215
디포리젓 ·································187
딘팽이 ·····································216
딘팽이젓 ·································188
똑딱지 ·····································119

ㅁ

마늘장아찌 ····························275
마늘종장아찌 ························279
말국 ···108
매실장아찌 ····························271
머웃대장아찌 ························280
머윗대장아찌 ························280
멍게젓 ·····································208
멸치액젓 ·································188
멸치젓 ·····································188
멸치젓국 ·································189
명란젓 ·····································190

명태아가미젓 …………………181
모듬장아찌 ……………………284
무김치 …………………116, 155
무꾸짠지 ………………………304
무말랭이장아찌 ………………276
무생채지 ………………………119
무시 ……………………………141
무시나박지 ……………………120
무시빠감지 ……………………120
무시장아찌 ……………………276
무시지 …………………………120
무시짐치 ………………………120
무장아찌 ………………276, 288
무젓¹ ……………………………202
무젓² ……………………………202
무지 ……………………………120
무짐치 …………………………121
무짠지 …………………………303
무침용 젓갈 ……………………173
무침젓 …………………………172
무침젓갈 ………171, 172, 210, 223
묵은 무 …………………………141
묵은 짐치 ………………………104
묵은지 …………………………103
물 빼다 …………………………292
물고추 ……………………141, 147
물김치 ……………………107, 155
물짐치 …………………………107
미나리김치 ……………………131
미나리물김치 …………………131
미나리싱건지 …………………131
미나리지 ………………………131

미나리짐치 ……………………132
민간지식(folk knowledge) ……304
민속과학(ethnoscience) ………305
민속의미론(ethnosemantics) …305
민족생활어 …………15, 17, 21, 304
민족음식 ………………………21
밀젓 ……………………………219

ㅂ

바지락젓 ………………………196
박다 ……………………………293
반대기 …………………………148
반지 ……………………………111
반지락 …………………………216
반지락젓 ………………………197
발효식품 ………………………21
밤장아찌 ………………………271
배차짠지 ………………………304
배추김치 ……………111, 112, 155
배추물김치 ……………………113
배추지 …………………………113
배추짐치 ………………………113
배추헌틀지 ……………………112
백지 ……………………………113
백짐치 …………………………113
백하젓 …………………………202
밴댕이젓 ………………………190
뱅어젓 …………………………190
봄동 ……………………………143
봄동겉절이 ……………………114
봄동배추 ………………………143

라서 이러한 조사는 표준어와 지역어, 문자화된 언어(글말)와 실제 발화 언어(입말), 그리고 학술적 (또는 과학적) 지식과 민간지식의 차이를 발견할 수 있는 중요한 연구조사의 출발점으로 평가된다.

조사자는 앞에서 그동안 한국의 음식문화를 이해하는 데 있어 언어적 분석을 통한 가능성이 간과되어 왔음을 지적하였다. 일상생활 속에서 사용되는 음식 관련 어휘적 명칭(lexical term)과 그 명칭들이 분류되는 방식, 즉 구분법(classification)에 대한 토착적 명칭체계(terminological system) 연구는 한국의 음식문화를 이해하는 데 하나의 새롭고 유용한 접근법이 될 수 있을 것이다. 다시 말해서, 특정 의미영역(semantic domain)에서 발달한 어휘적 명칭들의 토착적 분류체계를 분석해 냄으로써 지식체계로서의 문화를 발견하고자 하는 민속과학(ethnoscience) 또는 민속의미론(ethnosemantics) 연구(Conklin 1955, 1962; Frake 1961, 1962; Goodenough 1967; Tyler 1969; Spradley 1972; Casson 1981; 왕한석 1996a 등)는 언어 연구를 통한 음식문화 연구, 더 나아가 전체 한국문화 연구의 한 분석 모델이 될 수 있을 것으로 기대된다(왕한석 1996b, 1996c, 1996d, 1997; 김선희 1999; 안준희 2000; 김재호 2006; 조숙정 2007 등).

그러나 이번 조사는 사전학적 측면에서의 어휘 조사에 보다 초점이 맞추어져 있었기 때문에 처음부터 언어적 접근을 통해서 한국의 음식문화를 설명하는 데는 한계가 있었다. 따라서 앞으로 이번 조사를 밑바탕으로 어휘적 명칭들의 토착적 분류체계를 발견함으로써 한국의 음식문화를 분석하고 설명할 수 있는 연구로 확장할 필요가 있을 것으로 생각한다.

더하여 이번 조사는 전라북도 지역에 한정되어 이루어졌다. 따라서 다른 지역에서의 김치, 젓갈, 장아찌 관련 어휘 체계에 대한 충분한 자료가 축적되었을 때 보다 일반적인 차원에서 한국의 음식문화를 논할 수 있을 것이다. 그러므로 다른 지역에서도 한국의 전통 발효식품인 김치, 젓갈, 장아찌에 대한 연구가 지속적으로 이루어져 자료가 축적되어지기를 기대해 본다.

[참고문헌]

김광억(1994), 「음식의 생산과 문화의 소비」, 『한국문화인류학』 26, 7~50.

김선희(1999), 「한국의 색채 범주 구분법에 대한 민족지적 연구」, 서울대학교 인류학과 석사학위논문.

김재호(2006), 『산골사람들의 물 이용과 민속적 분류체계 : 예천군 선동마을의 사례』, 안동대학교 민속학과 박사학위논문.

김치사전 편집위원회 편(2004), 『김치백과사전』, 서울, 유한문화사.

문상일(2004), 「곰소 젓갈의 成長과 空間的 分布」, 한국교원대학교 지리교육전공 석사학위논문.

서부승(2004), 『김치』, 경기 파주, 김영사.

서혜경(1985), 「전북지방의 젓갈에 관한 조사연구」, 『논문집』 14, 117~127.

서혜경(1987a), 「우리나라 젓갈의 종류에 관한 연구」, 『논문집』 16, 89~109.

서혜경(1987b), 「우리나라 젓갈의 지역성 연구(2) : 젓갈의 담금법」, 『한국식생활문화학회지』 2(2), 149~161.

서혜경·윤서석(1987), 「우리나라 젓갈의 지역성 연구(1) : 젓갈의 종류와 주재료」, 『한국식생활문화학회지』 2(1), 45~54.

설동순(2004), 『힘 펄펄 나는 매운 밥상』, 경기 파주, 컬처라인.

안귀남(2007), 『2007년도 민족생활어 조사 2 : 제례음식, 혼례음식, 향토음식』, 서울, 국립국어원.

안준희(2000), 「'노숙자'의 생활양식에 관한 인지인류학적 연구」, 서울대학교 인류학과 석사학위논문.

왕한석(1996a), 「언어·사회·문화 : 언어인류학의 주요 조류」, 『사회언어학』 4(1), 3~50.

왕한석(1996b), 「제주 사회에서의 조 및 관련 명칭에 대한 일 연구」, 『한국문화인류학』 29(2), 341~360.

왕한석(1996c), 「언어문화」, 『한국의 향촌민속지(Ⅲ) : 인천광역시 강화군편』, 성남, 한국정신문화연구원, pp.409~506.

왕한석(1996d), 「언어생활」, 『중국 길림성 한인동포의 생활문화』, 서울, 국립민속박물관,

pp.149~189.

왕한석(1997), 「언어생활」, 『중국 요녕성 한인동포의 생활문화』, 서울, 국립민속박물관, pp.185~211.

윤서석(1991), 『한국의 음식용어』, 서울, 민음사.

이미화·공윤조(2004), 『젓갈』, 경기 파주, 김영사.

이미화·김국(2004), 『장아찌』, 경기 파주, 김영사.

이삼빈·고경희·양지영·오성훈(2001), 『발효식품학』, 서울, 효일.

이성희(1986), 「한국의 전통 음식 중 젓갈에 관하여」, 『안성농업전문대학논문집』 18, 345~369.

이영란(1991), 「전북 고창 지방의 장아찌에 관한 조사연구」, 전주대학교 가정학과 석사학위논문.

이태영(2000), 『전라도 방언과 문화 이야기』, 전북 전주, 신아출판사.

이한창·박인숙(2004), 『발효식품학』, 서울, 신광출판사.

임희수(2002), 「우리나라 전래 장아찌에 관한 연구」, 『산업기술연구』 11, 45~68.

조숙정(2007), 「김치와 문화적 지식 : 전라도 김치의 명칭과 구분법에 대한 인지인류학적 접근」, 『한국문화인류학』 40(1), 83~127.

조재선(2000), 『김치의 연구』, 서울, 유림문화사.

조흥윤(1998), 「한국 음식문화의 형성과 특징」, 『한국식생활문화학회지』 13(1), 1~8.

주영하(1994), 『김치, 한국인의 먹거리 : 김치의 문화인류학』, 서울, 공간.

최홍식(2002), 『한국의 김치문화와 식생활』, 서울, 효일.

추정임(2004), 「전북 부안 지방의 장아찌에 관한 조사연구」, 전주대학교 가정학과 석사학위논문.

한경구(1994), 「어떤 음식은 생각하기에 좋다 : 김치와 한국민족성의 정수」, 『한국문화인류학』 26, 51~68.

황혜성·한복려·한복진(1989), 『한국의 전통음식』, 서울, 교문사.

Casson, Ronald W.(1981), "Folk Classification : Relativity and Universality," in Ronald W. Casson (ed.), *Language, Culture, and Cognition*, New York, Macmillan Publishing Co., pp.75~91.

Conklin, Harold C.(1955), "Hanunöo Color Categories," reprinted in Dell Hymes (ed.), 1964, *Language in Culture and Society*, New York, Harper & Row, pp.189~192.

Conklin, Harold C.(1962), "Lexicographical Treatment of Folk Taxonomies," reprinted in Stephen A. Tyler (ed.), 1969, *Cognitive Anthropology*, New York, Holt, Rinehart, and Winston, pp.41~59.

Frake, Charles O.(1961), "The Diagnosis of Disease among the Subanun of Mindanao," reprinted in Dell Hymes (ed.), 1964, *Language in Culture and Society*, New York, Harper & Row, pp.193~206.

Frake, Charles O.(1962), "The Ethnographic Study of Cognitive Systems," reprinted in Stephen A. Tyler (ed.), 1969, *Cognitive Anthropology*, New York, Holt, Rinehart, and Winston, pp.28~41.

Goodenough, Ward H.(1967) "Componential Analysis," reprinted in James P. Spradley (ed.), 1972, *Culture and Cognition : Rules, Maps, and Plans*, San Francisco, Chandler, pp.327~343.

Spradley James, P.(ed.)(1972), *Culture and Cognition : Rules, Maps, and Plans*, San Francisco, Chandler.

Tyler, Stephen A.(ed.)(1969), *Cognitive Anthropology*, New York, Holt, Rinehart and Winston.

〈자료〉

국립국어연구원(1999), 『표준국어대사전』, 서울, 두산동아.
국립국어원(2007), 「민족생활어 조사 현장 조사 지침」.
순창군장류연구사업소(2007), <순창전통장아찌>.
「제철 맞은 황석어젓」, 『부안독립신문』, 2007. 6. 22일자.

부추김치 ·················132
북새우 ····················216
북새우젓 ················202
빠감지 ····················121
뽕잎장아찌 ············281
뿌리채소 ················273

ㅅ

삶은 김치 ··············114
상위 범주(superordinate category) ·····109
새비젓 ····················221
새우젓 ··········171, 174, 210
생김치 ····················104
생젓국 ····················176
생지 ·······················104
생채 ·······················121
생채지 ····················122
세하젓 ···········203, 218, 219
소금질 ····················221
소라젓 ····················208
소래기 ····················148
속깡 ·······················152
속대 ·······················152
속젓 ···············179, 223
솎음무 ····················143
솔김치 ····················132
솔지 ·······················132
솔짐치 ····················132
송어 ·······················216
송어젓 ····················191
숙김치 ····················114

숙장아찌 ················302
숙지 ·······················114
순창고추장민속마을 ·······261
순태젓 ····················191
술지게미장아찌 ·········262, 266
술찌갱이 ················293
숨겨진 범주(covert category) ··········108
신 김치 ··················104
신지 ·······················104
싱건지 ····················106
쌈장용 젓갈 ············173

ㅇ

아가미젓 ·······181, 191, 223
아사리 ····················217
아사리젓 ················197
알젓 ···············180, 223
알타리 ····················143
알타리김치 ·············122
알타리무 ················143
알타리지 ················122
액젓 ···············171, 175, 210
약간 간 치다 ··········292
양념젓갈 ················172
양파김치 ················132
양파장아찌 ·············276
양파지 ····················132
어간장 ····················176
어류 ···············182, 183, 281
어리굴젓 ················197
어휘적 명칭(lexical term) ·········305

얼갈이 ·················144
얼갈이물김치 ············114
얼갈이배추 ··············144
얼갈이배추지 ············114
얼갈이배추짐치 ··········115
얼갈이열무김치 ··········115
얼갈이지 ················115
연체류 ············182, 206
열매채소 ················269
열무김치 ················124
열무물김치 ··············122
열무싱건지 ··············122
열무지 ··················124
열무짐치 ················124
영양오징어젓 ············208
오가리 ··················149
오이소박이 ··············133
오이속박이 ··············133
오이장아찌 ··············271
오이지 ············133, 303
오이짐치 ················133
오젓 ····················203
오징어젓 ················209
왜무 ····················144
왜무시 ··················144
외짱아치 ·················92
울외장아찌 ··············272
육젓 ····················204
음식 범주 ············22, 260
의미영역(semantic domain) ····305
익은 김치 ················104
익은지 ··················104

인꼬리 장사 ·············222
일반젓갈 ········171, 172, 210
잎삭 ····················153
잎줄기채소 ··············277

ㅈ

자젓 ··············204, 219
자하젓 ··················219
잡젓 ····················191
잡젓국 ··················192
장아찌 ·······22, 225, 260, 261
장항 ····················151
저온창고 ················222
전어내장젓 ··············192
전어밤젓 ················192
전어속젓 ················192
전어젓 ··················192
전어젓국 ················193
절구통 ··················148
절굿공이 ················148
절굿대 ··················148
절이다 ··················153
절임 장아찌 ·············302
절임원 ··················262
젓 ················168, 179
젓갈 ········22, 154, 168, 223, 301
젓거리 ··················213
젓국 ··············175, 223
젓독 ····················222
젓독아지 ················222
젓밀다 ··················218

젓쭉대 ······218
조개류 ······182, 195
조개젓 ······198
조갯살젓 ······198
조기젓 ······193
조선무시 ······144
조선배추 ······145
조선배추김치 ······115
조선배추지 ······115
조선파 ······145
주꾸미젓 ······209
주박모듬장아찌 ······284
죽순장아찌 ······281
줄거리 ······153
중갈이 ······145
중갈이배추 ······145
중하젓 ······205
지 ······97, 303, 304
짐장 ······101
짐장지 ······103
짐장짐치 ······103
짐치 ······97, 304
짐칫거리 ······139
짓거리 ······139
짓국 ······108
짠지 ······303, 304
짱아치 ······260
쪼각지 ······125
쪽대 ······218, 219
쪽파 ······145
찌겡이 ······294

ㅊ

참게젓 ······205
참외장아찌 ······272
참외주박장아찌 ······273
찹쌀죽 ······123, 145
찹쌀풀 ······145
창난젓 ······193
창젓 ······179
채가서다 ······153
채김치 ······125
채지 ······125
청어알젓 ······193
청외장아찌 ······273
초록무 ······146
초록무김치 ······125
초록무물김치 ······125
초록무시 ······146
초록무싱건지 ······125
초록무지 ······125
초벌 ······293
초사리젓 ······220
총각김치 ······122
총각무 ······143
총각지 ······125
총각짐치 ······126
추석김치 ······103
추자멸치젓 ······173
추젓 ······205
취나물장아찌 ······281

ㅋ

콩간장 …………………………176

ㅌ

토착적 명칭체계(terminological system)
………………………………21, 305
토하젓 …………………………206
통굴비장아찌 …………………282
통마늘장아찌 …………………277

ㅍ

파사리젓 ………………………220
파지 ……………………………134
포기배추 ………………………146
포기배추김치 …………………116
포떡개 …………………………149
폭 ………………………………153
폭배추 …………………………146
폭지 ……………………………116
풀독 ……………………………149
풀치젓 …………………………194
풋고추장아찌 …………………273

ㅎ

학독 ………………………147, 150
한치젓 …………………………209
항 ………………………………151
해조류 …………………………282
해피 ……………………………217
해피젓 …………………………198
햇무 ……………………………141
햇무시 …………………………147
햇김치 …………………………104
헌틀지 …………………………109
황새기 …………………………217
황새기젓 ………………………194
황새기젓국 ……………………194
황석어젓 ………………………194
황숭어리 ………………………217
황숭어리젓 ……………………195